近世感染症の生活史

医療・情報・ジェンダー

鈴木則子
Noriko SUZUKI

吉川弘文館

はしがき

「風の神送り」という古典落語がある。上方落語の三代目桂米朝（一九二五―二〇一五）の噺に基づくと、かつて大坂では現在のインフルエンザに相当するようなひどい風邪がはやったときは、各町内で風の神の人形を作り、皆で川へ担いでいって投げ捨てることをした。投げ捨てたらあとは後ろを振り向かずに一目散で帰ってくるのだという。

江戸時代の流行り風邪流行のさなか、風の神送りを思いついた若者たちが、町の顔役と連れだって費用の寄付を町内で頼んで廻る様子が、軽妙な大阪言葉で活写される。そして終盤、若者組が風の神を担いで行くシーンでは「風《かぁぜ》の神送ろ、風の神送ろ」という晴れやかなかけ声に御簾内の三味線とお囃子が重なり、疫病払いの賑やかな雰囲気を彷彿させる。

この噺が成立した時期は不明だが、江戸の町でも同様な風の神送りが行われたことが、史料から確認できる。江戸の町のできごとを編年で記した斎藤月岑《さいとうげっしん》（一八〇四―七八）著『武江年表』に、はじめて疫病神送りの話が登場するのは享保十八年（一七三三）七月である。(1)

七月上旬より疫癘《えきれい》天下に行はる。七月一三、一四日、大路往来絶たり。藁にて疫神の形を造り、これを送るとて鉦・太鼓をならし、はやしつれて海辺に至る

鉦や太鼓ではやしたてながら賑やかに川へ疫病神を流しに行くさまは、落語の「風の神送り」そのものだ。この年の流行り風邪は長引く享保飢饉で免疫力が低下する中、日本中に蔓延した。しかも米価高騰と重なって人々の生活は苦しかった。大通りからは人の姿が消え、街はすっかり活気を失った。それが突然賑やかな風の神送りが行われた。

人々が動き出したのである。

もっとも、幕府はこの時の神送りを禁止している。同年七月二十日付の江戸町触には次のようにある。[2]

頃日町々ニ而風之神送と申、屋台ケ間敷拵はやし立、桃灯をともし、川え流し候由、火之用心不宜、其上新規祭礼ケ間敷儀猥ニ仕間敷儀ニ候間、右躰之儀相止させ候様被仰渡候（傍点引用者、以下同様）

防火上の問題が指摘されると共に、「新規」の祭礼に類する行為として禁止されている。後者の事情はこの町触だけではわかりにくい。だが、翌享保十九年の風邪流行の際に再び風の神送りが行われて出された町触では、火の用心の悪さとともに、様々な芸が披露されるお祭り騒ぎの中で「喧嘩口論」の訴えが出ていることが問題視されており、治安上の理由があったことがうかがえる。[3]

なぜ人々は疫病下に集まって賑々しく祭礼を行ったのだろうか。賑やかな祭礼は疫病神へのもてなしであり、疫病神に機嫌良く町や村から出て行ってもらうためのもの、と解釈する民俗学の説もある。が、私は現代とは異なる近世医学の「気」に基づく疾病観、身体観の問題に着目する。それは「疫気」や「人気《じんき》」という概念である。[4]

疫病を「疫気」「厲気」と呼ばれる病気を引き起こす悪い「気」の巡り合わせによるとする認識は、漢方医・蘭方医を問わず受容されていた考え方で、たとえば上野国（現群馬県）七日市藩藩医である畑銀鶏《はたぎんけい》（一七九〇―一八七〇）の随筆『疫癘雑話　街廼夢《ちまたのゆめ》』（安政五年〈一八五八〉）でも確認できる。[5] 銀鶏は安政五年、江戸のコレラ流行時、亀戸の天満宮の氏子たちが「天国《あまくに》の宝剣」をかついで町々を廻ったことについて、次のように記す。

大声上てヨイ〱ヨイ〱とのかけこゑ、市中に喧しくして甚勇まし。此かけこゑの度々に悪疫の気散するやうに思はれ、見物の人々も大に力を得て歓ぶこと限りなし

氏子たちの勇ましいかけ声に、「悪疫の気」すなわち「疫気」が退散する感覚が人々を包み込んでいく。銀鶏は、

コレラ患者数人がこの祭りのおかげで快方に向かったという伝聞を記す。「疫気」を退散させる勇ましいかけ声は「人気」、すなわち人間の「気」のエネルギーの躍動である。

祭礼だけでなく、芸能もまた人気の高揚、回復と関わっていた。たとえば、駿河国富士郡大宮町の造り酒屋主人枡屋弥兵衛による『袖日記』の記事。[6] 安政五年のコレラ終息直後の九月はじめ、江戸の大相撲興行と旅役者一座による芝居神楽が近隣の町や村を巡演する。弥兵衛による「村々へ角力かゝる。芝居かぐら近村興業ある。当病ニ死残りし喜び也」との記述からは、相撲や芝居が人々にとっていかに重要な催しであったかがうかがえる。「生き残る」ではなく「死に残る」と表現されるくらいに、生きていることが奇跡的に思える過酷な疫病経験を経た心身が、力士や役者の芸能が放つ力によって回生《かいせい》を果たしていく。

『袖日記』はこの記事のわずか二〇日ほど後に「近国眼病流行。引風はやる」と、次の感染症二種が村を襲ったことを記す。江戸時代の人々にとって芸能とは時に娯楽を超えた存在であり、それは「気」の身体観から西洋医学の身体観へ転換を遂げた現代人には、もはや完全には理解することの難しい感覚であろう。

本書が対象とするのは、このように病に対する認識も身体観も異なる江戸時代の生活史であることを、まず確認しておく必要がある。そのような前提を踏まえたうえで、なお江戸時代の生活史を検討する目的は、そこから直接実用的な感染症対処法や予防法を学ぶことではない。

本書は医学書、幕府史料、日記、文学史料、浮世絵などの史料をひもときながら、人々の暮らしに感染症はどのような影響を与えたのか、また逆に、医療の進歩・普及、都市生活と商業主義の展開、出版メディアの発達といった江戸時代における生活環境の変化は、感染症へのまなざしや、生活のなかに感染症が占める位置づけをどう変えたのか、という問題を検討していく。これらの分析を通じて江戸時代という歴史の発展段階において、社会と感染症との共生を促したもの、そして阻んだものは何であったかを考えたい。

そのような分析視覚と問題意識をもって感染症の生活史をみることは、現代という歴史段階に応じた感染症との共生のかたちや、そのために私たちがなすべきことを、医学や政治学、経済学などとはまた異なる距離と視点から考えることを可能とするだろう。私はここに江戸時代の感染症をめぐる生活史研究の意義のひとつがあると考えている。

本書の構成は、まず序章で葛飾北斎（一七六〇—一八四九）による疫病神の群像を描いた絵馬を紹介し、江戸時代の人々が願った病との共生社会のイメージについて述べてから、Ⅰで慢性感染症、Ⅱで急性感染症を取り上げている。一つ一つの感染症をバラバラに見ているとイメージしにくいが、こうして並べてみると、江戸時代の生活とは日常的に慢性感染症の脅威があって、そこへ大小の急性感染症が次々に襲ってくる、という状況であったことがわかる。それは次ページから始まる、多くの疫鬼が一同に会する北斎の絵馬の世界に通じていく。

注

（1）斎藤月岑『武江年表』今井金吾校訂『定本　武江年表　上』筑摩書房、二〇〇三年。
（2）『江戸町触集成』六二九一号史料、近世史料研究会編『江戸町触集成』塙書房、一九九四—二〇〇六年。以下『江戸町触集成』六二九一と略記。
（3）『江戸町触集成』六三二〇。
（4）「人気」と疫病対応についての問題は、別稿を用意している。
（5）畑銀鶏『疫癘雑話　街廼夢』京都大学付属図書館蔵富士川文庫。
（6）富士宮市教育委員会編・発行『袖日記（八番・九番）』二〇〇〇年。なお、『袖日記』のコレラ記事については拙稿「安政五年コレラ流行をめぐる〈疫病経験〉—駿州大宮町桝屋弥兵衛の日記から—」（『歴史学研究』一〇一一号、二〇二一年七月）で論じた。

目次

I　慢性感染症

Ⅱ 急性感染症

図版目次

序章　「須佐之男命厄神退治之図」（葛飾北斎画）の世界

はじめに

弘化二年（一八四五）二月九日、江戸隅田川畔にあった牛嶋の総鎮守牛御前社《うしごぜんしゃ》（現牛嶋神社）の開帳が、この日から六〇日間の予定で始まった。(1) この開帳にあわせて巨大絵馬が奉納された。(2) 当代一の人気絵師葛飾北斎（一七六〇—一八四九）の描いた「須佐之男命《すさのおのみこと》厄神退治之図」（図1）である。(3) なお、本来絵馬には作品名は付いていないので、その名称は本章でも紹介するように文献によって異なる。本章では便宜上、すみだ北斎美術館が使用している「須佐之男命厄神退治之図」を基本的な名称として使用する。

描かれているのは牛御前社の祭神須佐之男命とその眷属たち、そして須佐之男命に手印を押して服従を誓う様々な病を象徴する疫鬼たちだ。疫病退散の御利益で信仰された須佐之男命や鍾馗《しょうき》、源為朝といった神に向かって疫鬼が服従を誓う図柄は、麻疹絵《はしかえ》や疱瘡絵《ほうそうえ》によくある。だがこの絵馬のように、様々な病気を一同に描いた絵は珍しい。絵馬の右下隅には当時「画狂老人卍」と名乗った北斎による「卍」の署名とともに、八六歳と年齢が記されていて、弘化二年というこの絵馬の作成年代推定の根拠となっている。

本書の序章として、まずは「大北斎」がその晩年に描いたこの病の群像を読み解くところから始めたいと思う。なぜならばこの巨大絵馬は後述するように、幕末期江戸の病の世界へと通じる扉のような意味を持つ作品だからである。

図1　葛飾北斎「須佐之男命厄神退治之図」（推定彩色復元図）　すみだ北斎美術館蔵，凸版印刷株式会社制作

一「須佐之男命厄神退治之図」概要

1　牛御前社の開帳と絵馬の奉納

実は、絵馬の実物は関東大震災で焼失してしまっていて、この世には存在しない。焼失前の絵馬の姿を伝えるのは、図2の明治四十三年（一九一〇）に美術雑誌『国華』に「葛飾北斎筆素戔雄尊図」として掲載された白黒写真だけだ。[4] 図1「須佐之男命厄神退治之図」は二〇一六年、すみだ北斎美術館オープンにあたり図2「葛飾北斎筆素戔雄尊図」をもとに、現代の最先端デジタル技術で色彩を推定復元した作品なのである。絵馬の大きさは『国華』の「挿図略解」によれば、縦四尺二寸、横九尺二寸、つまり約縦一二七チセン、横二七九チセンもあったという。[5]

牛御前社は祭神を須佐之男命（牛御前）、清和天皇第七皇子貞辰《さだとき》親王之命（王子権現）、天之《あめの》穂《ほ》日命《ひのみこと》の三柱とし、江戸時代は別当を天台宗の浅草寺末寺である牛宝山明王院最勝寺（北本所表町）とした。

明治初年の神仏分離令後に社名を牛嶋神社に改め、大正十二年（一

図2 「葛飾北斎筆素戔雄尊図」『国華』20編240号掲載

九二三）の関東大震災の後、やや南方の現在地に移転する。[6] 牛御前社は江戸時代の庶民には病気平癒・除災招福の利益で知られる牛頭天王（須佐之男命と習合）を祀る社として親しまれ、境内には文政八年（一八二五）頃奉納された、病んだ箇所を撫でると平癒するという撫牛が現在もある。[7]

最勝寺＝牛御前社は浅草寺末寺一七ヵ寺のなかでも浄光寺について居開帳が多い寺であった。[8] 斎藤月岑著『武江年表』によれば、「牛御前王子権現」の開帳はいつも二月から三月にかけて行われている。[9] 旧暦三月上旬から満開になる墨堤の桜見物客を当て込んだ開帳であったのだろう。

幕府の開帳許可記録である『開帳差免帳』によると、弘化二年（一八四五）の開帳はもともと前年の天保十五年、諸堂修復費用の浄財集めの名目で二月一日から六〇日間行われるはずのものだった。ところが詳細は不明だが開帳中に「不埒之義」があって二月二十日に差し止めとなる。[10] そこで翌弘化二年、再願いを提出して同年二月九日より再び六〇日間の許可を得、このたびの開帳となった次第である。

「須佐之男命厄神退治之図」は明治期にも名画として知られていた。『東都絵馬鑑』（明治三十三年序文）は日本画家山内天真（一八八二―？）が東京の主要な絵馬を模写した画集だが、「須佐之男命厄神退治之図」は「北斎翁悪神降伏」という名で収録されている（図3）。[11] 天真は序文

図3　山内天真模写「北斎翁悪神降伏」『東都絵馬鑑』より，国立国会図書館蔵

で「当時ハ絵画展覧会多く、昔時の如く奉納額ハ盛ならねと、さはれ優品も少からす。就中玉章翁狐嫁入、北斎翁悪神降伏及ひ浅草の四睡の如き有名なるものなり」と、明治三十年代の東京で「北斎翁悪神降伏」が「優品」として「有名」であったことを述べている。さらに「用筆の雄健」「着色の豊濃」「誠に翁の妙作」と賞賛し、「かつて某外人数万金を以て此額を所望せし事ありと」と、外国人が大金を出して購入したがったことも記す。

また、『国華』は「葛飾北斎筆素戔雄尊図」の「挿図略解」で、博覧会・展覧会がまだなかった江戸時代、画家は奉納絵額を通じて衆人の批判を受けようとしたこと、よって絵馬に「丹精を凝したるもの多きは当然なり」と説明する。そして北斎のこの絵馬もまた「北斎が肉筆中に於て最大優品の一に数ふべきものか」と評価する。『国華』が記すように「葛飾北斎筆素戔雄尊図」=「須佐之男命厄神退治之図」は、晩年の北斎が広く人々の観覧に呈すべく満を持して描いた作品だったのだろう。隅田川の桜とともに、病気の巨大絵馬が開帳に人々を呼び込む目玉になったであろうことは想像に難くない。桜の季節は疫病がはやり始める時期で、疫病を鎮める鎮花祭の頃でもある。絵馬の画題もまた季節にあわせたものだった。

衆人に見せるための絵馬であるからには、当時の参詣者には様々な疫鬼たちがどのような病気を象徴しているのか、見ればすぐに理解しえたはずだ。つまり、絵馬に描かれている病は弘化二年当時の江戸の庶民にとって身近な病であったり、恐れていた病であったただろう。そのように考えると「須佐之男命厄神退治之図」は美術史研究だけではなく、江戸時代の疾病史研究にとっても重要な絵画であることがわかる。本章冒頭でこの作品を、幕末期江戸の病の世界へ通じる扉、と表現したゆえんである。

図４　窓鷲模写「須佐之男厄神退治」大英博物館蔵

2　残された参考資料

先にも述べたように絵馬の実物は関東大震災で焼失した。したがって「須佐之男命厄神退治之図」に描かれた病の検証は『国華』に掲載された白黒写真「葛飾北斎筆素戔雄尊図」、『東都絵馬鑑』に収められた山内天真の模写「北斎翁悪神降伏」、そして北斎の孫弟子に相当する窓鷲《そうが》による模写「須佐之男厄神退治」（安政七年〈一八六〇〉、大英博物館蔵、図４）を基本的な検討資料とすることになる。[12]

このうち最も正確な資料は『国華』の写真ではあるが、白黒であるため皮膚病変の状態を知るには限界がある。山内天真の模写はかなり高い壁に掛かっていた絵馬を写したため、

天真自ら述べるように「なかなかに其真は得かたく」おおまかなスケッチで精緻さに欠ける。[13] 窓鶩の模写は登場する

疫鬼が二匹省略されている上に、北斎の人物描写にあまり忠実とはいえない。

窓鶩の模写は英国人医師ウィリアム・アンダーソン（一八四二―一九〇〇）が、他のコレクションと一括して大英博物館に売却したものである。[14] アンダーソンは明治六年（一八七三）から十三年の日本滞在中、精力的に日本美術を収集した。先に言及したように『東都絵馬鑑』は「かつて某外人数万金を以て此額を所望せし事ありと」と記している。この「某外人」とはアンダーソンであったかもしれない。

窓鶩が描いた疫鬼について、アンダーソンは次のように解説する。[15] 原文は英語だが本章では日本語に訳して掲載する。全部で一三種の疫鬼が描かれるが、アンダーソンが言及するのは一一種である。

麻疹《はしか》、痘瘡《とうそう》、象皮病《ぞうひびょう》、おたふくかぜ、疥癬《かいせん》の疫鬼は容易にそれとわかるが、その他の醜悪な鬼たちがそれぞれ何の病気を象徴しているのかわかりにくい。（中略）（青白い）屍のような三匹のやせた疫鬼のうち、大きな包みを肩にしょっている一匹は熱病と考えられる。おそらく半人半獣の頭を持つ豚のような生き物はハンセン病、赤い斑点がまだらに出ているのは丹毒、がっちり太っているが若々しく品が良く、他の鬼達の髪が赤い中でただひとり黒髪の人物は肥満を表していると思われる。

筆者はアンダーソンの診断は再考の余地があると考えるが、それについてはのちに必要に応じて言及する。

そして右三点の資料の他に、さらにもうひとつの重要な参考資料が図1の「須佐之男命厄神退治之図」である。『国華』の写真では不鮮明な、皮膚の状態や細部の描線も復元され、病気を判断するにあたってきわめて有益な資料となる。ただし『国華』による撮影当時、絵馬はすでに「今や彩色に変色を来したる部分多くして頗る製作当時の趣を損じたるを遺憾とす」という状態であった。[16] その意味では、復元図は描かれてから六五年間絵馬堂に掲げられて経

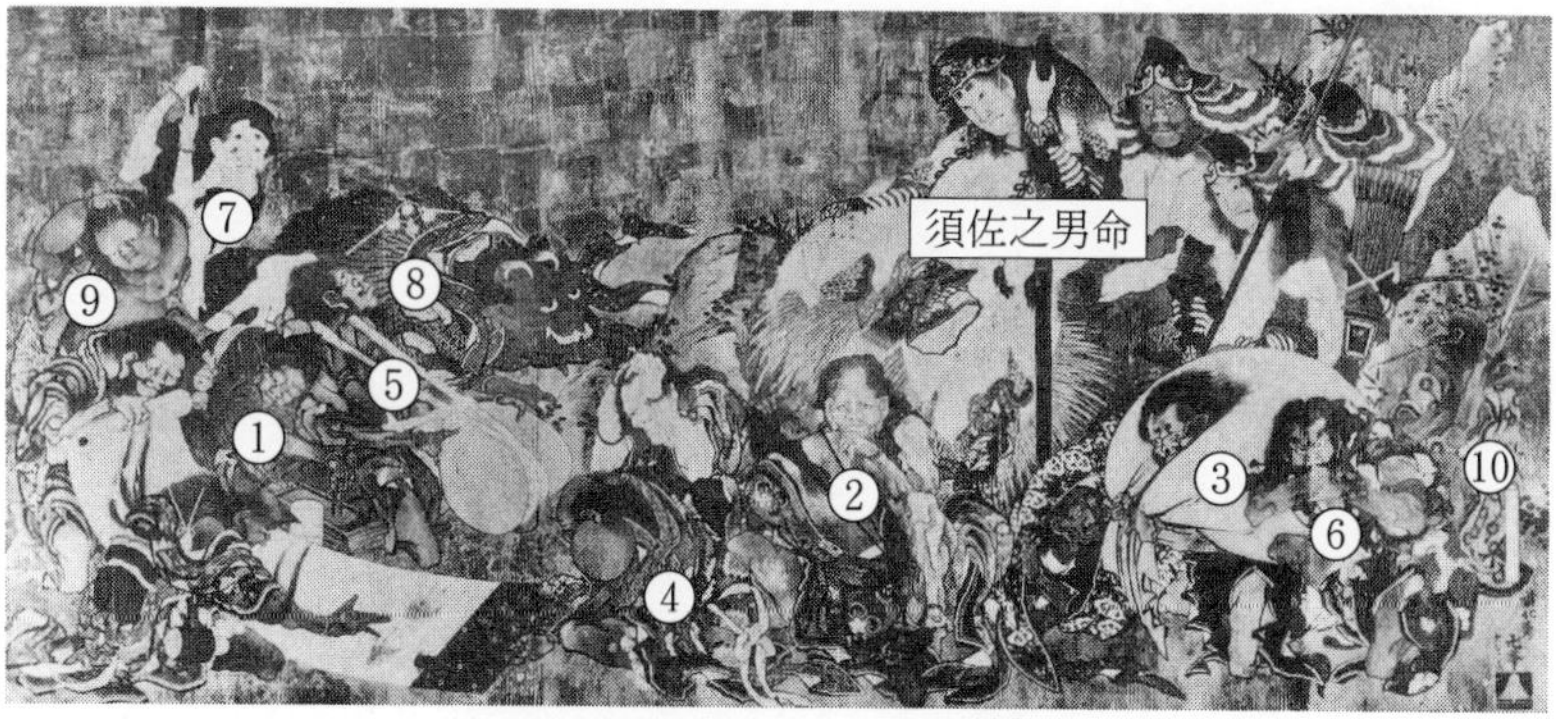

図5 「葛飾北斎筆素戔雄尊図」

年変化した、明治四十三年時点の色彩であることを考慮して参照する必要がある。また、色彩復元に当たってはデジタル解析によって候補にあがってきたいくつかの色の中から、たとえば北斎が他の作品でよく使った色などを参考に推定彩色されているため、あくまでも「推定」であることも念頭に置かねばならない。

二 描かれた病

ここでは『国華』の写真（図2）を基準に、復元彩色図（図1）、天真の模写（図3）、窓鶯の模写（図4）と比較しながら、個々の疫鬼がどのような病気を意味するのか検討する。図2の各疫鬼について、図5で番号を付した。以下、疫鬼に付した番号の順にそれぞれに対応する病気について説明を加えることとする。

1 疱瘡（天然痘）

①の腰に鈴を下げた発疹のある人物は疱瘡神である。図1・図3・図4では衣装は赤で彩色される。赤い衣装と鈴は江戸の町の人々にとってはおなじみの疱瘡神のいでたちだった。

図6　「四季詠寄三大字」 国立劇場蔵

このいでたちは、もともと半田稲荷（現東京都葛飾区東金井）に疱瘡と麻疹除け祈願の代参をした願人坊主のものである。喜田川守貞著『守貞謾稿』「雑業」の巻「願人坊主」の項に、天保年中（一八三〇―四四）から赤い衣装に鈴と幡を持った「半田行人《ぎょうにん》」が登場したとある(17)。が、鈴木明子の研究によって半田行人はすでに寛政末年（一八〇〇）頃から存在したことが明らかにされている(18)。鈴木明子は、その頃から疱瘡と麻疹除けの神として半田稲荷が評判となったと推定する。

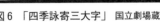

文化十年（一八一三）には人気役者の三代目坂東三津五郎が十二変化の歌舞伎舞踊「四季《しき》詠《のながめ》寄《よせて》三大字《みつだい》」のなかで長唄「半田稲荷」を半田行人の扮装で踊り、評判をとった(19)（図6）。これは半田行人が「疱瘡《ほうそ》も軽い、麻疹も軽い」と江戸市中を歌い踊って歩いた様子を模したものだ。同様のいでたちは文久二年（一八六二）の麻疹絵「はしかの養生」（一松齋芳宗）にも、麻疹神と相撲をとる疱瘡神として描かれている(20)（図7）。

もともと江戸時代の牛御前社は疱瘡除けの神として知られていた。橋本静話著『疱瘡厭勝秘伝集《ほうそうまじないひでんしゅう》』（寛延三年〈一七五〇〉刊）の「疱瘡除神符出る所々」の項に、「牛御前　本所牛島別当最勝寺」の名が載る。[21] 牛御前社拝殿に掲げられた牛を描いた絵を借り、つつがなく疱瘡をしまえば別にもう一枚牛の絵を描いて奉納するという習俗が紹介されている。この習俗は牛御前社別当最勝寺が作成した『本所惣鎮守牛御前・王子権現略縁起　全』（年未詳）にも記される。[22]

幕末の疱瘡の流行状況は橋本伯寿の医学書『国字断毒論』（文化十年〈一八一三〉刊）に詳しい。[23] 本書によれば田舎

図7　「はしかの養生」　国立歴史民俗博物館蔵
右が疱瘡神，左が麻疹神．左端の行司は薬匙を持った医者．

では六、七年に一度の流行だが、人の行き来の多い江戸・京・大坂の三都では常に絶えることのない病気だった。江戸の町の盲人の一〇人に八、九人は疱瘡の後遺症によるものだとも述べる。

疱瘡で亡くなる者も多かった。明和八年（一七七一）から嘉永五年（一八五二）にかけての飛騨高山往還寺の過去帳分析によると、病死者のうち死因病が明記されているものの中では疱瘡が最多である。[24] しかも疱瘡による死亡者の九割は一〇歳以下であった。また米沢藩における寛政七年（一七九五）の疱瘡流行では、致命率二四・五五％であった。[25]

命が助かってもひどい痘痕（あばた）が残ることも多かったため、特に女子の場合は将来の縁組に影響するとして恐れられた。IDWR（感染症発生動向調査週報）では、生き残った人の六五—八五％にあばたが残るという統計も報告されている。[26]

江戸の町で牛痘接種が行われるようになるのは、お玉が池種痘所が開設される安政五年（一八五八）以降、つまり「須佐之男命厄神退治之図」が描かれた一三年後からである。いまだ疱瘡に対しては医学が非力な時代であった。

2　黴毒

中央で抱擁している②の二人は、図3天真の模写では右側の人物が左の男性より色白に描かれている。図1彩色復元図でも同様である。これは浮世絵表現の定石から推定すると、男女のペアと考えられる。性関係を示唆する男女の抱擁する姿、男性の欠けた鼻と皮膚の斑紋、女性の発疹は、二人の病が性感染症である黴毒《ばいどく》であることを示す。ただし、窓鶯の模写では男性同士の抱擁となっている。なお本書では現代医学用語は「梅毒」、江戸時代に「黴毒」とみなされたものについては「黴」の字で表記する。

現代医学では梅毒のステージを第一期から第四期に分類する。鼻が欠けた男性の症状は第三期梅毒に相当する。女性は『国華』の白黒写真では判別しがたいが、彩色復元図では第二期梅毒に相当するとおぼしき発疹を確認できる。また、図3も明確に女性の発疹を描いている。

男が腰にぶら下げた瓢箪はおそらく酒が入っているのだろう。これは、黴毒が売買春や過度な飲酒といった自堕落な生活がもたらす病であるという、当時の黴毒イメージを反映する。

江戸時代、黴毒は遊女、特に下級の遊女からうつされると考えられていた。この女性の縮れた頭髪は日本髪を結っていた時代には醜女を意味し、醜い容姿は最下級の遊女の記号でもあった。[27] 北斎は感染源としての下級遊女をここに描いたのではないだろうか。

絵馬の中央に黴毒が配されているのは、この病が江戸の人々にとって極めて身近であるとともに、恐怖の対象でもあったからだろう。杉田玄白（一七三三―一八一七）は著書『形影夜話』（享和二年〈一八〇二〉著、文化六年〈一八〇九〉刊）のなかで、「黴毒ほと世に多く、然も難治にして人の苦悩するものハなし」「毎歳千人余りも療治するうちに、七八百ハ黴毒家なり」と記す。[28] 江戸の町で開業していた玄白の患者の七、八割は黴毒性疾患で、しかも難治だったというのである。

玄白の嘆きが大げさでなかったことは、江戸の町の人骨発掘調査からも裏付けることができる。江戸で出土された成人の人骨調査の結果、骨まで達した骨梅毒（第三期梅毒）の有病率は五・四％に達する。梅毒の有病率は骨梅毒のほぼ一〇倍と想定されるので、江戸の成人の梅毒率は五四・五％にものぼる。[29] ただし、黴毒は売買春と深く結びついているために、江戸時代ではいまだ農村部では少なく、都市を中心に蔓延した病であった。先に見た疱瘡も、田舎と異なり都会では毎年流行する小児感染症であった。このようにみてくると、「須佐之男命厄神退治之図」は江戸時代の中でも特に大都市江戸の疾病事情を反映した絵画であったとみることができる。

3　インフルエンザ

③は大きな袋を担いだ男。アンダーソンはこの男を熱病とみる。まったく同じ格好の男の絵が『北斎漫画』三編（文化十二年〈一八一五〉刊）に所収された風神図だ（図13）[30]。おそらく③の男も文字通り風＝風邪の神、しかも江戸時代に日本列島を西から東へとなめつくして流行を繰り返した流行性感冒（インフルエンザ）を象徴しているのではないか。

インフルエンザの大きな流行は、北斎生存期間中（一七六〇―一八四九）で記録に残っているだけでも一五回ある。「須佐之男命厄神退治之図」が描かれた前後では天保三年（一八三二）と北斎が死んだ翌年の嘉永三年（一八五〇）の流行が記録されている。江戸の町会所では両年とも流行に際して貧民に対する御救米賑救が行われており、一旦流行すれば人々の日常生活に大きな打撃を与える病であった。

4　巨大耳下腺腫瘍

頬が大きくふくらんだ④の男をアンダーソンはおたふく風邪とみているが、巨大耳下腺腫瘍とすべきだろう。なぜならまったく同じ症状の男が『富嶽百景』初編の「宝永山出現　其二」（天保五年〈一八三四〉刊、図8）に登場するからだ[31]。宝永四年（一七〇七）の噴火によって富士山に瘤のようにできた宝永山を見ながら、男が連れの男の頬の瘤を指さして、同じだと笑っている。巨大耳下腺腫瘍は現在では切除するので見かけることはない。良性腫瘍で命にかかわるものではないため、「こぶとりじいさん」の民話の存在が示すようにかつては瘤のある老人はさほど珍しくなかったと思われる。

5　フィラリアによる陰嚢水腫

首からたすきで巨大な陰嚢を提げた⑤の男を、アンダーソンは象皮病と診断した。これも北斎は他の作品の中で描いている。『北斎漫画』一二編（天保五年〈一八三四〉刊）のなかの「大嚢」である（図9）。巨大な陰嚢を見世物にしている男の絵で、一人で担いでは歩けないため、もう一人の男と一緒に担いでいる。フィラリアによる陰嚢水腫とみられる。陰嚢水腫の慢性化によって象皮病の症状を呈しているかどうかは図1では確認できない。

巨大陰嚢の見世物は、江戸に近い戸塚の宿の名物として江戸の人々の間でよく知られていた。『東海道中膝栗毛』初編（享和二年〈一八〇二〉序）に「とめざるは宿を疝気としられたり大きんたまの名ある戸塚に」との狂歌が出てくる。[32]弥次郎兵衛と喜多八が戸塚で宿をとろうとしたが、どこもいっぱいで泊めてもらえない状況（宿をせんき）を詠んでいる。下の句に「大きんたまの名ある戸塚に」と続くのは戸塚に大睾丸を見せる乞食がいて、元禄頃から幕末まで何代か続いていたことによる。[33]

疝気《せんき》という病と「大きんたま」を結びつけているのは、当時の人々が疝気は疝気の虫（寸白虫）によって起こり、疝気の虫が陰嚢に入ると陰嚢が巨大化すると考えていたことにゆえんする。白杉悦夫によれば疝気とは「主症状は下腹部から股のつけね辺りに感ずる引き攣れるような激しい痛みであり、それが悪化すると陰部の腫痛、特に男性の陰嚢腫大を引き起こす」病で、江戸時代にはありふれた病だったが明治の末頃に消えていった。[34]疝気が消えたのは、西洋医学の疾病分類に疝気が存在しないため、西洋医学の普及に伴ってこのような症状が経験されなくなったからだという。

陰嚢水腫は当時の日常的病であった疝気の延長線上に位置づけられるとともに、有名な戸塚宿の「大きんたま」の

図 8 「宝永山出現　其二」『富嶽百景』初編より，国立国会図書館蔵
左から 2 人目の男の頬に瘤が描かれている．

図 9 『北斎漫画』12 編より

見世物を簡単に連想させる病気だったのである。

6　疥　癬

アンダーソンは窓鵞の模写のうち、「Itch」（かゆみ、疥癬）はわかりやすいと述べている。しかし、図4を見てもどの人物を指すのか判然としない。強いて言えば自分の手首にかみついている⑥の男が、疥癬の主症状であるかゆみを訴えているとも思われる。図3でも同じポーズで右端に描かれる。

江戸時代の疥癬については立川昭二が『江戸人の生と死』のなかで紹介している[35]。疥癬とは疥癬虫（ヒゼンダニ）の寄生による皮膚病で、江戸時代は「ひぜん《（肥前）》瘡」「湿」「疥瘡」などとも呼ばれた。小林一茶が疥癬治療のために山寺にこもったが、このときに妻に宛てた書状が「ひぜん状」として一茶の書状の中でも有名だという。また、橋本伯寿が著した医学書『断毒論』（文化七年〈一八一〇〉刊）では痘瘡、麻疹、黴毒とともに「人より人に伝染する有形伝染の四病」のひとつにあげられ、「黴瘡（黴毒）とおなじく、下々の行儀よからぬ家々をうつりめぐりて世の中に絶えざる病」（（　）内引用者注）と述べる。

疥癬が江戸の庶民に蔓延した病であったことは、江戸後期に流行した温泉番付からもうかがえる。温泉番付とは全国の温泉地を相撲番付にならって東西に分け、大関から前頭まで番付した一枚物の印刷物である。各温泉名の下にはそれぞれ効能が付記されている。そのような番付のひとつである「諸国温泉効能鑑」（墨屋小兵衛版、年未詳）は全国九〇ヵ所の温泉地のうち一一ヵ所、つまり一二%が「ひつ《（湿）》・ひぜん」すなわち疥癬への効能を謳う[36]。ちなみに先に見た黴毒への効能を記す温泉地は東の大関である草津温泉をはじめ一七ヵ所にのぼる。実に日本の主要温泉地の一九%を黴毒治療の温泉が占めていることになる。しかも、江戸時代の「ひつ・ひぜん」という病は実は黴毒であることも多かったと言われている。黴毒を恥じてこう称したというのである。いずれにせよ、疥癬と黴毒は江戸の庶民にとって切実な病であった。

7 障害者

左側に棒を持った男が描かれている。図2ではわかりにくいが、図3では男は頭にかぶり物をかぶり、片腕をひもで括りながら両腕で棒にすがるようにして座っている。同様のかぶり物をかぶり、棒を持っていざり車を操る障害者の姿が『北斎漫画』二編(文化十二年〈一八一五〉刊)の「支離車《かたハくるま》」の項に載る(図11)。「支離車」の男は二本の棒を持つが、一本の棒でこの車を操る障害者が同じく『北斎漫画』一三編(嘉永二年〈一八四九〉刊)「略筆の編」に載る(図12)。このように見ていくと、この男は『北斎漫画』に掲載されたスケッチをもとに描かれたと考えられる。腕をひもで括って棒を持つのは、上肢にも障害があることを想定させる。

いざり車にのった障害者の姿は、文化二年(一八〇五)頃の江戸日本橋を描く絵巻『熙代勝覧《きだいしょうらん》』にも描かれていることから、江戸の街の中でけっして珍しくない光景であったことがうかがえる。[37] また、本書Ⅰ第二章で掲げている図29でも左端上から二人目の人物が尻に円座を敷き、両手に下駄を持っていることから、下肢に障害があることがわかる。

8 牛鬼

アンダーソンは⑧をハンセン病とみている。が、これはその昔、浅草川(隅田川)から出てきたという牛鬼の姿である。先に紹介した『本所惣鎮守牛御前・王子権現略縁起　全』は、牛鬼をめぐって要約すると次のように記す。

建長年中（一二四九―五六）に疱瘡が流行したときに「牛鬼の如き異形者」が浅草川から現れ、牛御前の社へ飛び入り姿を消した。このとき社に玉を落としていったが、これが社に今も残されている牛王である。牛鬼が現れてから国中の病気が治った。かつて牛御前（須佐之男命）は災厄があったときには牛頭を戴いて現れて人々を救うと誓ったが、これこそ牛御前の霊験であったのだ。牛御前社の疱瘡神はこのときの牛鬼の姿を「摸留《うつしと》め」たものである。牛御前社で疱瘡平癒を願って牛の絵を奉納するのも、この牛鬼の姿に所以する。

右の略縁起の記述から、江戸時代の牛御前社には牛鬼が疱瘡神として祀られていたことがわかる。江戸の人々にとっては牛鬼の姿はなじみのあるものであったようだ。

また『古郷帰《こきようがえり》の江戸咄《ばなし》』（貞享二年〈一六八五〉刊）は、かつて牛鬼が川から時々現れては人々を悩ませたが、牛鬼が去ってからはこれを神として祀り氏神としたのが丑御前の社だと伝える。(38)その他、牛鬼が源頼光の弟の変化《へんげ》とする古浄瑠璃『丑御前の御本地』も知られていた。(39)いずれにせよ江戸時代、牛鬼は牛御前社に祀られる神として人々に広く認識されていたのである。

9　金太郎

⑨の人物は北斎の『画《え》本千字文《ほんせんじもん》』（天保六年〈一八三五〉刊）（図10）に描かれた金太郎の髪型、体型、服装の特徴をよく反映しており、金太郎を描いていると考えられる。(40)アンダーソンは窓鶯の描いたこの人物を、一人だけ黒髪で描かれた若い男で肥満病と診断しているが、豊かな黒髪と肥えた身体は小児の身体の記号とみなすべきだろう。

金太郎＝坂田金時と言えば通常錦絵でも歌舞伎でも、赤い肌が決まり事となっている。そして天真の模写でも赤い肌で描かれ、彩色復元図では白黒写真のグレーがかった肌を茶褐色で復元しているが、同じトーンで赤褐色に復元す

図 10 『画本千字文』より 国立国会図書館蔵

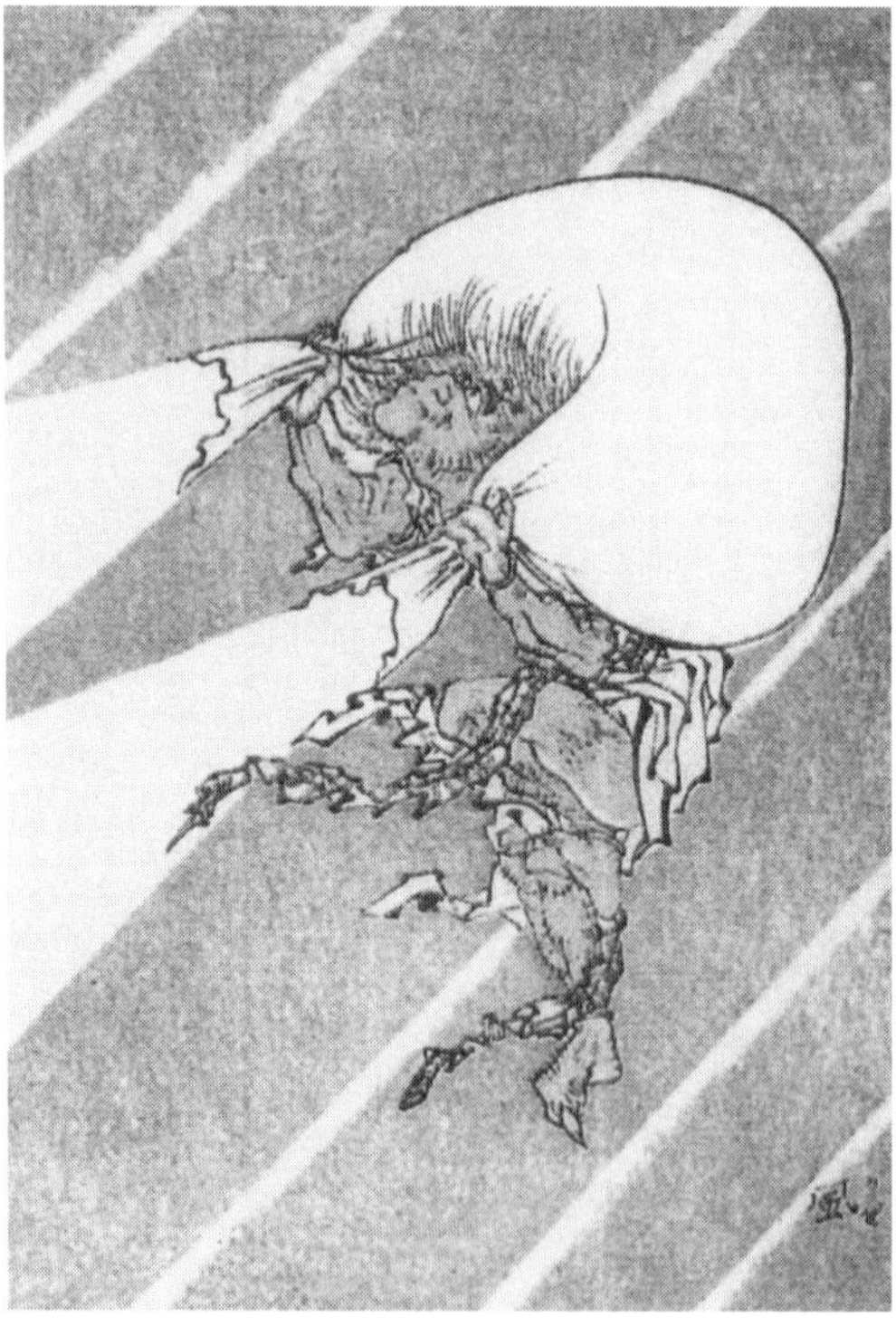

図 11 『北斎漫画』2 編より

図 12 『北斎漫画』13 編より

図 13 『北斎漫画』3 編より

ることも可能だ。

北斎が描く鬼は本図に限らず、必ず腕輪と足輪を付けているが、この金太郎は付けていない。そもそも金太郎は男児の健やかな成長を象徴する姿として五月人形にもつくられ、また子どもを疱瘡から守る守護神として疱瘡絵にも登場する。金太郎は何らかの病を象徴する鬼として描かれたのではなく、須佐之男命側の人物として描かれたと考えられる。

10 警護の男

右端の男は両腕で棒にもたれかかるように座るが、彼は図1で見ると金太郎同様に腕輪をしていない。また図1からこの棒が細い竹製であることがわかり、杖としてはいざり車を動かしたり、歩行のために体を支えるような堅さを持たないので、⑦のような障害者ではないと考えられる。須佐之男命側に立つ警護の人物として描かれたのだろう。

おわりに

これまでみてきたように、「須佐之男命厄神退治之図」には幕末期の江戸庶民にとってなじみのある、もしくは印象に残る病が選ばれて描かれていた。ただし、この絵馬から単純に当時の江戸の街の人々が、病は疫鬼がもたらしたり媒介すると信じこんでいたと即断することは避けなければならない。なぜなら、江戸時代には「はしがき」で述べたような「疫気」という概念や、胎毒（人が生まれながらに持つ毒）が原因で様々な病気となるといった病因論もあったし、黴毒のように性感染症であることが明確に意識された病気もあるからだ。ましてや大都市江戸には将軍家侍医を頂点に各大名家の侍医から一般の開業医まであまたの医者がおり、薬屋も多かった。素人むけの養生書類も数多く版行されていて、医療環境は相当充実していたとみて良い。近代医学が普及した現代でも、人々がいまだに様々な難病を神仏や罪、運命といったものと結びつけて考えることがあるように、江戸時代の人々もまた医療に依存しつつもそういった心性を併せ持ったと考える方が適切に思われる。

私がこの絵画で注目したいのは神頼みの心性の存在よりも、疫鬼たちが須佐之男命に成敗されるのではなく、従順を誓うことによって存在を許容されているという点である。それは治療法のない病気を手なずけて共生しようという姿勢である。ここには現在の感染症対策が、耐性菌出現とのいたちごっこや新興感染症への対応の果てにようやく見いだしつつある、病原菌との共生という発想と通底するものがある。(41)

長い医学の歴史の中で過去撲滅に成功した感染症は天然痘（疱瘡）だけである。隔離などによる病原菌の排除は時に無理があり、かつ社会的にも様々なひずみを生じさせてきた。それは日本のハンセン病やエイズ、新型インフルエンザなどへの対応の中で経験してきた事実である。北斎の「須佐之男命厄神退治之図」が、人々の生活を恐怖に陥れる病を描きつつも悲壮感より躍動感に満ちた画面になっているのは、病の征服という終わりのない戦いを描くのではなく、病を受容し適度な共生、もしくはなんとかうまくやり過ごそうという江戸の人々の生に対する〝したたかさ〟を描いているからではないかと思われるのである。

そして絵馬に込められたこの心性は、北斎自身強く抱いていたものでもあったはずだ。絵馬を描いた当時は八六歳、死の四年前にあたる。北斎が最期まで画業の修練とそのための生に強く執着したことは知られている。「画狂老人」と名乗った北斎の、いつかは訪れる病と死へのおそれ、そして生への希求が込められた作品、それが「須佐之男命厄神退治之図」であったと思うのである。

注

(1) 開帳期間については『開帳差免帳』(国立国会図書館蔵)による。

(2) 当時北斎は本所石原町に居住しており、絵馬はその町内から奉納されたものと伝えられる(「北斎の画ける絵額の一例」『国華』第二〇編第二四〇号、一九一〇年)。

(3) すみだ北斎美術館蔵。

(4) 「葛飾北斎筆素戔雄尊図(写真版)」前掲『国華』。

(5) 「挿図略解」前掲『国華』。

(6) 「牛島神社」『東京都の地名』日本歴史地名大系第一三巻、平凡社、二〇〇二年。

(7) 「牛御前社(牛嶋神社)の歴史と信仰」(上)(下)『すみだ地域学情報We』三六・三七号、二〇一六年四月・七月。

(8) 比留間尚『江戸の開帳』吉川弘文館、一九八〇年、一四七頁。比留間によれば、最勝寺では元文四年(一七三九)から安政六年(一八五九)までの間に九回の居開帳があった。

(9) 斎藤月岑『武江年表』今井金吾校訂『定本　武江年表　上・中・下』筑摩書房、二〇〇三―二〇〇四年。

(10) 「開帳中不埒之義有之、辰二月廿日差留」(前掲『開帳差免帳』)。

(11) 山内天真『東都絵馬鑑』国立国会図書館蔵。

(12) 窓鶯は卍楼北鶯(―一八五六)の弟子。

(13) 『東都絵馬鑑』に「高きハ三四丈近きも二三間の高さにあるを、矢立の筆にて摹《も》したるなれハ、なかなかに其真ハ得かたく」とある。

(14) ウイリアム・アンダーソン・コレクションについては彬子女王「ウィリアム・アンダーソン・コレクション再考」(『比較日本学研究センター研究年報』第四号、二〇〇八年)が詳述している。

(15) Anderson, William, *Descriptive and Historical Catalogue of Japanese and Chinese Paintings in the British Museum*, London, Trustees of the British Museum, 1886.

(16) 「北斎の画ける絵額の一例」前掲『国華』。

(17) 喜田川守貞『守貞謾稿』宇佐美英機校訂『近世風俗志(一)』岩波書店、一九九六年。
(18) 鈴木明子「半田稲荷の略縁起と願人坊主」『宗教民俗研究』九号、一九九九年。
(19) 「四季詠寄三大字」国立劇場蔵。
(20) 「はしかの養生」国立歴史民俗博物館蔵。
(21) 橋本静話『疱瘡厭勝秘伝集』国立国会図書館蔵。
(22) 『本所惣鎮守牛御前・王子権現略縁起　全』筆者蔵。
(23) 橋本伯寿『国字断毒論』京都大学附属図書館蔵富士川文庫。
(24) 川村純一が須田圭三の調査結果（須田圭三『飛騨O寺院過去帳の研究』私家版、一九七三年、『須田圭三主要業績集』私家版、一九五一年）を分析したもの。川村純一『病いの克服—日本痘瘡史—』思文閣出版、一九九九年。
(25) 川村純一前掲書。
(26) IDWR JAFAN（感染症発生動向調査週報）二〇〇一年第四〇週（十月一日—七日）、国立感染症研究所。瀧川雅浩氏のご教示による。
(27) 鈴木則子「江戸時代の女性美と身体管理」赤阪俊一・柳谷慶子編『生活と福祉』明石書店、二〇一〇年。
(28) 杉田玄白『形影夜話』沼田次郎他校注『洋学　上』日本思想大系六四、岩波書店、一九七六年。
(29) 鈴木隆雄『骨から見た日本人—古病理学が語る歴史—』講談社、一九九八年。
(30) 葛飾北斎『北斎漫画』三編、国立国会図書館蔵。
(31) 葛飾北斎『富嶽百景』国立国会図書館蔵。竹内隆氏のご教示による。
(32) 十返舎一九著・中村幸彦校注『東海道中膝栗毛』新編日本古典文学全集八一、小学館、一九九五年。
(33) 前掲『東海道中膝栗毛』頭注。
(34) 白杉悦夫「疝気と江戸時代のひとびとの身体経験」山田慶兒・栗山茂久編『歴史の中の病と医学』思文閣出版、一九九七年。
(35) 立川昭二『江戸人の生と死』ちくま学芸文庫、筑摩書房、一九九三年。
(36) 木暮金太夫『錦絵にみる日本の温泉』国書刊行会、二〇〇三年。

（37）吉田伸之『成熟する江戸』日本の歴史一七、講談社学術文庫、二〇〇九年（原本は二〇〇二年）。
（38）「解題　丑御前の御本地」横山重他校訂『古浄瑠璃正本集』第一〇、角川書店、一九八二年。
（39）「丑御前の御本地」前掲『古浄瑠璃正本集』第一〇。
（40）葛飾北斎『画本千字文』国立国会図書館蔵。
（41）山本太郎『感染症と文明―共生への道―』岩波新書、二〇一一年。

I

慢性感染症

第一章　黴毒（梅毒）

——性感染症をめぐるディスクール——

はじめに—日本人は黴毒を恥じなかったのか—

黴毒《ばいどく》は近世人にとっては、一六世紀初頭に新たに入ってきた新興輸入感染症であった。この病が江戸の町に蔓延したことは序章で指摘したが、江戸に限らず、遊廓があった日本中の都市に広がっていた様子を、一八世紀前半頃から多くの医者が書き残している。たとえば京都の香川修庵（一六八三—一七五五）は「貴賤男女老少、滔々として通病」（原漢文、読み下し引用者、以下同様）と記し、大津と京都で開業した中神琴渓《なかがみきんけい》（一七四四—一八三三）は、「百ノ病人ノ中ニハ、六七十モ此病アル」と記した。相模の片倉鶴陵《かくりよう》（一七五一—一八二二）は「此の病、近世尤もさかんにして、貴賤男女これに罹る者、十に其の半ば居る」、永富独嘯庵《ながとみどくしようあん》（一七三二—六六）は「肥前、長崎、或ハ都会繁華ノ地ハ、十人ニ八九人ハ此病ヲ病ム」と書き記す(1)。

黴毒の蔓延は、症状が進めば死に至ったり、精神疾患や身体障害、潰瘍や鼻柱の倒壊などの容貌の変化を引き起こす。また胎児への感染もありうる。したがって人々の日常生活に与えたダメージは相当大きかったと思われるが、日本近世史の曽根ひろみはその著書『娼婦と近世社会』のなかで、浮世草子や川柳などの文芸史料の分析から、「近世社会における梅毒は、遊女・夜鷹《よたか》たちと交われば罹りやすい病であり、困ったものであると考えられてはいたが、そうかといって社会から排斥されたり、強く忌避すべき恐怖に満ちた病であるとは考えられていなかった」と述べている。忌避されなかった理由として、当時は黴毒が珍しくない病であったこと、自然治癒もありえたために不治とは言えなかったこと、庶民レベルでの性に対する意識のおおらかさが指摘される(2)。

しかしながら、黴毒患者を戯画的に描く戯作や川柳といった文芸史料から医学書へと目を転じれば、黴毒罹患を恥じる庶民の心性に言及した記事をしばしば見いだすことができる。医学書を書くような知識階級に属する医者が性感染症に対する批判的なまなざしをもったことは容易に想定できるものの、医者の目を通して描写される、黴毒を恥じて隠そうとする患者や、周囲に隠れて自己治療に走る患者らの姿をどのように理解すべきだろうか。

本章では江戸時代の人々が黴毒に示した多様な反応を、医学史料を中心に検討することで、文芸史料とは異なる角度から江戸時代の人々の黴毒観を見ていくこととする。この作業によって、黴毒が同じ江戸時代でも身分・階級・性差、さらには年齢によって違った意味合いをもって受け止められていた状況を明らかにするとともに、性感染症であるこの病が本書I第二章で扱う労瘵《ろうさい》とともに、江戸時代のジェンダーのありようを反映した病であったことを示したい。

一　「大風に類する」病

1　ルイス・フロイスが見た日本

日本人が黴毒を恥じなかった論拠のひとつとして曽根が引用するのが、永禄六年（一五六三）に来日したイエズス会のポルトガル人宣教師ルイス・フロイス（一五三二―九七）著『日欧文化比較』の次の部分である(3)。

図 14　狩野宗秀「都の南蛮寺図」 神戸市立博物館蔵，DNPartcom

南蛮寺は天正 6 年（1578）に完成．天正 15 年，秀吉による判天連追放令で破却されるまで，京都におけるイエズス会の活動拠点であった．

われわれの間では人が横根（黴毒）にかかったら、それは常に不潔なこと、破廉恥なことである。日本では、男も女もそれを普通の事として、少しも羞じない（（ ）内引用者注）。

ルイス・フロイスの時代の黴毒患者については『切支丹物語』や『南蛮寺興廃記』にも記されている[4]（図14）。宣教師たちは乞食・非人の群れのなかから「癩《らい》」や「唐瘡」＝黴毒にかかった難治の患者を連れ帰って治療を施し、治癒した姿を人々に見せて布教の手段としたという。したがって家から排除されて路頭に迷う黴毒患者たちがいたことを、ルイス・フロイスも知っていたはずである。にもかかわらず彼が日本人は黴毒を「羞じない」と感じたのは、おそらくヨーロッパのように黴毒が「不潔なこと、破廉恥なこと」として社会的排除の対象になっていたのではなく、身体障害が生じるほど重症化して労働力たりえないことや容貌の変化が原因だったからだろう。

黴毒伝来当初のヨーロッパや中国社会同様に、日本社会も早い時期から黴毒が売買春と関わる病であることは経験的に認識していたし、中国医書からの知識もあった。にもかかわらず日本人が黴毒を「羞じない」ことに、フロイスは驚いたのである。

また、近世初期の記事を集めた『当代記』（著者不明）は、徳川家康の次男、結城秀康（一五七四―一六〇七）が「唐瘡」、すなわち黴毒のために亡くなったことを記す。(5) 家康は自分の侍医である曲直瀬《まなせ》道三《どうさん》ら名医三人を秀康の元に遣わして治療を尽くさせたが「不叶」亡くなった。『当代記』が秀康の死因をはっきりと「唐瘡」と記しているのは、一七世紀はじめの武家社会に、黴毒を隠そうとする意識が希薄だったことを示唆している。

同様に医学書においてもこの時期、黴毒を特別視して隠す意識は確認できない。曲直瀬玄朔《げんさく》（一五四九―一六三一）著『医学天正記』（天正・慶長年間、一五七三―一六一五）は、患者の名前を明記して、黴毒を意味する「便毒」「唐瘡」の治験を記している。(6)

2　患者名を伏せる

これに対して、一六三二年に中国で出版され、日本でも広く読まれた黴毒専門書、陳司成著『黴瘡秘《ばいそうひ》録《ろく》』は黴毒の治験記録から患者の名前を意図的にはずしている。(7) 冒頭で黴毒は多くの人が隠したがる病なので（「是の証、人多くは隠し諱《い》む」）、治験例に患者の「姓氏」を記さないと断る。本書は黴毒は社会的忌避の強い病で、かつては病気が癒えるまで家族から隔離されたと記す（「昔人此の証に染まれば、親戚は居を同じくせず、飲食は器を同じくせず、身を静室に置きて癒ゆるを俟つ」）。だが後に卑賤な人々が遊廓に入り浸って黴毒を忌避することをゆるがせにし、黴毒持ちの娼妓から「毒気」を受け、妻妾に感染させるようになったと述べる。本書の黴毒患者に対する批判的なまなざしは、明末の知識人の儒教的な性道徳の反映だろう。

本書は日本の医者たちに大きな影響を与えることになる。木村蒲園著『黴家要領《ばいかようりよう》』（文政十三年〈一八三〇〉刊）は、大抵の医者の黴毒治療理論と治療法は、『黴瘡秘録』か浅井南皐《なんこう》（一七六〇—一八二六）著『黴瘡約言』（享和二年〈一八〇二〉刊）による、と述べるほど、長く日本の黴毒臨床現場で読み継がれたのである。

一七世紀末に書かれた日本の医学書には『黴瘡秘録』と同様の、黴毒に対する人々の忌避と病人に対する道徳的な批判が明確に記される。香月牛山（一六五六—一七四〇）の『牛山活套《ぎゅうざんかつとう》』（元禄十二年〈一六九九〉自序、安永八年〈一七七九〉刊）は「楊梅瘡」（黴毒）の項で、黴毒は外見の変化や身体障害をきたすことと、不治であることから、「大風」（「癩」）と同様に嫌悪、差別されると記す。(8)

楊梅瘡、経日不癒者ハ、或ハ鼻爛レ、鼻柱朽落レ、口臭ク、唇缺ケ、或ハ腕ノ折目、膕《ひかがみ》中ニアツマリ、毒気膿ヲナシ、或ハ惣体ノ瘡乾テ惣身疼痛シ、或ハ骨ウヅキニナリ、或ハ眼ニ毒入リ、或ハ耳聾シ、種々ニ変化スルニ因テ、其人終ニ廃人トナル者ナリ。之ニ因テ、人之ヲ悪ミ嫌フコト、大風ニ類スル也。

牛山はさらに性感染症としての黴毒に対する批判も加えている。「楊梅瘡」の初期症状とみなされた「下疳瘡」の項で、「多ハ淫乱ナル人、娼妓ノ類ニ交接シテ、其臭穢ノ気ニ撲《うたれ》テ生ズル」と述べる。ここには黴毒患者の「淫乱」な生活態度に対する批判と、遊女への蔑視を読みとることができる。

中国医書『黴瘡秘録』は、のち享保十年（一七二五）に和刻本が刊行される。望震百里によるこの和刻本の序文は、性感染症である黴毒を病む患者に対して批判的な言葉を連ねる。黴毒は淫らでよこしま、欲望のままに生活する人がかかることが多い（「大抵淫邪嗜欲の人、これを病む者多し」）という考え方と共に、「子曰ざるや、吾《わ》れいまだ徳を好むこと、色を好むが如くする者を見ずと」と、美女を好むように徳を好む者を見たことがない、という孔子の言葉を引用して、その好色を非難する。

『黴瘡秘録』同様に、その治験録の中で黴毒患者の姓名を伏せる日本医学書もあらわれた。時代は下がるが一八世紀半ばの吉益東洞（一七〇二—七三）著『建殊録《けんじゅろく》』（宝暦十三年〈一七六三〉序文、文政八年〈一八二五〉刊）は、治験記録の中で黴毒患者の「居所姓名」を伏せる。[9] 本書は「（患者の）居所姓名は雅ならずと雖も必ずこれを記す。而して狂《きょう》癲《てん》・癩風《らいふう》のごときは人の隠忌するところ故に、此の二病に至りては率ね皆これを除く。其の他一二これに準ずるは、又以て避けるところあり。凡そ毎条姓名なきは、皆これに倣う」、つまり「狂癲（精神障害）・癩風」は人が隠したがるので「居所姓名」を秘して記載しないこと、加えて「其他一二」の病もこれに倣って「姓名」を記さないとある。『建殊録』で「姓名」を明記しない「其他一二」の病のひとつは「黴瘡」であった。

以上みてきたように、一六世紀から一七世紀はじめのルイス・フロイスや結城秀康、曲直瀬玄朔の時代には、黴毒患者は身体障害などの後遺症のために社会から排除されることはあったが、強いて隠さないといけないような病ではなかった。それが一七世紀末には、黴毒は明確に性感染症として道徳的に恥ずべき病とみなされている。

その変化の背景には、江戸時代前期の性道徳の広がりを指摘できる。一七世紀は幕府が成立し、体制が整備されていく時期である。池田光政（一六〇九—八二）・保科政之（一六一一—七二）・徳川光圀（一六二八—一七〇〇）・五代将軍綱吉（一六四六—一七〇九）ら為政者たちが、幕府の支配イデオロギーでもある儒学を率先して学び、奨励した時代である。山崎暗斎（一六一八—八二）・山鹿素行（一六二二—八五）・伊藤仁斎（一六二七—一七〇五）ら儒学者が活躍して、日本の儒学は思想的な深まりを見せるとともに、受容層を市井の人々にまで広げていった。[10] さらに一八世紀にかけては石田梅岩（一六八五—一七四四）の心学や、貝原益軒（一六三〇—一七一四）の一連の著作に代表されるような、勤勉・寡欲を旨とした勤労倫理観が尊ばれる風潮が、庶民にも広く受け入れられるようになる。[11] 性感染症である黴毒は恥ずべき病であるという価値観を、都市社会が共有するための思想的基盤が成立したのである。なお、こういった黴毒に対する批判的まなざしが、売買春そのものへの倫理的批判ではなく、黴毒が暗示する好色・嗜欲に対する軽蔑であった点に、近代とは異なる近世社会の特性がある。

二　黴毒の広がりと警戒

1　蔓延への認識

一八世紀後半になると、多くの総合医学書が黴毒に言及するようになる。黴毒専門書も次々に刊行された。その背景には黴毒の蔓延があったことを、上方で医療活動をした中川修亭（一七七二―一八五〇）は、著書『医道』（文政九年〈一八二六〉抜）のなかで、「黴毒は今において盛ん、故に毎書皆之を言う」と指摘する。(12)

大津の宿場女郎や京都の市井の人々の黴毒治療にあたった中神琴溪は、黴毒は一七五〇年代頃までは少ない病だったのが、一八世紀末当時はありふれた病になっていると『生生堂雑記《せいせいどう》』（寛政十年〈一七九八〉自序）で指摘している。

病モ古ノ湿毒ヨリ今ノ湿毒ハ、重キ事十倍セリ。其故ハ、四十年程以前、予が幼少ナリシコロハ、偶《タマタマ》下賤ノ者ニ、癬疥《ヒセン》或ハ血疝・下疳抔ヲ病ム者ヲ見レバ、大麻風ノ如ク思ヒ、病者モ恥テ、深クコレヲ隠ス様ニシタリ。其露ル、ニ至リテハ、交ヲ絶ツ程ノコトナリシガ、其ノ後ハ、漸々伝染シテ、僧侶マデモ病ム様ニナリテ、百ノ病人ノ中ニハ、六七十モ此ノ病アル様ニナレリ。恥ル事ハ偖《さて》ヲキテ、下賤ナルモノヽ諺ニ、荏土《エト》ノ埋樋《スイト》ノ水ヲ飲ヌト、黴毒《カサ》ヲ病《カ、》ヌハ、丈夫《ヲトコ》ノ内ニアラズ、ト云様ニナレリ。然レバ今ヲ古ニ較レバ、湿毒劇キ事、十倍セリ。

琴溪の幼少期であった四〇年以前（一七五〇年代）は、黴毒（ここでは「湿毒」・「癬疥」・「血疝」・「下疳」は全て黴毒をさす）を「大麻風」（「癩」）のごとく思い、病人も羞じて交際を絶ったものだった。だが今や僧侶まで罹患するほど蔓延し、一〇〇人中六、七十人も病むようになったという。「下賤ナルモノノ諺」で、泥水と揶揄されるほど濁った江戸の水道の水を飲めないのと黴毒経験がないのは一人前の男ではない、という黴毒を男気やダンディズムと結びつけるような俚諺さえも江戸では生まれたと指摘する。この俚諺は琴渓が諸国漫遊の際に江戸に滞在していた頃知ったものであろう。ただし、「恥ル事ハ偖ヲキテ」とあることから、だからといって人々がこの病を恥じなかったという意味ではなかった。ダンディズムと黴毒への羞恥心は別のものであった。

琴渓と同様の指摘は、同時代の橘南谿《たちばななんけい》（宮川春暉、一七五三―一八〇五）著『雑病記聞』（天明年間〈一七八一―八九〉執筆、文化二年〈一八〇五〉刊）の巻八「湿毒」にもみられる。[13] 南谿は天明年間に数年間、諸国を旅して廻ったのちに京都に居住しているが、その彼の感覚では日本で黴毒が流行し始めたのは漸くここ六、七十年のことであった。三、四十年前、つまり一七五〇年前後には、患者は今の「癩」患者がまれであるように、ごく少数しかいなかったという（「今時の癩風を見る如し」）。ところが「近来」は「四方に伝染して、老壮之《これ》を患る者多し」、「今は上王侯より、下庶人に至るまで病む」という状況だという。琴渓も南谿も、一七五〇年代にはいまだ幼少期であったことを考慮する必要はあるが、少なくとも一八世紀末の臨床現場で、黴毒はこの時期に急速に蔓延していったという印象があったことは確認できる。

2　諸病の陰に潜む黴毒

黴毒が蔓延してきたという認識は、一八世紀の日本医学が、黴毒の症状の多様性に注目するようになり（現代医学から見たその診断の妥当性は筆者には判断できないが）、黴毒と診断されるケースが増えてきたことも影響している。江戸時代の医学書の多くは、症状や発症部位が異なっても、「下疳《げかん》」（初期硬結）・「便毒」（横痃《おうげん》）・「結毒」という三病は、いずれも黴毒の一症状であって、発症部位の相違、もしくは黴毒の進行段階による症状の変化の過程とみなした。と同時に、黴毒ははっきりと黴毒であると診断可能な症状を呈することなく、種々の疾病の陰に隠れているという認識も広がってくる。

後者の点を早くから主張したのが、古方派医学草創期の一七世紀末から活躍した後藤艮山《こんざん》（一六五九―一七三三）である。艮山の医説を弟子が書き記した『師説筆記』（筆者・成立年未詳）は、「凡病ヲ診ルニ、ソノ昔年、瘡毒ノ患アリヤ否ヤヲ可問。イカントナレハ、諸疾多ハ瘡気経絡ニ壅《よう》塞シテ、気コレガタメニ不行シテナルモノ多ケレバナリ」と、診察の際に過去黴毒を患ったことがないか問診すること、なぜなら黴毒が原因となって、様々な疾患を引き起こすことがあるからだと警告する。(14)

黴毒性疾患の多様性に対する指摘は、日本医学が中国医学の見識を超えて独自に到達した知見だった。森井貫『黴《ばい》治小成《ちしょうせい》』は、黴毒を原因とする病は多いのに、中国医書はそれについて全く言及せず、日本医学は大変詳しいと述べている。(15)

今病人ニ徴スルニ労咳、或ハ喘息、小児ノ疳ナトニ、梅瘡毒ヨリ発スル者多シ。其外《ほか》色々ノ病ニ、外《そと》ニ梅瘡ノ形ヲ見ワサスシテ、内ニ梅瘡毒アリテ、它《た》症ヲ見《あら》ハス者多クアリ。コレラハ華人ハ一向論ノナキ事也。本邦今世ニアタリテハ、梅瘡ノ症大ニクワシキ也（中略）何ノ病ニテモ、ハヤク梅瘡ニ心ヲ注テ治スルカヨキ也（ママ）

黴毒性疾患の蔓延は、西洋人の医師からも指摘されている。幕末から明治に横浜で診療した米国人設孟斯《シモンズ》（一八三四―八九）は『黴毒小箒《ばいどくしょうそう》』（明治五年〈一八七二〉刊）において、日本人の病は黴毒起源のものが過半である、と述べている。(16)

三　黴毒への羞恥

1　病を隠す

一八世紀後半以降、黴毒は蔓延していくなかで珍しくない病となり、医学書にも頻繁に取り上げられるようになったことによって、一般の人々の黴毒に対する嫌悪や軽蔑、羞恥心は減少したのだろうか。

医学書には、黴毒にかかったことを何とか隠し通そうとする患者の姿が描写されている。水戸藩医を経て江戸で開業した原南陽（一七五三―一八二〇）著『叢桂亭医事小言《そうけいていいじしょうげん》』（享和三年〈一八〇三〉自序）は、「俗人」が黴毒の初期症状の「下疳」という呼称を「忌」み、「湿瘡」・「痼湿」という間接的表現を使うことや、「下疳」を「淋病」と偽って隠していると記す（「世人、下疳を淋病と云なして隠し居ることあり」）[17]。また、本章で引用した種々の史料中だけでも黴毒には、黴瘡・楊梅瘡・唐瘡・深川瘡・湿瘡・湿毒・湿瘡・痼湿・瘡毒・下疳瘡・便毒・横根・結毒など、実に多くの異名が確認できる。異名が多かった背景には、黴毒であることを隠したいという当時の人々の意識と、それに対する医者の配慮もあった。

隠して医者の治療を受けない人たちもいた。橘尚賢（一七二四―九四）著『黴瘡証治秘鑑《ばいそうしょうじひかん》』（安永五年〈一七七六〉刊）は、黴毒を恥じて隠し（「隠羞」）、治療しない者がいると指摘する。しかしながら重症化すればその症状は激烈で隠すことはできない。大坂の黴毒専門医である船越敬祐著『黴療治験』（『黴瘡茶談』附録、天保十四年〈一八四三〉序文）には、黴毒の症状が醜悪で人中へ出られず、隣の髪結にも嫌われて行かれない若者が登場する（「人中へいづることもならず、かみゆひもとなりにありながら、いみきらハるゝゆへに、おやがかみをゆひ」）。[18]

2 自己治療する人々

人に知られることなく治療することを望む患者も多かった。一八世紀以降、東の草津温泉、西の城崎温泉を中心に顕著となった黴毒治療目的の湯治の流行も、医者にかからずに自己治療したいという、患者の側の希望の表れでもあった。[19]

前掲『黴瘡口訣』は、患者が人に隠して自己治療することでかえって「毒」を「内攻」、すなわち体の奥深くに入り込ませて痼疾《こしつ》としてしまったり、素人治療で軽粉（甘汞《かんこう》、塩化第一水銀）を用い、水銀中毒になることを警告する。

中神琴渓『生生堂治験』（文化元年〈一八〇四〉刊）に登場する少年は、密かに友人から売薬を入手して治療している。[20] だが悪化させて片目を失明してしまい、最終的には琴渓の水銀治療を受けるが死亡する。琴渓は、少年が自己治療に走った理由を、両親におこられることと世間に笑われること（「世人所笑」）を恐れたからだと書いている。

黴毒にかかることを過剰に心配するあまり、病気を作ってしまう患者もいた。本間玄調（棗軒、一八〇四―七二）著『瘍科秘録』（天保八年〈一八三七〉自序）に登場する患者は、ちょっとしたできもの（「小瘡」）でも黴毒かと不安になって密かに売薬で治療して、これで症状が治まると、今度は黴毒を体の奥へ「内攻」させてしまったかとますます不安になり、さらに自己治療を加えて、ただの「小瘡」を悪化させてしまった（「常ノ小瘡ヲ発シテモ黴毒トナシ、私《ヒソカ》ニ売薬ナトヲ服スル内ニ、直ニ愈レバ又誤テ内攻セシトテ愈《イヨイヨ》気ヲ揉ミ妄ニ医薬ヲ加ヘ、反テ療治ノ為ニ害ヲ生スル事アリ」）。[21]

自己治療する多くの患者のために、医者とともに素人も読者に想定した治療書も刊行されていた。林子伯撰『錦嚢《きんのう》外療秘録　副湿毒古方後世方経験良方』は、本来は外科（現在の皮膚科領域も含む）専門書として正徳五年（一七一五）

図15 『絵本黴瘡軍談』 京都大学附属図書館蔵富士川文庫

船越敬祐が販売する延寿丸が擬人化されて，黴毒方の武将瘰癧腫高を討ち取る．左上は「黴毒王滅亡の図」．

に出された林子伯著『外治方鑑』の末尾に、明和九年（一七七二）に板元の手で「湿毒一切経験良方」という湿毒（黴毒）の治療法を附したものである。[22]「湿毒一切経験良方」の「附言」には、「タトヘ素人タリトモ此書ヲ以テ療治セハ、治験如神」とあって、読者対象を黴毒の自己治療を望む素人にまで広げている。ここには実に九六種類もの黴毒薬方が載る。正徳五年初版時よりも明和九年改版時のほうが黴毒の流行は広がっていたであろうから、医者・素人の両方から黴毒治療情報の需要が高まっていたのだろう。

いっぽう船越敬祐の『絵本黴瘡軍談』（天保九年〈一八三八〉年）は絵入り小説の体裁を取り、素人の読者を想定している（図15）。[23]内容は船越のもとで販売している黴毒薬が武将となって黴毒を駆逐する話で、薬の宣伝も掲載されており、薬の販売促進を目的とした書であることがわかる。

3　「湿家」という汚名

黴毒を隠そうとした背景には、単なる羞恥心からだけでなく、未婚の男女にとっては結婚に影響したからでもある。江戸時代の黴毒治療の基本文献として先に名が挙げられていた浅井南皐著『黴瘡約言』は、黴毒の原因として「父母の遺毒」「居処之卑湿」「飲啖之不潔」「宿娼擁妓」「穢悪不詳之人より伝染」の五つをあげる。そして南皐は「遺毒より発する者、最も治し難しとなす」と記す。

黴毒が「遺毒」となって子孫に先天黴毒をもたらす可能性があるために、縁談の妨げとなったことは、医学書の記述からもうかがえる。前掲原南陽『叢桂亭医事小言』の黴毒の治験例に、三歳の病児が登場する。この子の両親は、南陽による「遺毒」という診断を否定した。夫は黴毒の経験を隠して結婚したために、妻の前では「遺毒」の可能性を否定せざるを得なかったのである。また、本書の既婚婦人の治験例では、結婚する際に頭髪が禿げ落ち、全身に「瘡」があったことを夫に隠していた。これらの事例は、嫁入婚だけでなく婿取り婚も多かった江戸時代、男女ともに黴毒が縁談の妨げになりうることを示す。

また、中神琴渓『生生堂医譚』（寛政七年〈一七九五〉序）に載る未婚の娘の治験例には、先天黴毒を意味する「湿家」という言葉が登場する。(24) この娘は乳児の時から「咽喉痛テ利セズ」（咽が痛くて飲み込みにくい）という症状があり、医者は十数年間「虚症」（虚弱）と診断して補剤（栄養状態を向上させ、体力を補う薬）を投与し続けた。治癒することなく一八、九歳となって、この病気のために結婚できない。そこで琴渓が診察し、「黴毒ナリ」と診断した。だが家族は納得しない。

其母怫然トシテ曰、吾家湿家ニアラズ。且吾児深窓ニ養ヘリ。豈此患アランヤ。予曰、仮令室女タリトモ、黴毒ハ自ラ黴毒、何ゾ怪ムニ足ン。且乳媼、嘗テ此患無カリシヤ。其母即乳媼ヲ詰ルニ、乳媼満面通紅シテ罪ヲ謝シ、嘗テ此症アリト云フ。是ニ於テ予ガ診察ヲ明ナリトシテ（後略）

我が家は「湿家」ではなく、また娘は箱入り娘として育ててきたのだから、黴毒であるはずがない、という母親の言葉から、一般的には黴毒の原因は「遺毒」か性交による感染だとみなされていたことがわかる。結果的に娘の黴毒は乳母からの授乳を介した感染であることがわかった。

「家」の継続に関わる病である黴毒は、特に上層社会の人々にとって避けるべき病だった。山脇東門（一七三六―八二）は医学随筆集『東門先生随筆』（成立年未詳）の中で、「湿毒」は「卑賤ノ者ニ最多」いが、実は「高貴ノ御方」にも「便毒」（黴毒）がある[25]。ただそれは「秘《ひす》ル事故、顕《あらわ》ニ云カタシ」と記す。

四　病原としての下層社会と遊廓

1　「卑賤ノ者」の病

右の「卑賤ノ者ニ最多シ」という記述が示すように、黴毒は下層民に多い病であると一般的には考えられていた。先に見た浅井南皐『黴瘡約言』が挙げた黴毒の原因の中に「居処之卑湿」とあったが、京都に住む山脇東門が『東門先生随筆』のなかで名指しする「下湿」のため黴毒が多い場所は「江戸深川」である。「江戸深川ハ海辺ニテ甚下湿ノ地、此所ニハ甚小瘡多シト也。因テ深川瘡トモ称スルヨシ」と、江戸時代、黴毒は「深川瘡」とも呼ばれたと記す。

「深川瘡」という名称は、黴毒が下町の湿地帯に居住することを余儀なくされた都市下層民、そして深川の芸娼妓と結びつけられていたことを想定させる。

実際に黴毒患者が庶民の居住区であった深川に多かったことは、鈴木隆雄が江戸の人骨調査から指摘する。[26]庶民が埋葬された江戸下町の深川にある寺院から出土した人骨史料では七・〇％が典型的骨梅毒症で、いっぽう旗本一族の墓を含む武士階級が比較的多く埋葬されている湯島の寺院では、骨梅毒症は三・〇％だった。鈴木は両者の出現頻度には、統計的に有意差があると結論づけている。人骨調査では黴毒の有病率は骨梅毒症患者の一〇倍とされるので、深川の墓地では七割の人々が黴毒に冒されていた計算になる。

江戸時代の黴毒は、本章冒頭でみたように香川修庵が「王公大人」も染まり、「貴賤男女老少滔々として通病」と表現し、片倉鶴陵が「貴賤男女これに罹る者、十に其の半ば居る」と記し、確かにあらゆる階層に及んではいた。だがその分布の現実は、偏りを見せていたのである。

2　感染源としての遊女

貧困や売買春と結びついた患者イメージの固定化は、やがて感染源の候補を絞り込んでいく。遊女は感染源の一つから、唯一の感染源、もしくは病原そのものという考え方が医学書の中にみられるようになり、黴毒は遊女の身体にわく病であるという説も登場する。

本章冒頭で引いた香川修庵の『一本堂行余医言』（天明八年〈一七八八〉刊）は、近頃の黴毒患者はみな遊女との性交によって感染した者であると述べる（「当時の流俗、この疾を患う者を観るに、皆妓女と交合するに由ってこれを得る。徒《ただ》下賤の土妓のみに非ず、高品の上妓といえども亦皆これ有り」）。

山下宥範（玄門）『医事叢談』（嘉永二年〈一八四九〉序文）は、「発病ノ根元ハ知ラズ」としながらも、「世間所有ノ黴瘡ハ、ミナ買色婢妾ノ淫戸ヨリ伝フルコト必セリ」と、黴毒が最初どこから生ずる病なのかはわからないが、巷の黴毒は悉く遊女の性器から伝わったものであると、感染源を遊女に限定する。(27)

石崎隆長『理黴精要方《りばいせいようほう》』（弘化二年〈一八四五〉以降成立）は、黴毒の発生原因を「欲火敗精」によって生ずる「湿毒」であるとみなし、「必ず娼妓より始まり、以て妻妾子孫に及び、以て世間千万人に伝わる矣」と、黴毒の発生および伝染の起点を遊女に求める。(28)

前掲本間玄調『瘍科秘録』（天保八年〈一八三七〉自序）は、黴毒は「原《モト》ハ必ス娼婦《シヤウロウ》ヨリ生ス」と、黴毒の病因は必ず遊女の身体から発生すると明言するとともに、「濁液、陰中ニオ《（瘀）》滞シテ黴瘡ヲ醸《カモ》シ出ス」、つまり黴毒は遊女の性器から醸し出される病であると説明した。そして、古は娼楼が少なかったので黴毒も少なかったこと、患者は必ず遊女からの「伝染」による発病で、患者自身の「自発」の黴毒はないと述べる。また、老人・子どもの黴毒は、「寡婦」との「姦通」によって生ずることが多いとし、黴毒患者の性行動に対する強い偏見を示す。

本間玄調が実感したように、ことに一八世紀以降の遊廓の拡大は著しい。江戸では宝暦年間（一七五一―六四）に吉原の太夫・揚屋が廃絶して、売買春の文化的虚飾が後退し、散茶女郎を中心とする大衆的売買春の場へと変質した。一八世紀半ばの江戸・大坂周辺では飯盛女の規制も緩和され、遊廓外での安直な売買春の量的拡大もみられる。京都では一八世紀後半、祇園に島原から出向の女郎屋が設置され、島原より手軽に遊べる遊所として盛況を呈した。

吉原の大衆化は、吉原で働く遊女の身体へのさげすみに結びついた。一八世紀前半に書かれた柳沢淇園《きえん》（一七〇三―五八）『ひとりね』（享保九年〈一七二四〉頃成立）は、いまだ遊女の身体への讃美に満ちた時代の随筆である。(29) 遊女の身体を、地女の身体と生理的に異質で、清浄さや美しさを持ち合わせたもの、とみなす淇園の身体観は、遊女の身体

に対する男性の憧憬をよくあらわしている。(30)

地女はしつねつふかし。其にほひ、いやらしきはへぎわよりおこりて、内またのそとにはびこりわたり、彧然《いくぜん》として肺経をたゞらかし、鼻を損じ、女郎さまはおともなく香もなしといふ上天の人にして、其匂ひ緋ぢりめんの下ひもの本にありがたく、松柏のもとにまひ、蘭園のうす〳〵としたる所をめぐる。其かたち至極忝《かたじけな》し

だが、吉原から高位の遊女である太夫が姿を消し、安直でむき出しの売買春が横行する江戸時代後期、遊女の身体への蔑視が強まる。それは、特に下級遊女には黴毒病みが多いというイメージに、よく示されている。おそらく背景には、黴毒にかかった遊女が吉原などの公許の遊廓から、私娼を抱える女郎屋へ売り渡されるという現実もあったろう。

下級遊女と黴毒との密接な関係を詠んだ川柳は多い。(31)

償《つぐのい》じや夜鷹が手伝ふ入鼻代　『笠附虫目鏡』文化九年（一八一二）

入鼻であぶなげなしに買ふ惣嫁　『冠附名付親《かむりづけなづけおや》』文化十一年

裏川岸《うらがし》の格子買人《かひて》も造り鼻　『挿花《そうか》から衣』三、天保七年（一八三六）

誰が見ても鉄砲疵にまがひなし　『たねふくべ』八、弘化二年（一八四五）

身の瘡を廿四文でかつて背負ひ　同右

下級遊女を意味する「夜鷹《よたか》」「惣嫁《そうか》」「裏川岸」「鉄砲」「廿四文」という言葉は、鼻が落ちるような重症の黴毒のイメージと結びつけられている（図16）。これらの句を読むと、先に見た〝江戸の水道の水を飲まぬと、黴毒を病まぬは男の内にあらず〟という俚諺は庶民のダンディズムだけではなく、蔓延する黴毒に対して手の打ちようのない開き直りや、自嘲でもあったことが理解される。黴毒とは川柳の素材になって笑われる病であり、下級遊女やその顧客である下層民に多い賤しい病で、少なくとも武家や中流以上の商家に持ち込まれるべきでない病気だった。

浅井南皐の前掲『黴瘡約言』も、婦人は医者に聞かれても黴毒を恥じて否定するために（「婦人畏レ恥テ肯説セズ」）治療が遅れたり、誤診する原因になっていると述べている。それは患部を男性医師に見られることへの恥ずかしさだけではなく、黴毒という病が与えるイメージも影響していたと考えられる。遊女以外の女性の性が否定されている近世社会では、女性にとってこのようなイメージを持つ黴毒は、男性以上に恥ずべき病と認識された。

中神琴渓は前掲『生生堂医譚』で、宿場町大津の「土妓」（飯盛女）を「数百人」治療した経験を書いている。大津宿は背後に逢坂山、前に琵琶湖が控えていて、「寒風殊ニ烈シク湿気多キ地」であった。これは当時の病因論からすると、黴毒を醸し出す風土的条件が備わっている。その上、宿屋の飯盛女による売買春が盛んな場であったため、「惣テ黴瘡ヲ病ム」という状態だった。

黴毒を患った飯盛女たちの運命は悲惨である。

図16　歌川国丸『会本婦女録嘉僊』国際日本文化研究センター蔵　「辻君」は夜鷹の雅称

其婢ヲ鬻《ひさ》ク者ノ中ニハ、カノ風来家ニシテ、薄情凶暴ノ者多シ。サレバ此婢ドモ、黴瘡ヲ患フルニ、病軽キ内ハ療治ヲ加ヘズシテ、毎夜客ニ接セシメ、病劇シクナレバ、医ヲ請テ治スレドモ、客ニ接シテ貨ヲ得ル事ノ能ハザルノミナラズ、服薬食餌等費多キ故、陽ニハ医ヲ請テ薬スレドモ、陰ニハ久シク薬シテ後廃人トナルカ、或ハ容抔醜ク、ナランヨリハ、早ク死シテ、費少カラン事ヲ願フ。又、傍輩ノ女ドモ、、已ガ身ノ上ノ事モ顧ミ思ハズ、当分ノ所ヲウルサク思テ、是亦早ク死セン事ヲ願フ。病人ハ、家内ノ人ニ疎マルレハ、是亦固ヨリ一日モ早ク死セン事ヲ思フ。斯ノ如ク死ヲ恐レザル故、薬ノ瞑眩《めんげん》ハ固ヨリ恐レズ。予ガ軽粉剤ヲ用ル事ヲ伝ヘ聞、悉ク来テ治ヲ請シ故、思ノマヽニ峻毒ノ薬ヲ用テ試ミシニ、軽粉少モ害アル者ニ非ズ

宿屋の主人が薄情で、「婢」（飯盛女）が黴毒を患っても軽症のうちは治療も受けさせずに、毎夜客を取らせた。症状が進むと医者に診せるが、出費がかさむばかりなので早く死ぬことを願った。彼女の朋輩たちもまた、病人を「ウルサク」思ってその死を願った。このような状況の中では、本人も早く死にたいと思う。そのため彼女たちは琴渓の治療を受けるにあたって、一般の患者のように水銀剤（軽粉剤）の「瞑眩」と呼ばれる、時には生死に関わるほどの激しい嘔吐や下痢、口中の爛れなどの、よく知られた作用を恐れたりはしなかった。琴渓は彼女たちを使って「思ノマヽニ峻毒ノ薬」たる水銀の治験を繰り返す。彼は最終的に自身の治療法に「百発百中、千万人ヲ療スレドモ、一人モ誤ル事ナシ」という確信を持つに至っている。

おわりに

黴毒は近世初期、誰もがかかりうる新興輸入感染症だった。一六世紀の日本社会では、黴毒にかかったことを性感染症として特別に恥じる風潮はみられない。それが一七世紀以降、性感染症に対して道徳的な側面から批判的なまなざしをむける中国医学の影響や、国内の儒学思想の展開、庶民に至るまでの勤労倫理観の普及を経て、変化が見られるようになる。日本の医学書にも黴毒に対して、単に症状に対する嫌悪だけでなく、性的放逸をはじめとする享楽的

生活のもたらした病であるという道徳的非難が向けられるようになる。

特に一八世紀後半以降は黴毒が広く都市社会に蔓延すると同時に、日本医学は豊富な黴毒の臨床経験に基づいて、様々な症状を黴毒由来の疾患として診断するようになっていく。ただし、巷に黴毒が蔓延して医学書でも普通に取り上げられる病になったことが、一般社会の黴毒に対する嫌悪感や患者の羞恥心を軽減することに必ずしも結び付かなかった。先天黴毒に対する認識も広がるなか、黴毒が家庭に入り込むことへの警戒や、感染源としての都市下層民の集住する地域や下級遊女への蔑視は強まっている。

娼婦と黴毒との関係については、荻野美保が指摘する、一九世紀イギリスの、ヴィクトリア朝社会のありようとも似通っている。(32) 荻野は、性病に対する恐怖と性のダブル・スタンダードが結びつくことによって、梅毒の媒介者として男性は消去され、娼婦にのみ病因と汚濁のディスクールが集中したと述べる。フランスでもイギリスでも、娼婦は「生きながらの腐敗」「下水」「掃き溜め」「汚水溜め」と表現されたという。

このように見てくると、江戸時代の黴毒に対する意識や黴毒患者に対する対応は、時期や社会階層、性別、年齢（生殖年齢か否か）によって違いがあり、江戸時代の日本人は性感染症である黴毒に対して一概に寛容であったとは言えないし、おおらかな性道徳のもとで野放図に売買春を楽しんでいたとは言いがたい。川柳のなかの自虐的で突き抜けた笑いやある種のダンディズムも、一見江戸庶民文化の洒脱さを示すようであるが、買春をする男性の視点から徹底的に下級遊女を貶めることで、はじめて成立する笑いの世界である。水銀治療の激しい副作用による死も恐れずに、中神琴渓へ最後の救いを求めた大津の飯盛女たちの悲壮な姿は、川柳で笑い飛ばされていた、鼻の欠けるほど重症の黴毒に侵された体で客引きをする夜鷹や惣嫁の姿と重なる。

庶民男性の黴毒認識からこの笑いの感覚が消え失せて、恐怖と強い拒絶へ一元化されていくのは、近代以降である。

江戸時代の「湿毒」「唐瘡」などの多様な呼称が消え、明治になると「花柳病」という呼び方が普及する。「花柳病」という呼称の普及と定着は、黴毒蔓延の原因を遊女と下層社会に押し付ける江戸時代の黴毒観が、衛生国家の推進の中で新しい近代科学の装いのもと、さらに広く深く定着していったことを示唆している。

注

（1）香川修庵『一本堂行余医言』（天明八年〈一七八八〉刊、近世漢方医学書集成六五、名著出版、一九八二年）、中神琴渓『生生堂雑記』（寛政十年〈一七九八〉自序、近世漢方医学書集成一七、名著出版、一九七九年）、片倉鶴陵『黴癘新書』（天明六年〈一七八六〉刊、京都大学附属図書館蔵富士川文庫）、永富独嘯庵『黴瘡口訣』（天明八年〈一七八八〉序文、京都大学附属図書館蔵富士川文庫）。
（2）曽根ひろみ『娼婦と近世社会』吉川弘文館、二〇〇三年。
（3）『日本王国記・日欧文化比較』大航海時代叢書第一期一一、岩波書店、一九六五年。
（4）海老沢有道『切支丹の社会活動及南蛮医学』冨山房、一九四四年。
（5）『当代記』史籍雑纂二、国書刊行会、一九一二年。
（6）曲直瀬玄朔『医学天正記』近世漢方医学書集成六、名著出版、一九七九年。
（7）陳司成『黴瘡秘録』京都大学附属図書館蔵富士川文庫。
（8）香月牛山『牛山活套』近世漢方医学書集成六一、名著出版、一九八一年。
（9）吉益東洞『建殊録』近世漢方医学書集成一一、名著出版、一九七九年。
（10）黒住真「儒学と近世日本社会」『日本通史』第一三巻、岩波書店、一九九四年。
（11）貝原益軒については横山俊夫編『貝原益軒—天地和楽の文明学—』（平凡社、一九九五年）参照。
（12）中川修亭『医道』近世漢方医学書集成一一二、名著出版、一九八四年。
（13）橘南谿『雑病記聞』杏雨書屋蔵。
（14）『師説筆記』近世漢方医学書集成一三、名著出版、一九七九年。
（15）森井貫輯『黴治小成』京都大学附属図書館蔵富士川文庫。

(16) デュアン・シモンズ『黴毒小箒』京都大学附属図書館蔵富士川文庫。
(17) 原南陽『叢桂亭医事小言』近世漢方医学書集成一九、名著出版、一九七九年。また香川修庵『一本堂行余医言』は、今の医者や素人が黴毒を「湿毒」と呼ぶのは、二〇〇年前にいまだ黴毒が稀な疾患であった頃に、世間が黴毒を「癩」のごとく嫌悪するので、医者がへつらって「湿」と呼んだことに始まる、と記している。
(18) 船越敬祐『黴療治験』慶応義塾大学信濃町メディアセンター蔵富士川文庫。
(19) 黴毒治療のための湯治については拙稿「江戸時代の湯治と梅毒—有馬温泉と城崎温泉の変遷をめぐって—」(福田眞人・鈴木則子編『日本梅毒史の研究』思文閣出版、二〇〇五年)、同「「湯治」の実態を探る—温泉の医史学—」(日本温泉文化研究会編『温泉を読む』講談社現代新書、二〇一一年)を参照のこと。
(20) 中神琴渓『生生堂治験』近世漢方医学書集成一七、名著出版、一九七九年。
(21) 本間玄調『瘍科秘録』京都大学附属図書館蔵富士川文庫。
(22) 林子伯『外治方鑑』京都大学附属図書館蔵富士川文庫、林子伯撰『錦嚢外療秘録　副湿毒古方後世方経験良法』京都大学附属図書館蔵富士川文庫。
(23) 船越敬祐『絵本黴瘡軍談』京都大学附属図書館蔵富士川文庫。
(24) 中神琴渓『生生堂医譚』近世漢方医学書集成一七、名著出版、一九七九年。
(25) 山脇東門『東門先生随筆』近世漢方医学書集成一四、名著出版、一九七九年。
(26) 鈴木隆雄『骨から見た日本人—古病理学が語る歴史—』講談社、一九九八年。
(27) 山下宥範(玄門)『医事叢談』京都大学附属図書館蔵富士川文庫。
(28) 石崎隆長『理黴精要方』京都大学附属図書館蔵富士川文庫。
(29) 柳沢淇園『ひとりね』日本古典文学大系九六『近世随想集』岩波書店、一九六五年。
(30) 『ひとりね』にみられる、遊女と地女の身体性の違いに対する認識に関する考察については、倉地克直「『ひとりね』の色恋—近世「恋愛」論の位相—」(『性と身体の近世史』東京大学出版会、一九九八年)参照のこと。
(31) 山本成之助「雑俳・医療風俗史」(六)『日本医事新報』三五三五号、一九九二年。
(32) 荻野美保『ジェンダー化される身体』勁草書房、二〇〇二年。

第二章　労瘵（結核）
――「恋の病」考――

はじめに――「恋の病」という言説――

江戸時代、労瘵《ろうさい》（結核）は「恋の病」であったという。

江戸文化・風俗史の研究家である三田村鳶魚《えんぎょ》（一八七〇―一九五二）は、「西鶴の当世顔」および「恋の病」のなかで、江戸時代初期までは文芸史料にあまり登場しなかった労瘵が、元禄期（一六八八―一七〇四）に成立した浮世草子に頻出するようになったこと、浮世草子のなかで労瘵は遊廓と結びつけられて、死病でありながら同時に「恋の病」というイメージがもたれていたことを指摘する。(1) そしてその背景には元禄期における労瘵の流行、特に遊里を中心とする流行があったのではないかと推測している。

また比較文化学の福田眞人は著書『結核という文化』で、川柳などの史料から「江戸時代の一般庶民はわけのわからない憔悴や痩せ衰えて死ぬことにぼんやりとした不安と、一種独特のイメージを持つことしかなかった。それは、いわば金持ちの令嬢（長振袖を着た深窓の令嬢）と四書五経の勉学に励む秀才の病であるという、肯定的な見方だった。」と述べている。(2)

明治以降の日本で、同時代の西洋同様に結核が美女や才能豊かな青年が夭折する病であるという、ある種ロマンティックなイメージがもたれていたことはよく知られているが、この結核のロマン化とでも言うべき現象は、すでに江戸時代に出現していたのである。(3)

結核というのは近代以降の呼称で、江戸時代は「労瘵」「労症」「労咳」「気のかた」「ぶらぶら病」などと呼ばれて、都会においては黴毒と並んで猛威を振るっていた。種々の呼称があること自体、この病が当時の人々にとって身近なものであったことを示している。

氏家幹人は著書『江戸の病』のなかで、一八世紀半ばの幕府御家人の日記『官符御沙汰略記』約三〇年分（延享二―安永二年〈一七四五―七三〉）に登場する病死者の記録の分析にもとづいて、「当時の江戸で男女の別なく若者の最大の敵は「労症」、肺結核だった」と結論づける。(4)

現代医学からみた結核は、結核菌の感染によって起こる慢性感染症である。感染の形は、患者のくしゃみや咳によって体外に排出された結核菌を肺の奥深くまで吸い込むことで起こる空気感染である。感染しても通常は免疫の力で抑えられるが、吸い込んだ菌が非常に多い場合や、免疫力が低下している場合、発症に至る。したがって結核の発生には生活環境の影響が大きい。一九四四年にワックスマンが特効薬ストレプトマイシンを発見するまでは、死病として恐れられていた。ただし、二〇二〇年の統計でも日本はいまだに新たに一万二七三九人の患者が発生していて、欧米先進国が到達している「低蔓延国」（罹患率が人口一〇万あたり一〇未満）になれずにいる。(5)

さて、こうした病の深刻さと乖離した江戸時代の美しい労瘵イメージと、そのようなイメージが形成された背景を、既述のように三田村は文芸史料を用いて論じているのだが、この問題を医学史料からも検討してみようというのが本章のテーマである。なぜならば、三田村が分析した浮世草子の時代は、同時に医学的知が庶民にまで普及した時代とも重なるからである。(6)人々の病気観について考えるにあたっては、医学的言説の影響の検討を避けて通れない、江戸時代とはすでにそのような時代であった。

前近代の労瘵医学に関する先行研究には、結核の専門医である岡西順二郎による論文「結核の歴史」「江戸時代の結核」がある。(7) 岡西は、中国・日本・欧米の結核治療の諸相を古代から近代に至るまで、医学書から丹念に紹介している。だが、岡西の視点は基本的には近代医学の立場から過去の医療の進歩の度合いを評価するものであり、日本近世医学は中国医学の枠を出ないものとみなして、日本近世医学の労瘵観の特性を考察するには至らない。

確かに日本近世医学の土台となった中国医学は膨大な学問的蓄積を有し、労瘵に関しても、ありとあらゆる知見を提示している。日本近世医学書に載っていて、中国医学書にない医説はないといってよい。しかしながら、そもそも前近代の医学書は中国でも日本でも、基本的に先行医書を踏襲しながら書かれ、先行医書の記述の解釈や取捨選択のバリエーションの中で、様々な学説が展開されてきた。したがって問題にすべきは、日本近世医学が中国医学の労瘵観を受容するにあたってどのような取捨選択をし、また何を特に強調しているかであろう。私はこの選択と強調のあり方の中に、日本近世医学の労瘵に対するまなざしの特性が反映されていると考える。

本章では右のような視点から、まず前半で労瘵に関する近世医学史料を中心に分析する。そして医学史料で確認された労瘵観が、文芸作品に投影されている状況を後半で分析する。検討対象とする時期は近世初期から浮世草子最盛期の一八世紀はじめとし、対象地域は当該期の医学書と浮世草子が刊行された上方とする。この時期の学問・文化水準は、いまだ圧倒的に西高東低だったのである。これらの分析を通じて、江戸時代の労瘵がその悲惨な病状にもかかわらず文芸史料の中で「恋の病」としてロマン化されるにあたり、医学的言説が大きく影響していたことを明らかにするとともに、感染症という誰もがかかりうる病に対するまなざしに、医学の中に潜むジェンダーが色濃く反映されているありさまを描き出したい。

一　明清医学の導入

まず最初に、一六世紀後半に活躍した「日本医学中興の祖」と言われる初代曲直瀬道三《まなせどうさん》（一五〇七―九四）の代表的な著作『啓迪集《けいてきしゅう》』（元亀二年〈一五七一〉成立）を通じて、近世初期日本医学の最先端部分が中国医書から選択した労瘵観を検討する。(8)

初代道三は中国の明・清医学を導入することを通じて、その後の日本近世医学の基礎を形成した人物である。彼は京都にあって朝廷や時代の権力者である足利義輝、織田信長、豊臣秀吉、徳川家康らに重んじられるとともに、多くの弟子を育成した。

『啓迪集』は道三自身のオリジナルの著作ではなく、彼が様々な中国医書のなかから適切と判断した文章を、出典を明記して抜粋し構成した医書である。(9)本書は労瘵について「労瘵門」で論じている。彼が中国医学から選び出した記述をまとめると、次のような三点の特徴を指摘できる。

1　「気虚」と「伝染」

まず、労瘵となる原因として「気虚」を強調した。労瘵の発病には自発、すなわち自分自身の体の中で病気が生ずる場合と、外からの「伝染」との二通りがあると考えられたが、いずれも「気虚」、すなわち気が衰えた状態になることで労瘵が自発したり伝染するとされた。

まず自発の場合、壮年の男性は本来「気血」が充足して「精液」が満ちている世代であるが、保養を心がけず酒色をむさぼり続けることで気を消耗して「腎虚」となり発症する。酒色といまだ無縁の若い未婚の男女の場合は、色々と思い悩んで「思慮過多」となって虚の状態となり発病すると考えられている。

伝染は気虚・空腹の時おこりやすいので、労瘵の人の葬式や見舞いに行くことを止めている。労瘵は衣服・器物を通じても、その人の虚に乗じ伝染する。特に看病にあたったり親しく接した人や血縁者は、「悪気」を受けて伝染するとされた。これを「伝屍」や「喪死」と呼ぶ。一人が発病すると不注意によって多くの人に伝染し、ついに「滅族滅門」、すなわち一族の破滅に至るとされた。

労瘵は病毒が積もると「虫」を生じて「臓腑の精花」を食べる。伝染は悪気だけでなく、この虫によっても起こるとある。

2　道徳的戒め

労瘵の基本的原因を気虚に求めることで、その養生法は虚をもたらすような不摂生な生活を断ち切ることとされた。心を静かに保ち、飲食を適切にし、「風寒暑湿」を避け、「行立座臥」（適度に体を動かすこと）を常に行うことを勧める。だが現実には「今世嗜欲に節なく、起居時あらず、七情六欲之火時中に動じ、飲食労倦之過屢《しばしば》体を傷《やぶ》る」、すなわち「今世」（この部分で引用された『医学正伝』は一五一五年成立）は無節操で生活は不規則、喜怒哀楽の感情と欲望を慎まず、過度の飲食や疲労で体をそこなっている。これは一六世紀はじめ、中国明末の士大夫階級の享楽的生活態度が反映された記述であろう。

3　四花患門の灸と天霊蓋

治療は虚を補うことと労瘵の虫を体外へ出すことをめざして行われる。労瘵治療で特徴的なのは、「四花患門の灸」と天霊蓋《てんれいがい》（人間の頭蓋骨の上部）を含んだ薬である。

四花患門の灸は四花と呼ばれる四ヵ所の灸穴に各一〇〇壮、患門の二穴に各一五〇壮、膏肓二穴に各三〇〇壮、三里二穴に各三〇壮の灸を据える。灸を施すと虫を吐瀉するので、伝染を避けたければこの虫を火で焼いて河に捨てるよう記す。

江戸時代の日本では一般の人々ですら、労瘵と言えばすぐに四花患門の灸を連想するほどこの灸法は知られていた。「崔氏四花穴法」とも呼ばれ、もともとは七世紀半ば、崔知悌《さいちてい》（唐代）が著した『骨蒸病灸方』に載る灸法で、以後中国医書では労瘵の治療法として高く評価されてきた。大量の灸は労瘵の難病としてのイメージを増幅させるに十分だろう。

天霊蓋も中国医書の労瘵治療には頻出する薬で、日本でも江戸時代を通じ労瘵の虫を殺す妙薬として、一般の人にも知られた。このおどろおどろしい薬もまた労瘵の難病イメージを強調したと思われる。

右に確認してきた『啓迪集』の記述から浮かび上がる労瘵の病人イメージは、享楽的な生活態度、自己管理能力の低さである。そして、こういった自律心の低さが、個人の災厄にとどまらず、一族に伝染して「滅族滅門」という「家」を崩壊させる禍を招くとみなされた。

二　医学書の中のジェンダー

道三の時代、いまだ中国医書は舶来の希少な書物であった。が、慶長期以降、一七世紀前半は古活字版（銅活字・

木活字による印刷)、さらには和刻本(木版本)という形で、日本国内でも出版されるようになっていく。一七世紀半ば以降は日本の医師の手で、これら中国医書に注釈を付した諺解《げんかい》本も様々登場する。中国医書の普及する条件が整ったのである。ここでは『啓迪集』が書かれて以後、すなわち一六世紀末以降に中国で著され、そののち一七世紀以降に日本国内でも出版された中国医書をとりあげて、曲直瀬道三以後の日本の医者が中国医学から学んだ労瘵観をみていく。

道三の医学は、養嗣子である曲直瀬玄朔《げんさく》(一五四九―一六三一)に継承され、玄朔の門下からは江戸時代初期の医学を牽引する医家が数多く輩出された。一七世紀は、後に後世派と呼ばれる曲直瀬道三の学統に連なる人々によって中国医学が咀嚼され、広げられていく時代であった。後世派の医学は基本的には『啓迪集』に引用された中国医書の労瘵観の枠組みの中にあるが、いくつかの注目すべき特徴を指摘できる。

1　若者の病

李梴《りてん》の『医学入門』(一五七五年刊、古活字版あり)は後世派の古林見宜(一五七九―一六五七)が普及にあたり、同じく後世派の岡本一抱(一六五五―一七一六)の諺解本『医学入門諺解』も刊行され(宝永六年〈一七〇九〉刊)、国内で広く読まれた(10)。

その「労瘵」の項には、労瘵は多くは一五、六歳あるいは二〇歳前後の「血気未だ定まら」ない年頃に、「酒色」におぼれて「精液」を損なうことにより発病すると説明される。道三の『啓迪集』にもあったように、従来は酒色におぼれて腎が虚して労瘵となるのは血気が充満した壮年男性であって、一五、六歳の結婚前の若者は思慮過多により心を傷り労瘵になるとされてきた。酒色を原因とする労瘵が若齢化している。

また、「伝屍の説、必ずしも深く泥まず」とあって、伝染説には懐疑的である。かわりに「歴《あまね》く労瘵を観れば、皆酒色・財気が心血を損傷するに因り」と、伝染よりも不摂生で贅沢な生活による自発に病因を求めている。そして病人が自分の生活態度のせいで病気になったことを自覚せず、「往々咎を前人の積悪に帰す。甚だしきときは則ち疑いは房屋・器皿・墳墓に及び」と、先祖のせいにしたり、部屋や食器を介して、またお墓に行って伝染したのだと考えることを批判する。もっとも李梴のこの批判は、当時中国の人々の間で労瘵の伝染性が強く意識されていたことの裏返しでもあろう。

2 女性の性欲

龔廷賢《きょうていけん》（一五二二―一六一九）著『万病回春』（一五八七年自序、和刻本一六一九年）は、明代の医書のなかで最も日本医学に影響が大きかった書と評価される。(11) 日本では慶長十八年（一六一三）より前に本書の古活字本が出たことが確認されているとともに、和刻本も慶長前期頃から出ている。

同書は「虚労」の項で労瘵について論じている。医学書によって労瘵は様々な呼称で登場するが、元禄期の医師岡本一抱は『回春病因指南』（元禄八年〈一六九五〉刊）の中で、この病が重症化につれて、労傷（軽症）→虚損（治療可）→虚労（難治）→労瘵（難治）→労極（不治）と呼称が変化すると説明している。(12) 現代のように結核菌の有無ではなく、ごく軽い症状から重篤な状態までを一括して労瘵のグラデーションとして理解するこの捉え方は、あとで見るように江戸時代に労瘵とみなされる人々の数を増幅させることになる。

さて、『万病回春』は女性の「虚労」については男性と別に、後半にある「婦人科」のなかで、改めて項目を立てて説明する。男性と女性とで「虚労」の主原因が異なることを、書物の構成の上でも明確に示しているのである。

まず男性については、「虚怯の症は、皆元気不足に因る」、「労症は、元これ虚損の極み」と位置づけ、気が極度に虚の状態になっているのが「労症」であった。「警世二絶」と銘打った治病心得を掲げ、「酒色財気」を遠ざけよと警告する。男性の虚の原因は、主として酒色と富にあるとみなされたのである。

対して「婦人科」の「虚労」の項は、「虚労は多くは気結ぼれ、憂思・恐驚或いは情欲心を動かし、或いは経水調わざるに因って諸病を変生す」と記す。精神的な不安定さや性的欲望によって心を動かしたり、生理不順が女性の「虚労」の原因と説明し、女性の性的欲求不満を強調する。

同じ龔廷賢が『万病回春』の約三〇年後に著した『寿世保元』（一六一五年刊、和刻本一六四五年）も「婦人科」の「虚労」の項で、「先賢有云、婦人の性は悍《たけ》く、必ず淫火多くして、且少しく意にしたがわざる処あらば、心中燥急し」と、女性は生まれつき性格が荒々しくて淫欲が強く、思い通りにならないといらいらすると説明する。[13] 女性が精神的な理由から「虚労」になるのは、生まれつきの性差に基づくと考えられたのである。

後年の喩昌《ゆしょう》著『医門法律』（一六五八年自序、和刻本一六六五年）は「虚労論」において、「伝屍労」は男女で病因が異なるとともに、病理もまた異なると説明している。[14] 男子は房事過多などによってまず腎を損傷し、腎→心《しん》→肺→肝→脾の順で侵され、女子は心労などにより心を損傷し、心→肺→肝→脾→腎の順で侵されていくと述べる。

さらに後年の張璐玉《ちょうろぎょく》著『張氏医通』（一六九五年刊、一七〇二年渡来）の「虚損　伝屍」の項は、女性の性的欲求不満について、寡婦や尼僧で欲望を遂げることができない者は、房事過多よりも虚を昂進させやすいことが説かれる。[15] 男女とも適齢期になっても結婚しなかったり、若くして寡婦・寡夫となるといずれも虚損となるが、軽症ならば結婚後に治るとする。治療のための結婚が勧められるに至ったのである。

3 「労倦」を顧みない男たち

男性の場合は、勉学に励みすぎで労瘵になることもあると考えられた。前掲『寿世保元』は、「士子」（読書して科挙の準備をしている人）は、読書や作文に辛苦して心労により、「労」となるという。自制することなく勉強に熱中すると病気になることを知り、予防しなければいけないと忠告している。ここには中国の科挙をめぐる熾烈な競争も影響していよう。

この考え方はその後も継承され、たとえば李中梓《りちゅうし》（一五八八—一六五五）著『医宗必読』（一六三七年自序、和刻本一六八七年）はその「虚労」の項で、一二例の医案を載せるが、うち六例が若者、そのうちの一人は読書に熱中する少年である。(16) 生まれつき「書癖」（読書を好む癖）のある少年が「昕夕《きんせき》（朝夕）神を窮めて自ら節せず」に発病したと、学問好きな少年が根を詰めることにより発症している。勤勉な青少年という病人像である。

『景岳全書』（張介賓《ちょうかいひん》〈一五六三—一六四〇〉著）はこれに関連して、患者の階級性を指摘する。(17)「労」は労働者階級にはみられず、「安閑柔脆之輩」（軟弱な有閑階級）の病であるというのである。労働者は日々労働しても、たとえば名誉心などのために限度なく働いたりしないので、「労」に至らない。対して「安閑柔脆之輩」は「労倦」をかえりみない。「名利」のために様々に努力したり、色欲や遊蕩に限度がなかったり、病気で庸医にかかってかえって体調を悪化させたり、また若者は勉強や武術に励みすぎたり、といったように、自分の体力や能力の限界を自覚せずに行動して病気になる。

やがてこうした「労」は、次節でみるように元禄期の日本では、気が虚すること（「気虚」）よりも気の滞り（「気鬱」）によるとみなされていく。

一七世紀後半頃からは中国医書やその諺解本だけでなく、日本人医師の書いたオリジナルの医学書刊行が相次ぐ。それは日本医学が中国医学を選択的に受容する段階から、日本社会の労瘵のあり方を反映させた日本の労瘵医学を展開させる段階へ移行したことをも意味した。

三 心を病む人々

1 「気鬱」の強調

後世派の大家である香月牛山（一六五六—一七四〇）は、「虚労」の原因として「気鬱」と血縁者間を主とする「伝染」を強調する。著書『牛山活套《ぎゅうざんかっとう》』（元禄十二年〈一六九九〉自序）は、巻之上「虚労」において次のように記す[18]。

初は多は気鬱より発する者多し。或は仕官勤労の人、初は主君に得られて後寵衰たる者、又は室女嬛寡《かんか》思想かなわず、或いは婦人の男に得られず、又は舅姑に得られざる類の者、必気鬱して骨蒸・労咳となる

武士が主君との人間関係に悩んだり、未婚女性や寡婦の性的欲求不満、既婚女性が夫や舅・姑に愛されないなどの理由で、ストレスから「気鬱」となり、「骨蒸・労咳」を発病するという。ここで注目すべきは、中国医学書がストレスから労瘵を発病するファクターを「気虚」とみなしたのに対し、「気鬱」という概念を強調している点である。

また、ストレス性疾患への注目は「巻之中」の「諸気」という項目を立てることにつながり、「諸気の病」「気脳の病」という精神性疾患を取り上げている。病因は「男子・婦人共に諸気不和、憂愁思慮忿怒に因て神《しん》を傷り、抑鬱の気留滞して不散」とあって、やはり精神的ストレスが原因だが、労瘵に向かわずに精神性疾患としてあらわれる。こ

とに「婦人・室女・寡尼の類は七情の気鬱し易し」と、既婚女性・未婚女性・寡婦や尼僧は「七情」すなわち怒・喜・思・憂・恐・悲・驚の感情によって気鬱になる。男性よりも女性のほうが気鬱になりやすいとみる。

さらに「婦人部」の「虚労」の項でも、「室女・寡婦、欲鬱・気鬱して虚労の症に似て紛たる類多し」と、特に未婚女性と寡婦は肉体的・精神的欲求不満によって、「虚労の類」に間違えられがちな病状に陥りやすいと述べる。

牛山と同時期に活躍した同じ後世派の岡本一抱も、『回春病因指南』（元禄八年〈一六九五〉刊）の「虚労」の項で、「虚労」と女性の性欲の関係について同様な指摘をする。ある人が、既婚女性のほうが房労による「陰虚・虚労」に陥りそうなのに、なぜ奥女中や未婚の娘という房事に無縁の女性患者が多いのか、と一抱に問う。これに対して一抱は、年かさで未婚の場合、「陰気」が内に充ちてくるのに排泄されないため「虚損」となることや、加えて「色欲の鬱火、心に生」ずることなどをあげている。女性であっても体が性的に成熟しているのに性行為がないのは、身体的にも精神的にも病的状態になると考えている。

再び『牛山活套』に戻ると、牛山は「虚労」に限らず女性の病の多くが「気鬱」を主たる原因とすると考えた。本書巻之下「婦人部」の冒頭には、「室女其病多くは気鬱より発すれば、鬱を開き気を順すべし」、「寡婦は其病、欲鬱して気順せざるより発するなり」とある。中国医書が「気虚」に注目することにより、労瘵の治療法として患者に深山幽谷での閑居を求めるのに対し、牛山は「気鬱」を主たる病因と考えたために、治療法は「鬱を開き気を順す」ることとなる。このような考え方は、労瘵にかかると遊廓や歌舞音曲、野遊びなどを〝気晴らし〟として勧める日本の医説に結びつく。

たとえば後年の中神琴渓《なかがみきんけい》（一七四四―一八三三）著『生生堂医譚《せいせいどういたん》』（寛政八年〈一七九六〉刊）は、労瘵は基本的に不治であると断った上で、ある名僧が労瘵にかかった弟子を治療のために遊廓に通わせたところ治癒し、病の再発を避けるために破門したという話を載せる。(19)そして労瘵患者は「大抵性質篤行小心」、すなわち真面目な小心者が多いので、この方法はなかなか自分の患者に試せずにいるが、医者は心得ておくべき治療法だと記す。

また橘南谿《たちばななんけい》（一七〇三―一八〇五）講義『雑病記聞』（文化二年〈一八〇五〉刊）「労咳」は、女性も性行為によって「津液《しんえき》もれて神《しん》伸ひ、心悦《よろこ》ふときは（中略）鬱を開く」という。(20)だが女性の場合は道徳的に慎まざるを得ないと述べる。「心を楽ましめ伸るやうに」四国巡礼、温泉場（ただし入浴は不可）、貸座敷での出養生、音曲などを勧めている。

2　「労鬱の家」

岡本一抱の『回春病因指南』は、「婦人科」の「虚労」の項で「女子の労症、多は寡尼室女の類・労欝の家に患《うれふ》」と述べ、「労鬱の家」という言葉を用い、遺伝性もしくは家族内感染を強調する。特定の病を特定の家に結びつける、病の家筋差別につながる考え方で、元禄期から顕著になる病因論である。この問題については次章のI第三章「癩《らい》」で論じる。

牛山の『国字医叢』（元文二年〈一七三七〉刊）には中国医書と同様の血縁者間伝染を主とする説明がみられる。(21)「病伝染アルノ説」によると「血脈の人に伝注」し、そばの人にも「伝染」するとある。ただし、中国医書のように虫ではなく「気」による伝染と認識している。「労咳」「蒸熱」などの「熱勢あつて臭気あるの病」は、病人の「臭気」が「他人の鼻に入り、其気に感冒せられて伝染」する。そして「労咳」・「蒸熱」は「其兄弟親族類は元来其血脈を受得ことなれは、同気相求て他人よりも速かに伝注し、其血脈を断て後、傍の人に伝染し、門を滅するに至る」とある。血縁者は同じ「気」を持っているので、他人同士よりもうつりやすいと考えている。

3　留滞と順気

中国医学理論を重んずる後世派に対して、一七世紀後半頃から、医学理論よりも臨床を重視する古方派と呼ばれる医学の流れが台頭してくる。この古方派の大家、香川修庵（一六八三―一七五五）の著書『一本堂行余医言』巻之七「労瘵」によれば、彼は世間で労瘵の「専門名家」と呼ばれて評判をとり、多くの患者を診た(22)。

修庵の師であり、古方派医学を確立した後藤艮山《こんざん》（一六五九―一七三三）は、「一気留滞論」を唱えたことで知られる。「一気」とは体内の「元気」のことだが、この元気が風寒・飲食や七情などを原因として留滞することにより、あらゆる病気は生ずると考えた。したがって治療は「順気」（気をめぐらすこと）を目的として灸治、熊胆《ゆうたん》・蕃椒《ばんしょう》（唐辛子）、湯治がすすめられた。弟子である修庵もまた、労瘵の病因を気の留滞とみなして治療には順気を目的とする灸を積極的に用いた。

「労瘵は灸にあらざれば治することあたわず。衆人よくこれを知る」と修庵も述べるように、労瘵治療といえば、先にも触れた四花患門の灸が素人の間でも知られていた。「世間は吾門を以て此の証の専門名家となし、診を請う者絶えず。其の専ら灸治を用いるを以てなり」とある。

ただし修庵は「崔氏四花灸法」（四花患門の灸）は行わない。通常灸穴は施術者が手で触って確認するが、「崔氏四花灸法」の灸穴は「縄度法」といって紐を使って身体を計測して決めるので、本来の灸穴とずれてしまい、灸穴ではない部分にも灸を据えることになる。しかも「日倍法」、すなわち一ヵ所に据える灸の数を日々倍々に増やしていく方法をとり、最終の七日目に至る頃には膨大な数の灸を据えることになって、常人にはとても耐えられるものではないという。

これに対して修庵が採用した灸法は、一ヵ所に一度に据える量は「崔氏四花灸法」に比べて少なかった。だが、多数の灸穴に日数を限定せず長期にわたって据えることによって、累計では四花灸法よりもさらに大量の灸を据えることができた（「多炷《しゅ》長灼千万荘に至る」）。

修庵は「労瘵」という名称について「労は疲也。専ら心労・房労に因る」と説明する。そして労瘵になりやすい人として「身を以て財に殉ずるの小人、心を生理（生計）に用いて、或いは色を以て天となす少年、情を冶容《やよう》に深溺して気乏《つか》れて精耗《ついえ》る」と記す。つまり、殖財に身を入れあげて汲々とする俗物と、色ごとしか頭になく女性の艶姿に溺れる若者である。

また、これ以外にもストレスを原因とする労瘵として、「帷幄《いあく》（大将の陣営）に近き」、「思慮が過ぎ」という場合もあげ、武士で主君の近くに使える者や、思い悩むタイプの人間も労瘵にかかりやすいと考えていた。

突然発病するのは房事過多を原因とするか、優秀な若者である。後者は「一五、六歳から二二、三に及び生長発秀の時、少しの屈撓《くつとう》抑鬱ありて不遂・不暢すれば、則ち必ずこれを醸成する。故に近時この証を患う者多くは是敏捷怜悧の人にして、温重簡黙の徒は反って鮮し」とある。近年の傾向として労瘵にかかるのは、才能の発揮が妨げられストレスを感ずる有能な青年であって、ぼんやりしたおとなしい者には少ないという。

治療は早期に灸をすれば十の内二、三は治るが、「真」の労瘵は不治なので、決して治療を引き受けてはいけない、と医者に注意を促す。見分け方は脈を診て「数《さく》」（脈が速い）であったら不治である。古人が「労」を治したという例があるが、それらの多くは「真の労脈」ではないとみている。

さて、右のように一七世紀後半の医学は後世派・古方派を問わず、労瘵の原因としてストレスに注目した。医学書のなかで気鬱に陥るのは、思春期の若い男女や禁欲生活を送る寡婦だけではなく、商人も武士も主婦も、みなそれぞれが職場や家庭で仕事や人間関係をめぐるストレスを抱え込んで鬱々としていた。一七世紀後半の医学は、ストレスとそれによって引き起こされる気鬱の病を大きな臨床課題としたのである。

4　ストレス社会に生きる

一七世紀後半は、実際に人々にとってストレスの多い時代であったようだ。近世史の塚本明はこの時期、京都の町で自殺者が多発していることを指摘する。(23) 一七世紀後半の京都の町奉行所が把握した自殺者は年平均で約五五件で、当時の人口比から考えると現代日本の自殺率にほぼ等しい数値に達するという。

自殺理由は「身代不如意」、すなわち経済的行き詰まりによるものが最も多く、次いで人間関係によるものである。塚本は、自殺に至らないまでも、様々なストレスを抱えて病む人々がその背後に大勢いたことを想定する。そして貝原益軒（一六三〇—一七一四）の『養生訓』（正徳三年〈一七一三〉刊）とは、当時の都市生活が消費への欲望と人間関係の多様化によって「気の病み」が充満していることを前提とした養生論であったと述べる。

また医学史の栗山茂久は、益軒が言う「気の病み」とは気が減ることだけでなく、気の滞りも含む概念であったと述べる。(24)「十七世紀の後半から十八世紀にかけて、病を滞りと結びつける発想が日本で広く浸透し、一般の常識として定着していった」という。貝原益軒の養生思想が、「元気を減らす」（「気虚」）ことと「元気を滞らす」ことの二つを不養生として、強く同等に警戒したことは、中国医学の「伝統的養生観からすればかなり特異なもの」であった。中国では気の欝滞は確かに警戒すべきことではあるが、養生の最大問題は虚であって、欝滞は虚がもたらす二次的な症状に過ぎなかったからだ。一七世紀後半の日本医学は多彩な中国医学の労瘵観の中から、日本におけるストレス社会の展開を背景に気鬱、つまり気の滞りという病因をことさらに強調していったのである。

四　文芸史料の中の労瘵

次に文芸史料の中の労瘵記事をとりあげて、これまでみてきた医学書の労瘵観が一般の人々の間にどのように拡散されていったのか確認する。文芸史料はもちろん創作であるが、人々が労瘵に対して抱いていた〝イメージ〟を考察するには有効な史料群である。

1　「心をいたましむる病」

随筆『慶長見聞録』（三浦浄心〈一五六五—一六四四〉）は、一七世紀前半の労瘵について記した数少ない史料である。(25)本書の「当世らうさい《（労瘵）》はやる事」に、「見しは今、らうさいはやり、皆人煩へり」とある。医者たちはこの「時花病《はやりやまい》」を治して手柄にしようとするが、誰も治せない。

浄心は、医者ではない老人から聞いた話として、労瘵は「心よりをこる病也。然間、此病を心気《しんき》と名付たり。心をいたましむる病也」と記す。老人はさらに、「今は末世混乱の時節なれば、智恵はすくなく却て愚痴にして、我より上を見てはうらやみ、心にかなわざる事をのみなげき、聞事に迷ひ、心気散乱して気の煩ひなせり」と、人々が「心をいたましむる病」「気の煩ひ」におちいる理由を説明する。治療は「医術・医方を尽すといふ共、此病くすりにては治しがたし。たゞおのれが心を転しかえべき也」と、医薬では治すことができず、治療は本人の気持ちの持ちようを変えるしかない、と語った。

そして、浄心がこんな話をわざわざ収録したのは、この老人の話に得心したからである。浄心は出家隠居の身ではあったが、出自は後北条氏譜代家臣で、後北条氏滅亡後に江戸で商人となった。本書が成立した慶長末年頃は大坂夏の陣を控えた、いまだ「末世混乱の時節」である。戦功によって立身出世を遂げる者もいる一方で、浄心のように失意のうちに浪人した者や恩賞に恵まれない者も多くいた。巷には「かぶき者」と呼ばれる暴力行為を繰り返す若者集団が徘徊し、辻斬りや放火の絶えない殺伐とした情勢にあって、幕府の厳しいかぶき者弾圧が繰り返されていた。(26)老人や浄心の言葉は、幕藩体制成立期の不安定な時代、時流からはずれた人々が自身の心とどう折り合いを付けながら生きていくのか、という切実な問題を語ってもいるのである。

2　浮世草子と女性の性欲

それに対し、政治が安定して高度経済成長期に入った元禄期以降、一七世紀後半に登場した浮世草子は、遊里を舞台とする好色物のなかで、労瘵を恋煩いや房事過多という性的なトピックと結びつけて面白可笑しく取り上げた。本章冒頭で触れたように、三田村鳶魚は浮世草子以前の文学である仮名草子にほとんど登場しない労瘵が、浮世草子にはよく出てくることをもって、元禄期に労瘵が流行したと推測する。が、労瘵という病にまつわる医学的言説が、浮世草子の好色というテーマにふさわしいものだったという側面も大きかったろう。

たとえば『新色三ツ巴』（著者未詳、宝永三年〈一七〇六〉刊）は、町で見かけた美男に一目惚れして「労咳」となり死んだ、箱入り娘の話である。(27)娘は「恋といふ怪物に出あふては思ひきられぬわくの糸、みだれ心のむすぼふれは、慕恋男《ほれた》にとかさねば労咳といふ病に成、終に命とらるゝなり」と嘆く。諦めきれない恋心を糸にたとえて、乱れた心の糸が絡まってしまう、すなわち気が滞ってしまうと「労咳」となり、死んでしまうというのである。絡まってしまった心の糸をほどけるのは恋しい男だけ。彼女は死の間際に乳母に「此本《ほん》ぶくの薬には、気のくすりやの恨之助様といふ御かたの手にかゝり、療治してもらふたら、早速快気するなれど」と告白する。恋しい男「恨之助様」は彼女にとって「気の薬屋」、つまり気の滞りの病を治す唯一の特効薬であった。

この作品の中で「労咳」は、「気鬱のやまひ」とも表現される。男に会えず、死後幽霊となった娘は「流石《さすが》女のはかなさは、色にも出さで心で思ひくらし、口に出しても得いわずして、気鬱のやまひをうけ、身を退《まか》しはたれゆへぞ、そもじ様が命とり」と男の前でかきくどく。

『世間娘気質《かたぎ》』（江島其磧《ませき》〈一六六六—一七三五〉著、享保二年〈一七一七〉自序）もまた、箱入り娘は「気鬱」から「労咳」に至ると警告する。[28] 二の巻の冒頭では、『徒然草』のなかの因幡国の入道の娘が栗ばかり食べて穀物を食べないため、父入道が嫁に出さなかったという話を引き、「惣じて婦人には気鬱よりして医書にもなひさまぐ〜の異病を煩ひ、医者に枕をわらす事なり」「たとひ火をくはふとまゝ婚礼して、男をもたせて見たきものなり」とある。女性は気鬱によって様々な病気になるという考え方は、先にみた『万病回春』の「婦人科」の記載に通じる。性的欲求不満が原因だから、栗しか食べない娘も結婚させてみれば治ったのではないか、というのだ。男性ならここで遊廓通いという方法もあるが、女性の場合は結婚となる。

さらに、堅物の父親が美しい娘を持つと大事にしすぎて「労咳病み」にしてしまう、とも述べる。娘に外出を禁じ、縫い物や摘み綿のような女性の手業をさせる以外は、流行の浮世草子はもちろんのこと『伊勢物語』すらも浮気心を植え付けると読ませない。そうやって「陽気の盛の娘に当世の日の目さへおがませずして、つゐに労咳病み」にするのである。気の利いた女医（「気の通りたる女医者」）が「異様なる煩ひも、男もたせば大かたはなをる物」というのはもっともだという。

同様の話は四の巻にも見られる。箱入り娘が恋人と密会を重ねた末に妊娠する。娘のつわりを気鬱の病と勘違いした母親は、「懐子《ふところご》のかうした煩ひは皆鬱症にて、後は労咳にもなるもの。ずいぶん心で養性し、早く息災になるやうにしてたもれ」と、懐子、すなわち箱入り娘の性的欲求不満を解消させて、「鬱症」が「労咳」に進む前に娘の病気を治してくれと夫に頼み、勝手に他の男との縁談をまとめてしまう。

いっぽう男性の気鬱は生真面目さが原因であり、気晴らしのために遊廓に通って治す。『二休咄《じきゅうばなし》』（著者未詳、貞享五年〈一六八八〉刊）巻之一は、二〇歳の真面目な青年の労瘵の咄である。(29) 病因は「心肺の間に鬱気といふもの丶有ゆへ也」、したがって治療は「気血をめぐらし労瘵をほろぼすべし」ということとなる。まじめさゆえに気が鬱滞して労瘵となり、「やうぜう《（養生）》」のために遊里に通った結果、青年は全快する。

労瘵を遊廓で治すという発想は、『好色敗毒散』（夜食時分著、元禄十六年〈一七〇三〉刊）にもみられる。(30) 大坂の裕福な商人の一人息子が、吝嗇な父親に常々細かいことを口うるさく注意されて「かゝる事のみ段々胸につまりて労咳の芽《きざし》」があらわれる。そこで医者同道で「養生のために」遊廓通いをすると「気もはれて食すゝみ、ほどなく快気」となる。

老人の恋も描かれた。『風流曲三味線』（江島其磧著、宝永三年刊）第二は、九〇歳近い老人と一四歳の少女の恋物語である。(31) これまで金銀が惜しくて女房さえ持たなかった金持ちの老人が、ふとしたきっかけから少女に恋狂いし、仕方なく周囲が一緒にさせてやろうと言っても、とにかく心中したいと言って聞かない。家族は「わかい時から渡世の事に気を尽して、今心虚してあのごとくなられしものならん」と、商売に気を使い尽くして虚になったのだろうと大坂中の名医に診せるが治らない。人づてに、「か様の異病をなをす藪医あり」と聞きつけ、藪医者の徳庵を呼ぶ。

徳庵は得意のでまかせで「此病気は中々常体の了簡にては治しがたし。是は此比はやり煩にて、心中伝戸病といへり」と診断した。今心中が世間ではやっているのも、「伝戸虫」の類が人に移って人を滅ぼすのだろう（「今諸方にけしからず心中のはやるも、伝尸虫の類成物、ひたと移り渡りて、かく人のほろぶと思へば」)、だから心中者の死体を掘り返して、頭蓋骨を黒焼きにして飲ませよう、と考える。

実際この当時の上方では心中が流行していた。元禄十六年に大坂の心中事件をモデルに近松門左衛門（一六五三—一七二四）が作った浄瑠璃『曽根崎心中』は大当たりし、その後は類似作品が次々に上演された。『風流曲三味線』板行の二年前、宝永元年には『心中大鑑』（書方軒著）という実際に起きた上方の心中事件を集めた絵入り本も刊行されている。

さて、早速老人に頭蓋骨の黒焼きを飲ませてみると、はたして心中熱がおさまった。「淳気《じゅんき》霊天蓋」と名付けられたこの薬は、若者の親たちや遊女屋の亭主から「かねての養生に用ひて置たし」と、心中の予防薬としてひっぱりだことなる。徳庵は大もうけして「心中医者」と大坂中の評判となった。

「伝尸《（屍）》病」は『啓迪集』にあったように労瘵の別名であるし、「伝尸虫」は伝尸病の虫、「霊天蓋」はやはり『啓迪集』の労瘵薬「天霊蓋」と同じ、「淳気」は滞った気を巡らせる意の「順気」だろう。

浮世草子の労瘵の描き方は、いかにも戯画的で荒唐無稽な印象を与える。恋煩いや生真面目すぎる性格による発病、治療法としての房事・天霊蓋。しかし、いずれも本章で確認した中国および日本の医学書にみられる内容と一致する。労瘵に関する医学的言説がモチーフとして登場する浮世草子が商業出版として成立するには、そういった知識を共有する読者の広がりを前提とする。そして、浮世草子という流行風俗を活写することを身上とする小説に頻繁に労瘵のモチーフが取り入れられたのは、様々な心身の不調を労瘵と結びつけて考えることが、この時代の新しい風潮であったことを示唆する。

3　女訓書にみる早婚の勧め

一七世紀後半、労瘵を性の問題と関連づけて扱った一般向け書物は浮世草子だけではなかった。女子教育のテキストである女訓書『女重宝記《おんなちようほうき》』（苗村丈伯《なむらじようはく》〈一六七四―一七四八〉著、元禄五年〈一六九二〉刊）もまた同様である。(32)

一の巻には、女子は男子より「気鬱」「労咳」になりやすいと説かれる。女子は親の寵愛が深いためにわがままに育ち、花嫁修業で「気鬱」となり、また婚姻後も舅姑・夫に気遣って、ついに一六、七歳で「労咳」になるというのである。治療法として「我と心をとりなをし養生して、はやく医者をたのみて、盗汗《ねあせ》出ぬ間に四花患門といふ穴に灸をし給ふべし」と、心の持ちようを変えることと、早めに医者にかかって四花患門の灸をすえることを勧める。

また三の巻の「懐妊の事、幷に養生の次第」には、「男は十六七才にてめとり、女は十三四にても嫁するならひなり、上々方ほどはやく婚姻を取りおこなふ事になりぬ。これはみな親の心に、わが子の不義の出来ん事を思ひ、気鬱、労咳の証を煩はん事を恐れて婚姻をいそぐなり」とあって、上層民ほど「気鬱」や「労咳」を恐れて息子・娘の結婚を急ぐという。一の巻の記載では女子の「労咳」はわがままと婚姻後の家族関係に起因していたが、ここでは男女ともに性的欲望が遂げられないことが、「気鬱」やそれがこうじた「労咳」に結びつくと考えられている。

本書の著者苗村丈伯は元医師であったから、彼の労咳認識が医学書と一致するのは不思議ではない。だが、医学的な知が一般大衆よりも普及していたであろう上層民の早婚が、気鬱・労咳予防を目的としたと述べている点が注目される。

4　エリートの証

いっぽう男性の気虚は、時にエリートの証でもあった。新井白石（一六五七―一七二五）の『折たく柴の記』（享保元年〈一七一六〉頃成立か）には、正徳二年（一七一二）に白石が病気になって江戸城へ出仕できなかった時の記事がある。[33]将軍徳川家宣は心配して家臣を白石のもとに遣わし、白石を診ている医師の話を聞いてこさせた。医師の見立ては「思の脾を傷《やぶ》りて元気もまたすでに衰へたり。四花に灸する事、万壮に余りぬれど、なをいまだそのしるしあらず」とのことだった。つまり国政にあずかる重責ゆえに白石は「元気」が衰えた気虚の状態にある。そこで四花の灸を施すこと一万壮にも及んだが、まだ効果が見られないというのである。これに対して家宣は、「（白石の）その世を憂ふる心、実に深し。これによりて病を致せる事はありなむ。其気のごときは我国にみちあまりて、四海の外をおほへり。汝の申すごとくならむものの、わずかの程に一万壮の灸治かなふべしや」と述べる。憂国の士である白石が気を消耗し病気になるのはわかる、その大量の気は日本の国土はおろか、その周囲の海にまであふれている、だが短期に灸を一万壮も据えるというのはいくら何でも信じがたい、というのである。白石は家宣の言葉を人づてに聞き、「此御ことばこそ忘れがたく、かたじけなき御事也」と感激している。

国政を預かるエリートが国を憂えるあまり気虚になるのを当然のこととみる意識は、先に確認した中国医書に登場する「虚労」を秀才や勤勉家と結びつける言説と重なる。ただし家宣は、四花患門の激しい灸治療が実際に行われたかについては懐疑的ではある。

おわりに

日本近世医学の労瘵観の基本は、中国医学の大枠の中にあった。労瘵は肉体的・精神的疲労によって引き起こされ、重症化すると伝染する。伝染は日本の「労鬱の家」という言葉が示すように、親族間では特にうつりやすいと考えられている。ただし、労瘵を気虚の病とみなした中国医学に対して、元禄期以降の日本近世医学は気の滞りに注目した。そしてストレス社会の展開と医学的知の普及の中で、ごく軽い気鬱状態から重篤な労瘵・労極に至るまで、幅広い概念の労瘵の世界にからめとられたのは、中国のように有閑階級だけではなく、国政に携わるエリートはもちろんのこと、庶民家庭の主婦も含めた広範な人々であった。

労瘵はまた、性と深く関わる病でもあった。その原因として男性の場合は房事過多、そして男女ともに性的欲求不満が強調された。特に女性の性欲の強さと精神的未熟さをことさらに強調する点では、中国医書も日本医書も同じであった。それはエリート男性が過剰な努力や優秀さによって病むことと、好対照をなしている。

元禄期の浮世草子における「恋の病」というロマンチックなモチーフ、すなわち恋人への思いを募らせて労瘵となる若い娘の姿もまた、精神的に未熟でかつ性欲を押さえられないという当時の医学的な女性観と、深く結びついたものといえよう。

そして女性を生得的に劣った存在とみなす医学的言説は、その後も一貫して継承されていく。江戸後期の医師平野重誠（一七九〇—一八六七）が書いた家庭医学書『病家須知《びようかすち》』（天保三年〈一八三二〉刊）は、そのことをよく示す。[34]重誠は女性の「宿痾《じびやう》の起源《おこり》」を「性質従順《うまれつきにうわ》ならずして猜疑《うたがひ》ふかく、人を怨《うらみ》、世を尤《かこち》、心情《こころざま》の偏辟《ひがみ》たるより発《おこる》ものおほし」

「婦人は十が八、九は褊心《こころせまく》愚痴なるものにて、とかく挂念《ものおもひ》間断《たゆるひま》なく、悒悶《きをふさぎ》て病となること多ければなり」と説明する。女性の場合、生まれつきの心の狭量さが気鬱を招き、そこからあらゆる病が生ずるというのである。江戸時代の医学が学問的な装いのもと、女性への差別を固定化することに寄与しつづけた側面をもったことを確認しておかねばならない。

注

（1）三田村鳶魚「西鶴の当世顔」「恋の病」『三田村鳶魚全集』第一二巻所収、中央公論社、一九七六年。

（2）福田眞人『結核という文化―病の比較文化史―』中公新書、二〇〇一年。

（3）近代日本の結核は、イメージの上ではロマン化されていたが、現実には一九五〇年代まで日本の死亡原因第一位を占めた。第二次世界大戦後までは治療法がなく、また劣悪な環境で集団生活をする貧しく若い工場労働者のような人々を特に襲う、貧困と深く関わった病であった。近代日本の結核については福田眞人『結核の文化史―近代日本における病のイメージ―』（名古屋大学出版会、一九九五年）、同前掲『結核という文化』、青木純一『結核の社会史―国民病対策の組織化と結核患者の実像を追って―』（御茶の水書房、二〇〇四年）を参照。

（4）氏家幹人『江戸の病』講談社、二〇〇九年。

（5）現代医学からみた結核の説明は公益財団法人結核予防会のホームページを参照した（https://www.jatahq.org/about_tb/　二〇二一年六月二十九日閲覧）。患者数データは「二〇二〇年結核登録者情報調査年報集計結果」（厚生労働省）による。

（6）横田冬彦「近世村落社会における〈知〉の問題」『ヒストリア』第一五九号、一九九八年四月。

（7）「結核の歴史」（一）―（七七）『日本臨床結核』一五巻一号―一八巻一二号（一九五六―五九年）、『日本胸部臨床』一九巻一号―二一巻五号（一九六〇―六二年）、「江戸時代の結核」（一）―（三）『日本胸部臨床』三一巻八号―一〇号（一九七二年）。なお古代・中世の結核医療については新村拓『日本医療社会史の研究―古代中世の民衆生活と医療―』（法政大学出版局、一九八五年）が紹介している。

（8）曲直瀬道三『啓迪集』近世漢方医学書集成二、名著出版、一九七九年。

(9)「労瘵門」の引用書は『医方選要』（明、周文采）、『丹渓心法』（元、朱丹渓）、『医学正伝』（明、虞天民）、『医林集要』（明、王璽）など。
(10) 李梴『医学入門』和刻漢籍医書集成第九輯、エンタプライズ株式会社、一九九〇年。
(11) 龔廷賢『万病回春』和刻漢籍医書集成第一一輯、エンタプライズ株式会社、一九九一年。小曽戸洋「『万病回春』解題」和刻漢籍医書集成第一一輯所収。
(12) 岡本一抱『回春病因指南』京都大学附属図書館蔵富士川文庫。
(13) 龔廷賢『寿世保元』和刻漢籍医書集成第一二輯、エンタプライズ株式会社、一九九一年。
(14) 喩昌『医門法律』和刻漢籍医書集成第一五輯、エンタプライズ株式会社、一九九一年。
(15) 張璐玉『張氏医通』中国医学名著叢書、自由出版社、台湾、一九七四年。
(16) 李中梓『医宗必読』和刻漢籍医書集成第一四輯、エンタプライズ株式会社、一九九一年。
(17) 張介賓『景岳全書』台湾国風出版社、台湾、一九八〇年。
(18) 香月牛山『牛山活套』近世漢方医学書集成六一、名著出版、一九八一年。
(19) 中神琴渓『生生堂医譚』近世漢方医学書集成一七、名著出版、一九七五年。
(20) 橘南谿『雑病記聞』杏雨書屋蔵。
(21) 香月牛山『国字医叢』杏雨書屋蔵。
(22) 香川修庵『一本堂行余医言』近世漢方医学書集成六六、名著出版、一九八二年。
(23) 塚本明「倹約と養生」横山俊夫編『貝原益軒―天地和楽の文明学―』平凡社、一九九五年所収。
(24) 栗山茂久「肩こり考」山田慶兒・栗山茂久編『歴史の中の病と医学』思文閣出版、一九九七年所収。
(25) 三浦浄心『慶長見聞録』江戸叢書巻の弐、江戸叢書刊行会、一九一六年。
(26) 北島正元『近世史の群像』吉川弘文館、一九七七年。
(27) 著者未詳『新色三ッ巴』江戸時代文芸資料第二、国書刊行会、一九一六年。
(28) 江島其磧『世間娘気質』新日本古典文学大系七八、岩波書店、一九八九年。
(29) 著者未詳『二休話』西村本小説全集下巻、勉誠社、一九八五年。

（30）夜食時分『好色敗毒散』新編日本古典文学全集六五『浮世草子集』小学館、二〇〇〇年。
（31）江島其磧『風流曲三味線』叢書江戸文庫八『八文字屋集』国書刊行会、一九八八年。
（32）苗村丈伯『女重宝記』現代教養文庫一五〇七、社会思想社、一九九三年。
（33）新井白石『折たく柴の記』日本古典文学大系九五、岩波書店、一九六四年。
（34）平野重誠『病家須知』農村漁村文化協会、二〇〇六年。

第三章 「癩」
――「家筋」とされた病――

はじめに

本章では江戸時代、「癩《らい》」と呼ばれた病に対する医学と一般社会の病気観の変化について取り上げる。「癩」は現在のハンセン病を中心に、それに類似する疾病も一定含み込んでいたと考えられる。「癩」はかつての差別の歴史を刻み込んだ名称であって現在は使用されないが、ここでは江戸時代の人々が「癩」とみなした病という意味で、歴史用語として用いる。

現在のハンセン病は、らい菌によって引き起こされる慢性感染症をさす。らい菌は身体の低温部を好むために皮膚や体の末端部分に症状が出やすく、末梢神経に親和性があって末梢神経障害を起こす(1)。病気が進行したときにこの特性が容貌の変形や身体機能障害に結びついた。現代医学ではハンセン病が発症するにあたっては、その人の置かれた栄養状態や衛生環境・経済条件などの生活環境因子が大きな影響を与えることが明らかにされている。このハンセン病の特徴は、これからみていく江戸時代の「癩」病観を規定する一つの要素となる。

一　中世から近世への転換

1　中世の「癩」病観

まずは、近世の前提となる中世の「癩」患者がおかれた状況と「癩」病認識を確認する。なぜならば江戸時代の「癩」病観は、それ以前の時代の意識と新たに置き換わる形で登場するのではなく、つららが形成されるように、前代の意識に新たな意識が積み重ねられたものだからである。ここでは中世史の三枝暁子の論考に依拠して概観する。(2)

中世の「癩」患者は多くの場合、共同体から排除され、非人集団に属して物乞いをしていたと考えられている。「癩」に対する中世の民衆の強い恐怖と忌避の感覚を象徴的に示すのが、「起請文《きしょうもん》」と呼ばれた誓約文書である。起請文は様々な約束事の取り決めの最後に、約束を破れば「白癩・黒癩の重病」を受けるという罰文を記した。

人々のこうした「癩」を忌避する意識の背景にあったのが、穢観念と宿業観である。穢観念は動物の死や出産などを穢れとして忌避する意識で、九世紀以降、京都を中心に肥大化していったとみられている。特に一三世紀以降は「癩」患者を含む「乞食非人」が、これらの穢れが生じたとき、それを清める行為を担わされていく。

いっぽう宿業観は、前世の行いが現世の報いとなって現れるという仏教思想である。「癩」は前世の悪行の報い、業罰の一つとみなされるが、特に鎌倉期以降は「特別な業病」と位置づけられて、一般にもそのように認識されるようになったとされる。

2 宣教師の時代

「癩」患者を収容した中世の非人宿は、中世から近世への過渡期の不安定な政局、うち続く戦乱の中で分解していった。この時期の「癩」患者の姿を日本の史料で確認することは難しいが、キリスト教の宣教師たちが本国に送った報告書のなかに記載がある。イエズス会の宣教師たちは各地に「癩」病院を建設し、多くの「癩」を病む信者を獲得していった。以下、宣教師の活動を海老沢有道の研究に依拠してみていく(3)。

キリスト教は天文十八年(一五四九)、イエズス会の宣教師フランシスコ・ザビエルによって日本に伝えられて以来、布教のために様々な社会事業に取り組んだ。救「癩」事業もその一貫である。イエズス会が救「癩」活動に特に力を入れるようになったのは文禄元年(一五九二)、伝統的に救「癩」事業に力を入れてきたフランシスコ会系宣教師の来日に影響されたところが大きかった。

天正十五年(一五八七)に秀吉のバテレン追放令と京都の南蛮寺(図14)破却、続く天正十六年には長崎のキリスト教徒追放があり、フランシスコ会の布教活動は当初から禁教令下で行われたことになる。にもかかわらず文禄三年に大坂に「癩」病院を設立し、以後も肥前、有馬、長崎、京都、伏見、江戸、広島、和歌山などにも病院を建設していった。大坂では慶長十二年(一六〇七)段階で計四ヵ所の「癩」病院に約四〇〇人の患者を収容し、京都では慶長十七年段階で五、六ヵ所の「癩」病院に全国から三〇〇人近くの患者が集まり、彼らは信徒となったという。伏見の「癩」病院は寛永十年(一六三三)年までその存在が確認できる。

ただし、当時のヨーロッパ本土の病院は治療のための施設というよりも貧民収容施設であって、医療そのものはおざなりであった。また、イエズス会が宣教師の医療活動を禁止していたことを考えあわせると、この頃日本で設立されたフランシスコ会系・イエズス会系どちらの「癩」病院も、実態は貧民収容施設に近いものであったと考えられている。しかし、「癩」病院に収容された「癩」患者のうち、少なからぬ数の回復者があり、それを見た人々は驚嘆したという。「癩」病院において良好な生活環境を与えられた貧しい患者が、様々な皮膚疾患をすみやかに回復していったのだろう。

宣教師たちによる救「癩」事業は、人々の耳目を彼らの宗教に集めるのに十分だった。これまで仏教や社会が見放してきた「癩」患者たちは、見事に治癒して神の秘蹟を体現し、慶長十六年の四旬節の折には大坂の教会に「癩」者が招かれて馳走され、それに感動した人々四〇〇人が受洗したという。

しかしながら幕府のキリシタン取締りは厳しさをまし、多くの宣教師と信者たち捕えられ、拷問の後に残酷な処刑による殉教を遂げている。これらの殉教者の中には多数の「癩」者が含まれていたとされる。

寛政十二年（一八〇〇）以降、キリシタンの棄教の誓詞「吉利支丹ころび申しゆらめんと〔宣誓〕のこと」の末文には「上には天公てうす〔ゼウス〕、さんたまりや〔サンタマリヤ〕をはじめたてまつり、もろもろのあんしょ〔天使〕の御罰を蒙り、死ていんべる野〔インベルノ〕と云う獄所において、諸天狗か手に渡り、永々五寒三熱のくるしみを請け、重而又現世にてハ追付けらさる〔ラザル＝聖書に登場する「癩」病人の名〕になり、人に白癩・黒癩とよはるべき也。依ておそろしきしゆらめんと件の如し」とある。幕府は、棄教したはずの元キリシタンの誓詞をキリスト教の神に宛てて書かせるという、踏み絵のような周到な手段で棄教を確認した。先に見た起請文と同様に、誓いを破ると「白癩・黒癩」になるという内容の罰文が付されている。

大坂の『道頓堀非人関係文書』には転びキリシタン、すなわち棄教した「癩」患者に関わる史料が含まれている(4)。転びキリシタンとなって非人身分に落とされ、生涯元キリシタンとして幕府の監視下におかれた人々の埋葬関係の届け出の中に「三病」(「癩」)で死亡した者の記録がある。明暦四年(一六五八)に死亡した孫作女房まつである。この時村役人が、「癩」者を火葬にすると周囲七里まで飢饉になるので、本来火葬にすべきところを土葬にしたいと願い出て許可され、無事土葬をすませた旨が報告された。「癩」者の火葬を忌避する風習はすでに一休宗純(一三九四―一四八一)の『自戒集』に登場するが、近世のこの段階においても同様の風習があったことがわかる。(5) 加えて一休の段階では確認できない、周囲七里まで飢饉になるという、共同体の不利益と密接に関わる火葬拒否の論理がみられる。死してなお埋葬にまで習俗的差別が及んでいたことは、当時の「癩」患者の置かれた状況の苛酷さを物語る。

3 近世初期の医学

キリスト教宣教師による救「癩」活動が行われた時代、京都で活躍した医師が初代曲直瀬道三《まなせどうさん》(一五〇七―九四)であった。かつて中世医学の主たる担い手は、中国医書を読むことができ、また中国への留学の機会もあった僧侶たちであった。そのために医学にも仏教の影響が見られた。たとえば僧医梶原性全(一二六五―一三三七)は、その著書『頓医抄』(嘉元元年〈一三〇三〉)のなかで、次のように「癩」に対する業罰観を明確に記している。(6)

先世の罪業に依て仏神の冥罰あり。或は食物に依り、或は四大不調に依る。所詮善根を修し、懺悔致して、善を修すべし

「癩」が「仏神の冥罰」である以上、治療法も道徳的修練を求めたのである。

これに対して曲直瀬道三は、もともと僧侶であったものの最新の明医学を学んだのちに還俗して医師となり、京都において足利将軍や天皇、のちには織田信長・豊臣秀吉、徳川家康からも重用された。既述のように、その門下によって近世前期の医学の主流(後世派)が形成される。

道三の著書のうち、「癩」について詳しく論じているものに『授蒙聖功方《じゅもうせいこうほう》』（天文十四年〈一五四五〉）と『啓迪集《けいてきしゅう》』（天正二年〈一五七四〉）とがある。[7]『授蒙聖功方』はもともと彼の周辺の学者のために書かれたもので、中国医書を平易な語句に直して引用し、また道三のオリジナルと思われる記述も見られる。いっぽう『啓迪集』は中国の諸医書の記述から道三が妥当とした説を選択・編纂したもので、当代随一の碩学といわれた道三の面目躍如たる書といえよう。

『授蒙聖功方』「癩風門」は、「癩」の病因としてまず天地の間に存在する「殺物の風」、すなわち人を傷つける悪風を感受して「癩」になることをあげる。ただし、多くは「房労」（性行為による疲労）や、「鳥獣虫魚ノ類ヲ過食」に「房労」が重なって発病すると述べる。本書には前世の業といった宗教的な業罰観は書かれていない。だが、代わりに性行為や日本社会では一般的ではない肉食に主たる原因を求めることによって、自己の欲望を制御できない「癩」患者という偏見、道徳的批判に結びつく可能性をもった。

『啓迪集』の「癩風門」の末尾に載る「癘風宜禁《れいふうぎきん》」（「癩」患者の禁忌事項）も、同様に「味を絶ち、色を絶つ」という、飲食と色欲の節制を強調する。本書は一五世紀中葉の中国医書『玉機微義《ぎょくきびぎ》』（徐用誠原撰、劉純続添）の「不仁極猥の業、悔《かい》言有りといえども悔心なし。良《まこと》に其の情を得たり。然して亦伝染する者有り」という、「癩」患者が禁忌を守れないことを批判した文言も引用する。「癩」患者の自制心に対して、道三が批判的まなざしを向けていることが読み取れる。

いっぽうで、道三が中国医書から積極的には採用しなかった病因が一つあった。それは右の『玉機微義』からの引用文の最後の部分、「亦伝染する者有り」という箇所である。これはもともと一二世紀の中国医書『三因極一病証《さんいんきょくいちびょうしょう》方論《ほうろん》』にもみられる説で、「癩」が血縁者間の「伝染」によって起こる病であるという考え方である。『啓迪集』は病因論を並べた「癘風本源」ではなく、禁忌事項の「癘風宜禁」の最後に「伝染」に言及するにとどめていることから、血縁者間「伝染」説を病因としては重視しなかったことがうかがえる。

この状況が大きく転換するのが、次にみる一七世紀後半である。人々の間で「癩」が家に伝わる病であると認識されるようになり、また医学書でも道三が軽視した血縁者間「伝染」が重視されるようになるのである。

二　病者の特定化―一七世紀後半―

1　日記のなかの「癩」―「悪疾」の「血筋」―

まず、一七世紀後半の庶民が残した記録から、この時期の社会一般の「癩」病認識をみていく。河内国で酒造業などを営んだ河内屋可正《かわちやかしょう》（一六三六―一七一三）の手になる『河内屋可正旧記』は、元禄期の様々な在地のできごとを記録している。そのなかに「東町常信物語之事」という「癩」に関する話が載る(8)。市場町の新右衛門という男は「諸人の嫌う「癩」病やミ」で、その娘も少々「癩」の兆候があらわれていた。それが正庵という医師の治療によっておおかた治癒したので、娘が正庵のもとにお礼奉公していた。この娘が東町の弥兵衛に見初められて妻となる。弥兵衛夫婦の間には、のちに男子が二人生まれたが、二〇歳を過ぎた頃両人とも「癩」病で亡くなり、弥兵衛の家は後継ぎがなく絶えてしまう。可正は弥兵衛について「大なる愚人也」と批判している。可正にいわせれば、まず妻を迎えるにあたっては「血筋のよしあし」を吟味すべきなのに、好きだからといって親が「癩」で、かつ本人もその兆候のあったものを承知のうえで妻とすることは「言語道断」であった。もし知らずに結婚しても「悪疾の女ハ去べし」という「古人の掟」にしたがって離縁すべきであったと記す。

「悪疾の女ハ去べし」とは中国の七去といわれる、妻を離縁する七つの項目のうちの一つである。七去は日本でも言い習わされてきたものであるが、ここで注意すべきは、本来七去でいわれていたのは、妻本人が「悪疾」である場合離縁せよということであって、その親の「悪疾」を問題にしているわけではない。しかるに可正の理解では、「血筋」の問題にすり替えられてしまっている。ここに元禄期の「癩」病観の特性、すなわち「癩」という病が個人的病から「血筋」の病へ変化したことを確認することができる。

『河内屋可正旧記』とほぼ同時代に記録された、信州の大庄屋赤羽家の日記である『信州塩尻赤羽家元禄大庄屋日記』の元禄八年（一六九五）正月の記事にも、「癩」の「血筋」にまつわる話が登場する。(9) 下条村の惣太郎女房が上級の武士のもとに乳母奉公に出たところ、すでに死亡した彼女の父親が「癩」であったという噂がたったため、代官所が下条村村役人に対し、彼女の先祖に「癩」がいないかどうか手形を差し出すよう命じたというのである。彼女の父は馬に喰われた傷跡が崩れてきたのを、「癩」であるかのように人々が噂したのを悔しく思い、山で自害して果てている。代官所は、彼女の父が本当に「癩」であったかどうかは、その先祖に「癩」がいたか否かで判断できると考えたのだろう。そしてもし彼女の血縁者に「癩」患者が存在すれば、「癩」でない彼女も「癩」患者の血を受け継ぐものとして乳母の職を解雇されるであろう。この話もやはり元禄期には、「癩」を「血筋」の問題として認識することが定着していたことを裏付けてくれる。

2　医学書の変化―「血脈」の病―

「癩」が「血筋」に関わる病であるという考え方は、同じ一七世紀後半、元禄期の医学書でも確認できる。岡本一抱（一六五四―一七一六）は道三流医学の流れを汲む後世派の学統に属し、多くの中国医学書の諺解本《げんかいぼん》（解説書）を書いた医師でもある。

一抱の『回春病因指南』（元禄八年〈一六九五〉序）は「厲風」の項で、中国医学書のなかの諸説を引く。[10] その末尾に書かれた一抱の見解は、「癩」患者の性欲と食欲の旺盛さを強調するとともに、「実ニ悪疾ノタグウヘキナリ。治術ノ当ニ勤者ニ非ス。コレヲ謂テ天刑トシ、人悪ミ神キラウ。恐ルヘキノ甚者也。此病多ハ子孫ニ伝ルノ義、亦別伝アリ」と記す。「癩」は「天刑」であり治療の施しようがなく、また多くは「子孫ニ伝ル」病とみなされている。「亦別伝アリ」とするのは前掲の『三因極一病証方論』の血縁者間「伝染」の説明を指す。

一抱と同時期に活躍した同じく後世派の医師である香月牛山（一六五六―一七四〇）は、明確に「癩」の血縁者間の「伝染」を強調する。元文二年（一七三七）刊『国字医叢』は、「労咳」（結核）の「伝染」は「其兄弟族類は元来其血脈を受得ことなれは、同気相求めて他人よりも速かに伝注し、其血脈を断て后《のち》、傍の人に伝染し門を滅するに至る」、つまり労咳は親族の方がより感染しやすいが、最終的に側にいる非血縁者にもうつると述べる。[11] だが「大麻風」（「癩」の別称）は「其血脈の類ならては此病なし」、「其血脈の人ならねは伝染せす」と、「癩」は「其血脈」以外にはうつらないと断言する。

さらに、「不治の悪疾」であるから「孫真人《そんしんじん》も天刑病と云って天より罰せられ捨果られたる病なれは治方なしと説給へり」と、中国の名医孫真人ですら「天刑病」として匙を投げたと述べる。「古今婚姻をなすに其家を撰ひ、世々悪疾あるの家の女を去と云ふ掟も、此悪疾を厭ひ畏るの義なり」と、結婚に当たって「悪疾」＝「癩」の家を忌避する言葉は、先にみた河内屋可正の「悪疾の女ハ去べし」という記述と重なる。さらに「禽獣魚肉」食の悪食と、まれにしか入浴しない不潔な生活習慣が病の根本だとして、「此病は多くは卑賤の病にして貴族高家にあることなし」と「癩」が下層民に多いと述べる。そのいっぽうで、「和俗の説に癩家は必す富多しと云ふ」「濁富の同気相求るの義ならん」とも書かれている。「癩」を病むのは単に経済的に貧しい家だけでなく、経済的に富んでいても身分や人品が卑しければ、その「濁富」＝穢れた冨の気が「悪疾」の気を呼び寄せるとみなされた。したがって患者には「心行を慎み、慈悲仁恵の志」をもつこと、「濁富を厭ひ内外清浄にして清貧」を心がけるよう諭すとよいと教える。

このように、一般社会と同様に医学もまた「癩」を「悪疾」「天刑病」と位置づけ、婚姻差別を当然視するとともに患者の「家」と人格を公然と批判したのである。

3　病者を特定化する社会

かつて道三は自分の著書に血縁者間「伝染」説を積極的には採用しなかった。だが右にみるように、一七世紀後半以降、道三の学問的系譜を引く後世派の中心的な医師たちが、主要な「癩」の病因の一つとして「血脈」に着目するようになっている。その背景には江戸時代前期における「癩」をめぐる感染状況の変化と、「家」をめぐる意識そのものの変化があったと考えられる。

まず、「癩」患者の絶対数の減少という事態である。一六世紀末に宣教師たちが会派を問わず「癩」患者の救済に乗り出したのは、ひとつには乞食「癩」患者のありさまが、彼らと一般の人々の両方の目を引くに十分な量的・質的悲惨さを備えていたからだろう。既述のように彼らが収容した「癩」患者の数は、大坂で四ヵ所の「癩」病院に約四〇〇人、京都で五、六ヵ所の「癩」病院に三〇〇人とあった。

その後、一七世紀後半までに日本の政治的状況と人々の生活環境は大きな変化を遂げる。戦乱が終結して幕府政治は安定し、経済成長が進む中で都市を中心に衣食住をめぐる生活環境の改善がもたらされた。本章冒頭で見たように、現代医学はハンセン病の発症率が生活環境に左右されることを指摘している。生活環境が豊かになるなか、一七世紀後半の「癩」患者の絶対数は一六世紀に比して相当減少したことが想定される。

患者の減少は、「癩」にかかる人の属性を限定していく。既述のように一八世紀前半に出版された香月牛山著『国字医叢』は、「癩」は貧しい者と「濁冨」を持つ者の病であるとした。また一八世紀後半、相模の医師片倉鶴陵（一七五一―一八二二）は黴毒と「癩」の専門医学書『黴癘新書《ばいらいしんしょ》』（天明六年〈一七八六〉自序）の中で、「癩」患者の数が都会に少なく農村に多いと述べている(12)。これらの記述は、近世中後期の「癩」患者が都市下層民や農村の厳しい生活環境を背景に発生したこと、したがってそのような生活環境を余儀なくされた家族に起こりがちな病になっていたことを示唆する。

この状況に対応するように、中世以来使われていた誓約文書である起請文の「白癩・黒癩」の罰文が、一六四〇年代から使われなくなる。罰文の効力の前提は、誰もが「癩」にかかる可能性があるという状況である。この罰文がなくなるのは、将来「癩」にかかる人は「癩」の血筋に限定されたからだろう。

ひるがえって一六世紀後半の動乱期に活躍した道三にとっては、「癩」はいまだ特定の家筋に付随する病ではなく、誰もがかかりうる病と認識せざるを得ない実態があったはずである。道三の血縁者間「伝染」説に対する消極的態度は、ひとつには「癩」患者の存在が珍しくなかった日本の現状の反映であった。

さらに、一七世紀後半とは、「家」という単位、枠組みで人を見るまなざしが成立していく時期であった。江戸時代の人々の「家」意識に影響を与えたものとして、服忌令《ぶっきりょう》があげられる。服忌令とは親族が死亡した場合の喪に服する期間を規定する法令である。幕府は貞享元年（一六八四）に最初の服忌令を出し、その後改定・追加を経て元文元年（一七三六）に確定する。服忌令が規定する死者との関係により生じる穢れの及ぶ範囲が「親類」とされ、これは武家社会の「家」秩序の基本単位となる。ここで規定された「親類」は男系中心の家父長制原理に貫かれ、しかも男系の玄孫まで含む。服忌令は町触となって庶民層にも伝えられ、一七世紀後半に成立し始めた庶民の「家」意識に影響を与えたと考えられている。

一七世紀後半から一八世紀前半という時代は、中国・四国地方における「憑きもの筋」（狐モチ、犬神つき）の成立期でもある(13)。特定の家筋が管狐《くだぎつね》などの動物を使役して、他者に危害を加えるとみなされ、憑きもの筋とされた家は婚姻をはじめとして色々な形で共同体内で差別された。また身体障害についても、動物の殺生や商売上の不正など親が犯した罪が、親自身ではなくその子どもに現れるという、親子間の因果応報観が登場するのがこの時期であった(14)。身体障害者を見せる見世物小屋の引き札では「親の因果が子に報い」と喧伝されるようになる。様々な事柄が「家」という枠組みの中で説明される時代となっていたのであり、「癩」という病に対する認識も、またその流れの中にあった。

三　「悪血」の排出―一八世紀以降―

1　「悪血」の「血脈」

「癩」の「血脈」という認識は、一八世紀以降の医学のなかでさらなる展開をとげる。この時期、日本医学の主流は中国医学理論の精緻な考証を基礎とする後世派医学から、医学理論を単純化して臨床を重視した古方派へと移っていく。

古方派草創期に活躍したのが後藤艮山《こんざん》（一六五九―一七三三）で、Ⅰ第二章「労瘵」でも触れたように、彼はあらゆる病は「一気」（元気）の滞りによって生じると捉える病因論「一気留滞論」を唱えた。治療は気を巡らせること

（「順気」）をめざして、服薬だけでなく灸や温泉療法を重視した。死後に弟子によってまとめられた『校正病因考』（宝暦七年〈一七五七〉成立）では、「癩」についても他の疾病と同様に気血の流滞を原因と考えている。[15]が、「此悪戻（疾カ）の毒気あつて気血凝血せられて熱を生し、肌肉筋骨を腐壊す。その毒、ことの外はげしき也。父子兄弟伝染するところ、亦格別なり。此病不治なること、人各《おのおの》知ところ也」と、その特殊性も強調する。すなわち、「癩」の気血の流滞をもたらす「毒」はことさら激しく、「癩」は特に血縁者間で「伝染」する不治の病とされた。さらに初期の段階ならば、湯治によって「凝血」を動かし膿血を多く出すことで治癒も可能だと述べる。「毒」を膿血として体外に排出させるという治療法である。

その後一八世紀なかばに登場するのが、「万病一毒論」を主張して名をはせた、同じく古方派の吉益東洞（一七〇二—七三）である。東洞は、全ての病が「一毒」（飲食物の濁気によって生ずると考えられた）によって生ずると考え、この「一毒」を劇薬によって発汗・嘔吐・下痢により体外に排出することを治法とした。その単純明快な病理学と治療法は、当時の医学界で大きな反響を呼んだ。

東洞の診療記録『建殊録』（元文元年〈一七三六〉刊）は冒頭の凡例で、「狂癲癩風《きょうてんらいふう》のごときは人の隠忌するところ故、此の二病に至りては率ね皆これを除く」と断って、癲癇《てんかん》と「癩」については氏名を伏せて掲載したことは、本書第一章「黴毒」でも指摘した通りである。[16]その理由は「悪疾を患う者、多くは伝継に由る。而して其の身之《これ》を発して詬辱《こうじょく》の祖先に及ぶ者あり」という記述からうかがえる。「悪疾」＝「癩」の多くが親からの「伝継」により発病するので、「癩」を病むということは先祖も「癩」であった可能性を示唆し、先祖の「詬辱」すなわち恥辱となると考えられたのである。治療は「癩」の「毒」を排出すべく、嘔吐をもたらす家伝薬が処方されている。

東洞の息子、吉益南涯《なんがい》（一七五〇—一八一三）は父の「万病一毒論」をさらに発展させて、「気血水説」を唱えた。

「一毒」は気・血・水（水は血以外の体液）のいずれかに乗じて病気を引き起こす、という考え方である。南涯の治験録『続建殊録』（文政八年〈一八二五〉刊）を見ると、南涯は「癩」患者に対して血尿と激しい嘔吐を起こさせる処方をしている。(17)

吉益東洞の高弟で熊本藩医であった村井琴山（一七三三―一八一五）の著作『和方一万方《わほういちまんほう》』（天明五年〈一七八五〉自序）からは、「癩」の「毒」に対する東洞の認識をより明確に確認することができる。『和方一万方』の末尾に「癘《らい》病治法印施《いんせ》」と題された小論が載る。(18)タイトルに「印施」とあるように、この部分は将来的に別刷りにして無料で世間に配布することを考えていた。

彼は印施の冒頭部分で、「癘」＝「癩」を「病ノ中ニモ癘病ヨリアワレニイタハシキハナシ」と述べ、その後も随所で患者を哀れむ言葉をくりかえす。しかしながら、「癘」にかかった患者は容姿が「誠ニヲソロシクキタナキカタチ」になるだけでなく、「其心マテヒカミワロクナルモノナリ」と性格まで悪くなると述べるなど、全体としては「癘」患者に対する世間の嫌悪感を増長させるような言説に満ちている。長年治療してきたが不治であり、かつては「天刑病」と呼ばれ、世間では「三悪病ノ第一」として治療も受けさせずに放置されることもあるという。

琴山は「癘」の病因を女性の月経血にあると考えている。かつて「癘」は見ることの少ない病であったが、ここ二、三十年増加している。それは人々が「ジダラク《(自堕落)》」になって「月水ノケガレ」を忌むことをせず、月経中に交合するからである。琴山に言わせれば「月水ホドケカラハシキモノハナシ。又、悪血ノ中ニモ尤モワロキ血」であるために、女性は月々瀉下している。しかるに月経血が女性の胎内に残っているうちに交合すれば、「悪血」が子の体内に残り、「癘」の「根元」となる。子の体内の悪血は次第に「邪気」・「毒物」を招いて斑紋を生じ、生血がめぐらなくなって手足が曲がってくる。「癘」は「血脈ノ子孫」まで患うもので、「一人是ヲ煩ハ子孫枝葉マテノ内ニトカクソノ血ヲウケ引テ癘病ヲ煩フナリ。末ノ代マテ断スルコトナシ」と述べる。

琴山がことさらに月経血にこだわったのは、月経血の中に師東洞が「万病一毒論」で主張した「毒」を見いだしたからである。月経血に対する伝統的な穢れ観は、「悪血」という質的に異なる血液として再解釈されることで、一八世紀後半の医学的言説としての装いを獲得している。

琴山は「癘」を不治だとみなしているので、印施に治療法は記されていない。その代わり「癘病アル人、一生房事ヲ断ベシ」「子孫アレハ末ノ代マテ此病ヒハンシヤウ《（繁盛）》シ、断期ナシ」と説く。「癘」を治すことはできないが、次世代に継承させないことで根絶すべきだと考えているのである。「他人ノ子孫ニモ此病ノ根絶シムベキコトヲ願フナリ」との言葉からは、一般の人々に対し「癘」の「根絶」のための〝医学情報〟を積極的に拡散することに、医者としての責務を感じていることがうかがえる。印施の中で繰り返される「癩」患者への同情の言葉と、「癘」患者に子孫を作らせないという残酷な提言は、琴山のなかではなんら矛盾するところがない。だが、それは結果的には「癘」に対する偏見を、医学的知でもって補強・助長するような行為であり、日本近代のハンセン病療養所における強制断種を連想させる行為でもある。(19) 彼は本書を平仮名で版木にし、毎年一〇〇部ずつ刷って施すことで「癘」の撲滅をめざしている。果たして彼が印施を配布したかは明らかでない。

2　瀉血治療の広がり

古方派の医師たちによって強調された病因としての「毒」は、「癩」の場合、血のなかに存在すると考えられた。したがってその治療も「毒」の所在としての血を排出することに向けられていく。こうして登場するのが「癩」の瀉血治療であった。

江戸時代前期の医書でも「癩」の瀉血治療に関する記載はみられた。たとえば前掲曲直瀬道三の『辞俗聖功方《じぞくせいこうほう》』や『啓迪集』も中国医書の影響のもとに、薬餌とともに瀉血を記載する。しかしながら、通常の中国医学や曲直瀬が行った瀉血は、いずれも少量の限られた範囲にとどまり、その目的とするところは主として血の滞りを改善することにあった。一八世紀の日本の古方派がめざしたような「毒」の排出にあるのではない。しかも中国同様に日本でも、後掲の中神琴渓《なかがみきんけい》の著書にも述べられるとおり、瀉血治療は一般的な臨床の場でさほど普及しなかった。

ところが日本では古方派の医師に限らず、一八世紀半ば以降、「癩」の瀉血治療が行われるようになる。しかもそれは従来の瀉血のレベルを超えた、大量の出血を伴うものだった。いくつかの事例をあげよう。

前掲の片倉鶴陵《かくりよう》著『黴癘新書』（天明六年〈一七八六〉自序）は、黴毒と「癘」治療の専門書である。本書によれば「癘」には多くの病因があるが、主要には「風土」によって病む。また脂肪分の多い食物の過食や性行為過多、産後の瘀《お》血《けつ》（血液の滞り）、先祖の「血気」の継承もあげられている。治療は軽症の場合は鍼で「死血」を取り、重傷の場合は焼針治療を行うよう勧めている。施術の前にまず患者を裸にして暗い部屋に入れ、樟脳に火をともしてその体を照らしだすと皮下に隠れた「毒」が見えるという。「毒」の浅い部分は水紅色（桃色）、深い部分は紫《し》黯《あん》色に見えるので、それらの輪郭を墨でなぞり、部屋を明るくしてから施術する。瀉血治療はこの輪郭部分に三稜針《さんりようしん》を刺し、焼針治療は輪郭の内部にくまなく赤く焼けた鍼を刺し尽くす（図17）。焼針治療は出血を見ないが、どちらの治療も瘀血を去り「新血」を生じさせるという。その後併用すべき薬をあげるが、吐下を目的とする劇剤である。鶴陵にとって「癘」の「毒」はこのように可視的なものだった。しかもそれは瘀血とともに取り除くことが可能な物質であった。

本書の最後に興味深いエピソードが添えられている。長崎の商人が大坂に出てきたとき、ひとりの少女が遊んでいるのを見かけて、この子は将来「癘」になると予言した。少女の両親は驚いて商人に治法を尋ねると、商人自ら鍼を

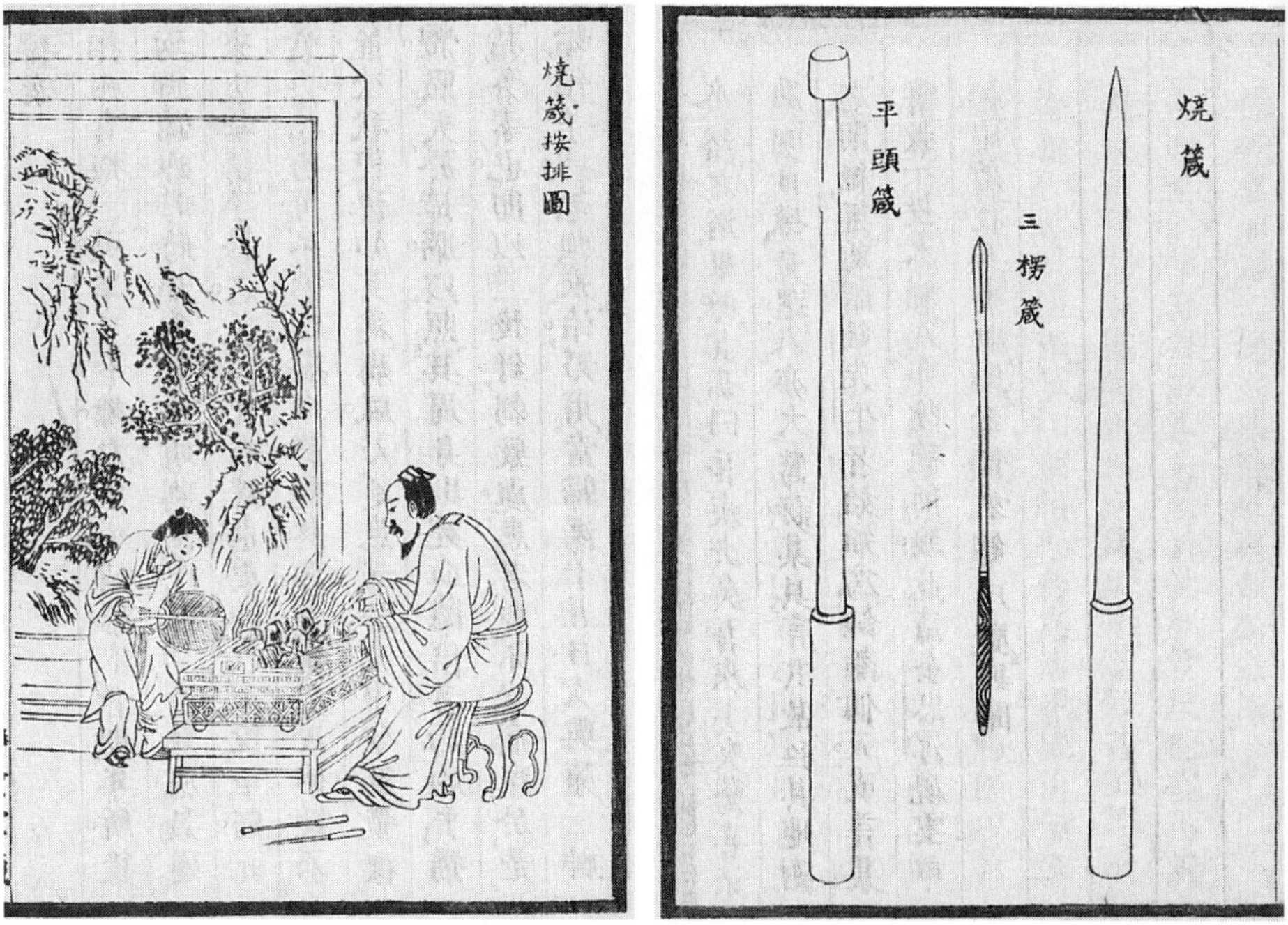

図 17 『黴癘新書』 京都大学附属図書館蔵富士川文庫

右ページは右が焼鍼治療用の鍼，中央が瀉血用の三稜鍼，左は治療中に患者が気絶した時に焼いて頭頂に当てる気付け用の平頭鍼．左ページ「焼鍼按排図」は焼鍼治療に使う鍼を焼いている光景．

もって少女の足の裏から瀉血する。すると「黒血」が湧くように五、六升出た。商人はこれを瓶に入れて庭に埋めると、一年後の再訪を約して帰る。一年後、商人がやってきて瓶のふたを開けたところ、血は瓶いっぱいに増えていた。商人はこの血が体内であふれかえったならば、必ず体が「壊敗」していただろうと言った。鶴陵はこの話について、瘀血が体外で増える点は疑問視するものの、体内で増加するという説明については否定していない。むしろ彼がその著書にわざわざこの話を載せた意図は、「瘀血」の除去と「新血」の再生に眼目をおく彼の治療の本質を、端的に表現している話だからだろう。「癘」を引き起こす「黒血」という、汚濁した異常に増殖する血液。少なくとも、一見荒唐無稽なストーリーの底流にある「癘」病認識に鶴陵が共感を覚えていたことは確かだろう。

時代はやや下るが、これによく似た治療を確信をもって主張している医師がいる。京都の医師、有持桂里《ありもちけいり》（一七五八—一八三五）である。彼の『校正方輿《ほうよ》輗《げい》』（文政十二年〈一八二九〉序）は、「癩」は家に伝わる病であることを前提に、「癩」の家に生まれた子が発病することを防ぐすべを記す[20]。それによると、嬰児を生後産湯に入れずにおくと、三日目に足の裏に紫黒色の「血ノヨリタル」所ができる。そこから鍼で「ヨクヨク血ヲ取ル」と、一七日ばかりで紫黒血が退く。この処置をすれば一生「癩」にならないという。発症前に、先祖から伝えられた悪血を除去しようという予防的措置であり、前提にあるのは「癩」の血筋に生まれた子は将来「癩」を発症するという確信である。

中神琴渓（一七四三—一八三三）の書『生生堂《せいせいどう》医譚』（寛政七年〈一七九五〉序）にも、鶴陵の影響が見て取れる[21]。彼は吉益東洞にも入門していたが、その治療は古方派・後世派にこだわらない臨機応変で柔軟なものと評価されている。彼の「癩」治療は樟脳で照らして毒の所在を確認し、印を付けてその中一面に灸を据える。その灸痕を薬で腐乱させて「悪肉」を取り尽くした。また体中隙間なく鍼で血をとるという瀉血法も行った。出血量も大量で、その治験例をみると薬で嘔吐させた後に一升以上瀉血したり、吐剤と下剤で何度も嘔吐と下痢を繰り返させた上で瀉血している。

琴渓は、瀉血については中国清代の郭志《かくし》邃《すい》撰『痧脹玉衡《さちょうぎょっこう》』（一六七五年自序）の影響によると自身で記している。『痧脹玉衡』には、多くの疾病が「痧」によって引き起こされること、「痧」は「青筋」として体表にあらわれること、この「青筋」から鍼によって瀉血すると「紫黒色」の「毒血」が排出され、病が治癒することが記されている[22]。『痧脹玉衡』の瀉血法は、その頃中国に入ってきた西洋の瀉血法の影響を受けたものといわれる[23]。琴渓は『痧脹玉衡』は理論的潤色が多いために中国の人々に受け入れられなかったと指摘し、琴渓自身もその理論や薬方は採用せず、瀉血の技術のみを取り入れたと述べる。琴渓の指摘どおり『痧脹玉衡』は本国中国ではあまり受け入れられていない。しかるに日本では享保十年（一七二五）に和刻本が出版されて以来、一九世紀後半まで次々と版を重ねている。この日中の差異はなぜ生じたのか。要因のひとつは先に見てきたような、病の原因を「毒」の存在に求めてそれを排出し病気を治療しようという考え方が、瀉血を「毒」のありかとしての血液を排出する方法として受け入れやすくしたと考えられる。中国での出版から五〇年後の享保十年という和刻本の出版年は、一八世紀の古方派台頭という日本医学の動向と合致している。

もう一つの要因として、西洋の瀉血法が直接一八世紀半ばに日本に導入されたことも指摘したい。長崎出島の通辞の家であり、オランダ流医学の家でもあった吉雄氏と楢林氏を介して日本に紹介された。西洋の瀉血法も、時に大量の瀉血を行う。ただし、中国では西洋の瀉血法が入ってもそれほど一般化しなかった。日本医学は単なる血の滞り（「瘀血」）ではなく、血液そのものが「毒」によって質的に侵されていると考える病理学的理解を基礎に、『痧脹玉衡』や西洋の瀉血法の影響をうけながら、琴渓にみられるような時には一升以上もの、より大量の血液を排出させる瀉血を行うようになった。

これを自説としてはっきりと打ち出しているのは三輪《みわ》東朔《とうさく》（一七五九―一八一八）である。彼の『刺絡聞見録《しらくぶんけんろく》』（文化十四年〈一八一七〉）は、刺絡とは体内で滞って循環できない「毒血」をとり「真血をめぐらす」治療法であると述べる[24]。そして、全ての病気は血液の汚濁によって生ずるがゆえに、これを取りのぞくことによって治癒できるという説を展開している。東朔は動脈や禁穴を問わずに刺す刺絡を治療の主体となして、湯薬はあくまでも刺絡の「輔翼」にすぎないとし、刺絡をあらゆる疾病の治療に応用していく。

このように一八世紀後半から一九世紀にかけて、医師たちの耳目を集めた瀉血治療であったが、難点は相当の出血を伴うため、実際の臨床現場で実行するには医師・患者の双方に相応の覚悟を必要としたという点である。これは片倉鶴陵や中神琴渓、荻野元凱《げんがい》、三輪東朔といった瀉血治療を実践した医師たちの共通の嘆きである。書物で瀉血治療の有効性に深く惹かれながらも、現実に施術するにはベテランの医師の直接の指導がなくては大量の出血に動揺して治療が継続できないと記す本もある。他に有効な治療法があればこういった治療は避けたいと、一般的には医師も患者の側も考えたことを理解するのは困難なことではない。

したがって大量の瀉血は一般的な治療では治癒困難とみなされた病気に施されることになり、それが「血脈」の病とされた「癩」だった。「癩」の大量の出血をともなう瀉血治療は、「癩」患者が先祖から受け継いだ汚れた血を全身から放出することによって新たな血を作り出し、その生命を再生するという構図をイメージさせる。

明治四年（一八七一）に発行された『烈夫良《れぷら》病考』は、「癩」の専門医として明治時代に名を馳せた後藤昌文（一八二六—九五）の著作である。本書は世間で行われている「癩」治療がきわめて残酷で痛苦堪え難いもの、ほとんど「炮烙の刑」「活たる生鱠」だと表現している(25)。その具体例としてあげられているのが、前掲『黴癘新書』にあるような焼針治療や大量の瀉血である。こういった激しい治療法が単に書物のうえにとどまらず、実際に臨床の場で実行されることがあったことをうかがわせる。

おわりに

これまで見てきたように、江戸時代の人々の「癩」病観は、医学と社会のありようと深く関わっていた。江戸時代に入って戦乱が終息し生活環境が安定しはじめると、「癩」患者の絶対数が減少する。それと同時に一七世紀後半は、庶民の「家」意識が形成され、「家」という枠組みで人をみるまなざしが広がった時代だった。そのような時代背景の中で、一般の人々の間でも医学の世界でも、「癩」は「家」に伝わる病とみなされて、「血筋」が強く意識されていく。「癩」の「血筋」に対する婚姻忌避は、「家」を守るための良識とする考えも現れた。

「血筋」の病はさらに、「癩」の「悪血」という概念と結びついた。「癩」は質的に通常とは異なる血液、「毒」に侵された血液による病であり、治療は「悪血」を服薬や鍼によって体外に放出し、新しい清浄な血液=「新血」に置き換えることがめざされた。そのために、一般的な臨床現場では用いられないような大量の瀉血、焼けた針で患部を焼き尽くす焼針治療が医学書の中に登場する。

医学が提示する「癩」と血液との深い関係性から想起されるのは、現在でも歌舞伎や人形浄瑠璃として人気のある浄瑠璃『摂州合邦辻《せっしゅうがっぽうがつじ》』(菅専助・若竹笛躬作)である。本作品は安永二年(一七七三)二月、大坂で初演された(図18)。おおよそのあらすじは、以下のようである。

河内国の大名高安通俊には、俊徳丸という美形の跡取り息子がいた。この俊徳丸に、元女中で今は通俊の後妻となっている年若い玉手御前が邪恋をしかける。俊徳丸が彼女を拒絶すると、玉手は逆恨みして俊徳丸に毒酒を飲ませ、「癩」にかからせてしまう。

彼女の仕業であったと知るよしもない俊徳丸は、自分の前世の業で「癩」になったと思い込み、「癩」は家の恥になると考えて家出して、四天王寺へ行く。四天王寺は大勢の乞食非人が物乞いをする場として知られていた。俊徳丸はここで乞食をすることで諸人に業をさらし、罪をあがなおうと考えたのである。なおもしつこくつきまとう玉手から逃れるためでもあった。そんな俊徳丸を婚約者の照手姫が四天王寺に追ってきて再会するが、俊徳丸の腹違いの兄弟次郎丸一味が二人を襲う。そこを四天王寺のそばで庵室を構える玉手の父合邦が助け、自分の庵室に二人をかくまう。

図 18 『摂州合邦辻』「合邦庵室の段」 人形浄瑠璃文楽座協力，国立劇場蔵 玉手御前と「癩」の面をつけた俊徳丸

いっぽう玉手もまた俊徳丸を追って屋敷を出て、父合邦の庵室を訪ねてきた。元武士の合邦は娘の邪恋を許せず、自ら刀で玉手を刺す。玉手は虫の息のなかで、実は俊徳丸と次郎丸の跡目争いを未然に防ぐため、俊徳丸を家の外へ逃そうと一時的に「癩」にかからせたのだと告白する。そして寅の年・寅の月・寅の日・寅の刻生まれの自分の生き血を飲めば毒薬による「癩」は治ると告げると、自ら胸を切り裂いてその生き血を俊徳丸に飲ませ、絶命する。人形浄瑠璃の場合、玉手が自分の生き血を鮑の杯に取って俊徳丸に飲ませると、俊徳丸の人形の頭《かしら》に付けれらた「癩」患者の面が瞬時に取り去られ、元の美青年に戻るという「面落ち」の趣向が盛り込まれている。居合わせた人々はみな玉手が見せた主家に対する深い忠誠心に感涙し、またお家騒動も無事治まってエンディングとなる。

『摂州合邦辻』は芸能史的には中世の謡曲『弱法師《よろぼし》』や説経節『しんとく丸』を源流とする。江戸時代に入ってから浄瑠璃に仕立てられて、元禄七年（一六九四）

に浄瑠璃『弱法師』、享保一八年(一七三三)に『莠伶人吾妻雛形《ふたばのれいじんあづまのひながた》』(並木宗輔作)として上演され、安永二年に本作となった(26)。それぞれの作品に当該期の社会状況や病気観が反映されているのだが、『摂州合邦辻』もまたそうである。すなわち、俊徳丸は「癩」を前世の業という中世以来の宗教的業罰観で捉えて自身を責め、四天王寺で贖罪のために乞食となった。だが同時に彼は自分の「癩」は家の恥、家名を汚す病、父にとっても恥辱だと考えており、江戸時代一七世紀以降の家筋観が反映される。さらに俊徳丸の「癩」の真の原因であった毒薬は、一八世紀の古方派医学が主張する「癩」の「毒」、「毒血」イメージと重なる。ここへ玉手御前の生き血の色彩が加わって、劇場空間にふさわしい強烈なインパクトを持つ作品に仕立て上げられている。

実は俊徳丸の「癩」を寅の年月日刻限生まれの女の生き血で治すこと自体は、『莠伶人吾妻雛形』でもすでに使われた展開だ。が、『摂州合邦辻』は俊徳丸が生き血で再生するシーンを最大の見せ場として大団円で採用している点において、『莠伶人吾妻雛形』とは大きく異なる。「癩」が血液の病であるという医学的認識が広がる一八世紀後半に、このプロットが採用されて好評を博したことは強調されてよいだろう。医学は「癩」が血液にまつわる特別な病であるという偏見を人々に確信させることはあっても、否定する力にはならなかった。

既述のように、「癩」は生活水準が向上したこの時期の都会では、すでに珍しい病となっている。都会人は、天王寺のように乞食が集住する場でしかほぼ目にすることのなくなった「癩」に対する偏見と恐怖心を、劇場空間の中で繰り返しすり込まれ、共有していくことになる。

『摂州合邦辻』初演からちょうど一〇〇年後の明治六年(一八七三)、ノルウェーのアルマウェル・ハンセンが、らい菌を発見した。当時いまだ「癩」と呼ばれていた病が感染症であったことが、ここに医学的に確定する。にもかかわらず現在でも、たとえば富山県のホームページを開いて「ハンセン病とは」という説明を見ると、その冒頭に「遺伝病ではありません」と書かれている。[27] ハンセン病に関する啓発事業で開口一番強調すべきことが遺伝病説の否定であることに（もちろん近代医学の「遺伝」という概念の影響も多大であったのだが）、一七世紀後半に始まる「家筋」「血脈」という偏見の根深さがうかがえる。しかしながら本章で見てきたように、時代の医学と社会のありようは人々の病に対する認識を変えていく。江戸時代的つらら型の差別や偏見がなお残っているとすれば、それは現代の医学と社会そのもののあり方が問われなければならない。

注

（1）国立感染症研究所ホームページ（https://www.niid.go.jp/niid/ja/kansennohanashi/468-leprosy-info.html　二〇二一年十月八日閲覧）。
（2）三枝暁子「感染症と中世身分制」歴史学研究会編『コロナの時代の歴史学』績文堂出版、二〇二〇年。
（3）海老沢有道『切支丹の社会活動及南蛮医学』冨山房、一九四四年。
（4）岡本良一・内田九州男編『道頓堀非人関係文書』清文堂出版、一九七四年。
（5）小林茂文「古代・中世の「癩者」と宗教」藤野豊編『歴史のなかの「癩者」』ゆみる出版、一九九六年。
（6）梶原性全『頓医抄』京都大学附属図書館蔵富士川文庫。
（7）曲直瀬道三『授蒙聖功方』京都大学附属図書館蔵富士川文庫、同『啓迪集』近世漢方医学書集成三、名著出版、一九七九年。
（8）野村豊・由井喜太郎編『河内屋可正旧記』清文堂、一九五五年。
（9）横山篤美解説『信州塩尻赤羽家元禄大庄屋日記』慶友社、一九七四年。
（10）岡本一抱『回春病因指南』京都大学附属図書館蔵富士川文庫。
（11）香月牛山『国字医叢』京都大学附属図書館蔵富士川文庫。
（12）片倉鶴陵『黴癘新書』京都大学附属図書館蔵富士川文庫。
（13）吉田禎吾『日本の憑きもの』中央公論社、一九七二年。

(14) 横田（鈴木）則子「近世都市社会と障害者—見世物をめぐって—」脇田修他編『身分的周縁』部落問題研究所、一九九四年。
(15) 後藤艮山口述『校正病因考』京都大学附属図書館蔵富士川文庫。
(16) 吉益東洞『建殊録』近世漢方医学書集成一一、名著出版、一九七九年。
(17) 吉益南涯『続建殊録』近世漢方医学書集成三七、名著出版、一九八〇年。
(18) 村井琴山『和方一万方』近世漢方医学書集成三四、名著出版、一九八一年。
(19) 日本近代のハンセン病患者に対して行われた断種や堕胎については『日本ファシズムと医療—ハンセン病をめぐる実証的研究—』（岩波書店、一九九三年）などの、藤野豊の一連の著作を参照のこと。
(20) 有持桂里『校正方輿輗』近世漢方医学書集成八七、名著出版、一九八二年。
(21) 中神琴渓『生生堂医譚』近世漢方医学書集成一七、名著出版、一九七九年。
(22) 郭志邃撰『痧脹玉衡』京都大学附属図書館蔵富士川文庫。
(23) 長濱善夫『東洋医学概説』創元社、一九六一年。
(24) 三輪東朔『刺絡聞見録』京都大学附属図書館蔵富士川文庫。
(25) 後藤昌文『烈夫良病考』京都大学附属図書館蔵富士川文庫。
(26) 『摂州合邦辻』の作品としての系譜の詳細および各時代の作品に見られる「癩」病観の変化については、拙稿「近世の「癩」病観とその形成過程」（日弁連法務研究財団ハンセン病問題に関する検証会議編『ハンセン病問題に関する検証会議最終報告書』日弁連法務研究財団、二〇〇五年）を参照のこと。
(27) 富山県ホームページ（https://www.pref.toyama.jp/120507/kurashi/kenkou/kenkou/kj00016614.html　二〇二一年十月八日閲覧）。

Ⅱ

急性感染症

第一章　流行り風邪（インフルエンザ）

――江戸の町の疫病対策――

はじめに

江戸時代の人々にとって、相対的に高い頻度で遭遇し、その意味では最も身近な疫病は流行り風邪、現在のインフルエンザであった。疱瘡《ほうそう》や麻疹《はしか》は誰もが感染するが一度しか感染しない。年齢層も通常は限定される。しかしながら流行り風邪は年齢に関係なく何度でも罹患し、しかも高齢になるほど危険な病である。

流行り風邪が人々のくらしに大きなダメージを与え続けていたことは、幕府の御救対応からもうかがえる。松平定信（一七五八―一八二九）による寛政改革のなか、江戸の町には寛政四年（一七九二）以降、町会所を介した下層民救済を目的とする米銭の給付システムが整備された。町会所は恒常的な御救の他に、物価騰貴や地震・疫病の際に臨時御救を享和二年（一八〇二）から明治元年（一八六八）までの六六年間に江戸市中全体を対象とするものだけでも計一七回行っている(1)。一七回のうち疫病による御救は六回あり、内訳は風邪が四回、麻疹が一回、コレラが一回である。やはり流行り風邪の頻度が際立って高い。

また興味を引かれるのは、江戸時代の流行り風邪にその時々の流行りものにちなんだ通称が付けられていたことである。たとえば安永五年（一七七六）の「お駒風」、安永九年の「お世話風」といった具合である。感染症に名前を付けるときはＣＯＶＩＤ-19のように極力無機質な記号にすべきだと考える現代人には、なかなか感覚として理解しがたいところがある。実は流行り風邪に通称を付けるというのは、一八世紀後半以降の江戸の町に起こった現象であった。となると一八世紀後半、江戸の町を舞台に独自の流行り風邪をめぐる生活文化の開花を想定できるのではないか。

そこで本章では、分析対象を風邪の通称が登場する明和六年（一七六九）以降の江戸の町に限定し、江戸庶民の流行り風邪をめぐる生活史を二つの側面から検討していく。一つは主に随筆史料が伝える、流行り風邪の通称に象徴されるような、江戸の流行り風邪をめぐる生活文化の側面、もう一つは町会所による御救関連史料が伝える、疫病下の都市下層民（それは町方人口の過半数に及んだ）の経済的困難、いわば生活実態に関わる側面である。流行病を巡る洒脱な都市文化と現実生活の困窮はどのような関係性のもと、巨大都市江戸独自の流行り風邪の生活史を織り成していたのだろうか。

江戸時代の分析に入る前に、前提として現代医学から見た一般的な風邪とインフルエンザについて簡単に確認しておく。通常私たちが風邪と呼んでいる病気は臨床的には「かぜ症候群」と呼ばれている。(2) これは「鼻・のど・呼吸器粘膜の急性炎症疾患を総括」した名称である。その病因はウイルス、マイコプラズマ、クラミジア（オウム病病原体）、細菌など多彩である。興味深いのは私たちの身体感覚に反して、寒いからというだけで風邪を引く、つまり寒冷刺激のみにより発病するということは、ほとんどないという。

いっぽうインフルエンザは「インフルエンザウイルスを病原とする気道感染症」であり、一般のかぜ症候群とは分けて考えるべき「重くなりやすい疾患」であると国立感染症研究所は強調する。(3) インフルエンザの経過は、感染から一—三日間ほどの潜伏期間を経て発熱、頭痛、全身倦怠感、筋肉痛、関節痛などの症状を発する。その後、さらに咳、鼻汁などの上気道炎症状が加わり、約一週間の経過で軽快するのが通常のパターンとされている。

一　医学史からみた流行り風邪

まず、江戸時代の流行り風邪の概要を、二点の医学史先行研究の成果に基づいて紹介する。一点は幕府医学館で学んで幕末から明治にかけて活躍した漢方医の河内全節（一八三四—一九〇八）の論文「疫邪流行年譜」、もう一点は明治・大正期の西洋医であり日本医史学研究の先駆者である富士川游（一八六五—一九四〇）の著書『日本疾病史』である。(4)

1　名称と病理

富士川によれば「流行性感冒」というインフルエンザを意味する名称が登場したのは、明治二十三年（一八九〇）春の大流行からである。江戸時代、インフルエンザは風邪・風疫・風疾・傷風・疫邪・流行風《はやりかぜ》などという、風邪の多様な名称のなかに分かたれることなく混在していた。

江戸時代の医学理論では、風邪は体の外から侵入してくる外邪に基づいて起こるものと説明される。その重症度は外邪の侵入の浅深による差に起因し、感冒↓傷風↓瘟疫《おんえき》の順により重い状態と考えられた。

治療法もまた風邪一般の延長線上にあったが、漢方医である河内全節自身が幕末の流行り風邪流行時に処方した治療薬をみると、その都度変化している。すなわち、嘉永七年（一八五四）正月の流行では葛根湯・柴葛解肌湯《さいかつげきとう》、同年八月の流行は葛根湯加石膏《かせっこう》・柴桂湯《さいけいとう》、安政四年（一八五七）二月の流行は柴葛解肌湯・九味差治湯を処方している。対症療法薬としてその年の流行の主流となった症状にあわせて柔軟に処方がなされたことがうかがえる。

2　流行頻度と時期

富士川は、江戸時代のインフルエンザの流行は、その世界的流行から一、二年前か後にみられ、特に嘉永の開国以降は毎回連動して発生していると述べる。表1に示したのは河内全節「疫邪流行年譜」と富士川游『日本疾病史』に書き上げられたものに、筆者が収集した史料から特に流行が激しい年を若干補足したものである。

表の中に、慶長から元禄まで約八〇年もの空白がある。これを鎖国政策の開始によるものと説明する先行研究もある。だが近世史料一般の傾向として、元禄頃までの史料残存状況はそれ以降に比して少なく、江戸の史料は上方よりもさらに少ない。流行がなかったというよりも、史料的空白期間と考えるのが妥当と思われる。

また、流行時期については冬期に限定されないことがわかる。もちろん旧暦であることを考慮すれば、すでに八月であっても文字通り秋冷の候となる。が、旧暦の夏期四月から六月にも流行している事例も少なくないことから、年間を通じて襲ってくる傾向があったと言えよう。

これについては日本史研究者の立川昭二が、一八世紀後半から一九世紀前半にかけては日本が異常厳冬と季節外れの寒暖の乱れに襲われた時期であったこととの影響を指摘している(5)。異常気象は大規模な飢饉の勃発と人々の免疫力の低下を招き、劇症のインフルエンザと夏期も含めた頻繁な流行を引き起こした。

現代のインフルエンザの流行パターンを国立感染症研究所のホームページで確認すると、夏期に発生することもあるが、基本的には「毎年十一月下旬から十二月上旬頃に始まり、翌年の一―三月頃に患者数が増加し、四―五月にかけて減少していく」形である(6)。江戸時代の季節外れの流行頻度の高さは、やはりひとつには立川の指摘するような異常気象と飢饉、免疫力低下の連鎖を想定して良いだろう。

表1　江戸の流行り風邪流行年表

慶長 19 年（1614）	（上方 9 月-10 月）
元禄 6 年（1693）	（上方 8 月）8 月
宝永 4 年（1707）	12 月
享保元年（1716）	夏
享保 15 年（1730）	8 月下旬
享保 18 年（1733）	6 月，7 月
寛保 2 年（1742）	春
延享元年（1744）	6 月中旬-8 月
延享 4 年（1747）	9 月，10 月
明和 6 年（1769）	2 月上旬
同年	10 月　**稲葉風**
安永 5 年（1776）	2 月　**お駒風**
安永 8 年 9 年（1780）	正月　**お世話風**
天明元年（1781）	9 月，10 月
天明 4 年（1784）	4 月　**谷風**
寛政 7 年（1795）	3 月，4 月　**御猪狩風**
享和 2 年（1802）	2 月-4 月　**お七風**
文化 5 年（1808）	8 月，9 月　**ネンコロ風**
文化 8 年（1811）	3 月末-4 月
文政 4 年（1821）	2 月中旬-3 月初旬　**ダンホ風**
文政 7 年（1824-25）	12 月-文政 8 年春
文政 10 年（1827）	5 月　**津軽風**
天保 2 年（1831）	3 月末-4 月中旬
天保 3 年（1832）	冬-翌春（**琉球風**　主に上方の呼称）
嘉永 3 年（1850-51）	12 月末-嘉永 4 年春
嘉永 7 年（1854）	正月，2 月　**アメリカ風**
同年	8 月，9 月
安政 4 年（1857）	1 月下旬-2 月　**尾張風，世直し風**
万延元年（1860）	春
慶応 3 年（1867）	6 月

江戸の町における流行年・月を示した．慶長 19 年・元禄 6 年は江戸でも流行したが流行時期は未詳．ゴチックは風邪の通称，下線は風邪を理由とする江戸町会所の御救があった年を示す．

3　感染伝播のルート

流行り風邪が異国から長崎経由で侵入してくることは、江戸時代の人々にとっては実感として理解されていた。享保十五年（一七三〇）、江戸で八月下旬から「はやり風」が流行したときには「異国より渡り、長崎より西国筋ハ六、

七月比より不残風を煩ふ」と『享保世説』に記されている。(7)

また、明和六年（一七六九）は『続談海《だんかい》』によると七月に「紅毛人」が洋上で発症して長崎に入港し、「夫《それ》より所之者ェ流染し」とあって、以後長崎市中へ感染拡大した。(8)この記述からは、流行り風邪が人から人へ感染していくことを明確に意識していることがうかがえる。九月上旬には京都、東海道筋を通って十月上旬に江戸に達したとある。

享和元年（一八〇一）から翌二年にかけての流行でも、伴蒿蹊《ばんこうけい》（一七三三―一八〇六）の『閑田次筆』（文化三年〈一八〇六〉刊）によれば、阿蘭陀人か漂流民のアンホン、そのほか「蛮人」から流行が広がったと噂された。(9)これは往年シャムロ（シャム）人が渡来して風邪が流行した例と同じだと述べている。病人の袂に「薄赤き毛」が入っていた、という噂もあり、これもオランダ人との関係を前提にしていよう。

二　流行り風邪の通称と背景

既述のように流行り風邪に通称を付けるという行為は基本的に江戸で行われたことで、他の都市ではほとんど確認できない。通称の通用範囲もまた江戸限定であって、江戸から他の地域へ広まって使われた形跡もない。深刻なはずの流行り風邪に名前を付けるという行為は特に江戸で好んで行われたわけだが、どのような背景の中で生まれた文化なのか。ここでは流行り風邪に通称が付された年の関連史料を追いながら、江戸の人々の流行り風邪との向き合い方について考えてみたい。

1　通称の登場

稲葉風　史料上、最初に確認できる流行り風邪の通称は、明和六年（一七六九）、江戸では十月に流行した稲葉風である。大田南畝《なんぽ》（一七四九―一八二三）著『半日閑話』の明和六年の項に「此節大に風流行、家毎に病ざるものなし。世俗稲葉風といふ」とある。(10)名前の由来は書かれておらず、不明である。

詳しい流行状況は、医師杉田玄白（一七三三―一八一七）が『後見草《のちみぐさ》』（天明七年〈一七八七〉成立）に記す。(11)「路を往来する人も絶え」とあって、街から人影が消えた。それは開業医の玄白にとってさしあたって切実な状況ではなかったろうが、諸商売が成立せず労働人口も激減する事態、つまりは一時的な経済の滞りを意味しただろう。

武家方では各大名の江戸屋敷で夜勤武士が減り（「大小名の屋形に宿直する人も稀なる程に」）、夜勤に出た者たちへは手桶で薬を配布したとある。漢方薬は治療薬が予防薬を兼ねていることもある。宿直者が飲む薬であるから、ここでは予防薬として配布されたと考えられる。また、「極老の人」は死者も「数多」と記していて、高齢者の死亡が目立ったようだ。

先に、流行伝播のルート説明であげた『続談海』の記述は、さらに詳しい。

一、十月上旬之頃、江戸中、風邪流行して大半平臥ニ付、御触あり。長髪御免並供廻り減少可仕候。御台所にて薬を煎し当番衆え被下置候。鎌倉河岸《かまくらがし》にては風草を煎し一碗ニ付三文ツヽ、売申由。後ニ聞、当七月、紅毛人着岸之刻、諸船之異国人洋中ニ而煩出シ、長崎へ着之刻皆々相煩申候由。夫より所之者え流染し、九月上旬京都ニ而、風邪たヽ東海道筋流行、駿府交代之時節大流行にて道中人馬着滞候。当府にても下町辺別而多く、両芝居も二、三日相止申、右ニ付落書

医師は飛ひ　うとんハ売れる世の中に　何とて湯屋ハつれなかるらん

又、畜類馬犬迄も相煩、鷹紅葉山にて日々ニ落申由

江戸の住民の大半が寝込んでいて、武士には「長髪御免」と「供廻減少」のお許しが出、江戸城御台所で当番衆へ薬が配布されたことを記す。「長髪」とは月代を剃らない髪型で、病気療養中を意味した。したがって長髪で出勤することは通常ではあり得ない。それでも登城が許されたということは、病欠者が多いためにほぼ回復した者は登城しないことには種々の業務に差し障りが出たのだろう。江戸時代の武士は通常の風邪でも、現代人のように風邪薬を飲んで無理に出勤するようなことは基本的にしない。(12)しかしながら今回はそのような養生の習慣が許される事態ではなかった。「供廻」、すなわち登城の際のお供も、本来は人数が格式にあわせて厳格に決められているが、人手不足のため減員も致し方ない。

庶民向けには神田の鎌倉河岸で、「風草」を煎じた一碗三文という安価な風邪薬が販売されたとある。「風草」とは薬草ではなく単なるイネ科の雑草である。怪しげな薬でも非常時の庶民には重宝がられたのか。これも予防薬として飲まれた可能性も高い。ちなみに同じ町方でも『武江年表』によれば「大家」は薬を手桶に入れて運び「下部」に与えたと書いている。(13)江戸城内ではおそらく御殿医が処方したであろう煎じ薬が配布され、大きな商家でも町医者か薬屋で購入した薬だろう。怪しげな「風草」を飲む庶民と比較したとき、身分・階級による医療格差が歴然としている。「当府にても下町辺、別而多く」という記述は、下層民が居住する下町に特に感染拡大するという感染格差の存在も示唆する。ちなみに約五〇年後の文化八年（一八一一）流行の際に大田南畝が詠んだ「人のなり　小袖の模様髪かたち　はやり風さへ遅き山の手」（『武江年表』）という狂歌も、山の手の武家身分を中心とする人々は流行風俗にも疎いが、流行り風邪の流行も遅い状況を示す。感染格差はのちの流行でも繰り返されたのである。

七月に紅毛人を介して長崎に入ってきた風邪は、九月に入って東海道を江戸めがけて東漸した。「駿府交代之時節大流行にて」云々というのは、途中駿府でちょうどこの年九月の駿府城を警備する駿府加番の交代と重なったことを指す。「道中人馬着滞候」とは、その行列が延着しているのである。交代に伴う江戸・駿府間における大量の人馬の行き来もまた、感染拡大を加速したことだろう。

「医師は飛ひ」云々の狂歌は医者と饂飩屋の繁盛と、湯屋の営業不振を指摘する。庶民向け食養生の書『食物和歌本草』（食品の効能を覚えやすいように和歌形式で記した食養生書）を参照すると、「饂飩《うんどん》」の項に効能として熱を下げるとある[14]。饂飩は流行り風邪の際も病人食として重宝されたのだろう。

さらに、馬や犬まで流行り風邪にかかって、江戸城内の紅葉山には毎日病死した鷹が降っているという噂まで飛び交っている。

2　流行りものあれこれ

お駒風　七年後の安永五年（一七七六）二月に流行したのはお駒風である。命名の由来は『兎園《とえん》小説』（滝沢馬琴〈一七六七—一八四八〉等著、文政八年〈一八二五〉成立）によると、安永四年八月に江戸外記座にて初演された人形浄瑠璃「恋娘《こいむすめ》昔八丈《むかしはちじょう》」の主人公、城木屋お駒である[15]（図19）。この浄瑠璃は翌安永五年五月まで上演が続くというロングランで、ちょうど風邪の流行中に人気を博していたことになる。『半日閑話』は「そりや聞へません、才三様」という台詞は子どもまでが諳んじ、才三格子縞とお駒染めという着物が流行、お駒飴も売られたと伝える。

お世話風　お駒風の四年後の安永九年（一七八〇）正月、お世話風が流行する[16]。山東京山（一七六九—一八五八）著『蛛の糸巻』（弘化三年〈一八四六〉成立）によると、家中が風邪をひいたために休業する商家も見られた（「家内風邪ニ

図19　五渡亭国貞「恋娘昔八丈」　国立劇場蔵

付相休申候と札を張たる家、所々にみえたり」[17]。稲葉風の時同様に、流行り風邪は庶民の生計を圧迫していることがうかがえる。またこの年も、武家方は供立減少と長髪の登城が許されたと記される。

通称の由来については『兎園小説』が「大きにお世話、茶でもあがれ」といふ戯語《たはこと》の流行せしにより」と説明する。「お世話」という言葉をタイトルに取り入れた洒落本も何種類か現存しており、流行語の普及に出版メディアが重要な役割を果たしていることがうかがえる[18]。

たとえばその内の一冊、茶にし金魚（田螺金魚）著『多荷論《おせわろん》』は、この正月に風邪流行が始まってすぐさまの出版で、流行り病を商機とする出版メディアの面目躍如である。話は京のお大尽の茶斗《ちゃけい》が江戸吉原へ「おせわ飴」の飴売りに身をやつして出かけるところ

図20　「小金原田蒐之図」　国立国会図書館蔵

から始まる。茶斗は京都島原の遊女「おおきみ」や祇園の白人（私娼）「おせわ」を茶にして遊んだ通人である。しかし正月の江戸吉原で初登楼の一見《いちげん》客は相手にされない。夜が更けて仕方なく野宿した吉原にある稲荷社の拝殿で、五足の狐が集まって集会を始めるのを目にする。いずれも流行りのお世話風邪を引いていて、「こんこん」と咳をしている。その後に続く本題もたわいのないストーリーだが、文章の随所に「おおきに」「お世話」「茶」という語と江戸の流行風俗を盛り込む。

谷　風　天明四年（一七八四）四月は谷風である。『武江年表』は「諸国飢饉・時《じ》疫《えき》行ハレ、人多ク死ス」と記録している。ちょうど天明の大飢饉に重なって、免疫力低下で病死者も増えたと考えられる。相模の医師片倉鶴陵《かくりよう》（一七五一―一八二二）は著書『保嬰須知《ほえいすち》』（嘉永元年〈一八四八〉刊）において、その症状を「頭痛・壮熱を患ひ、脈は洪大数急にして、嘔吐止まず」「其の症候頗る劇しく」と、この年は劇症であったことを記す。[19]

名前の由来は『兎園小説』によると、谷風梶之助（一七五〇―九五）という人気力士のしこ名である。谷風が、自分を土俵の上で倒すのは誰にもできない、倒れるとしたら風邪を引いたときだけだと豪語した

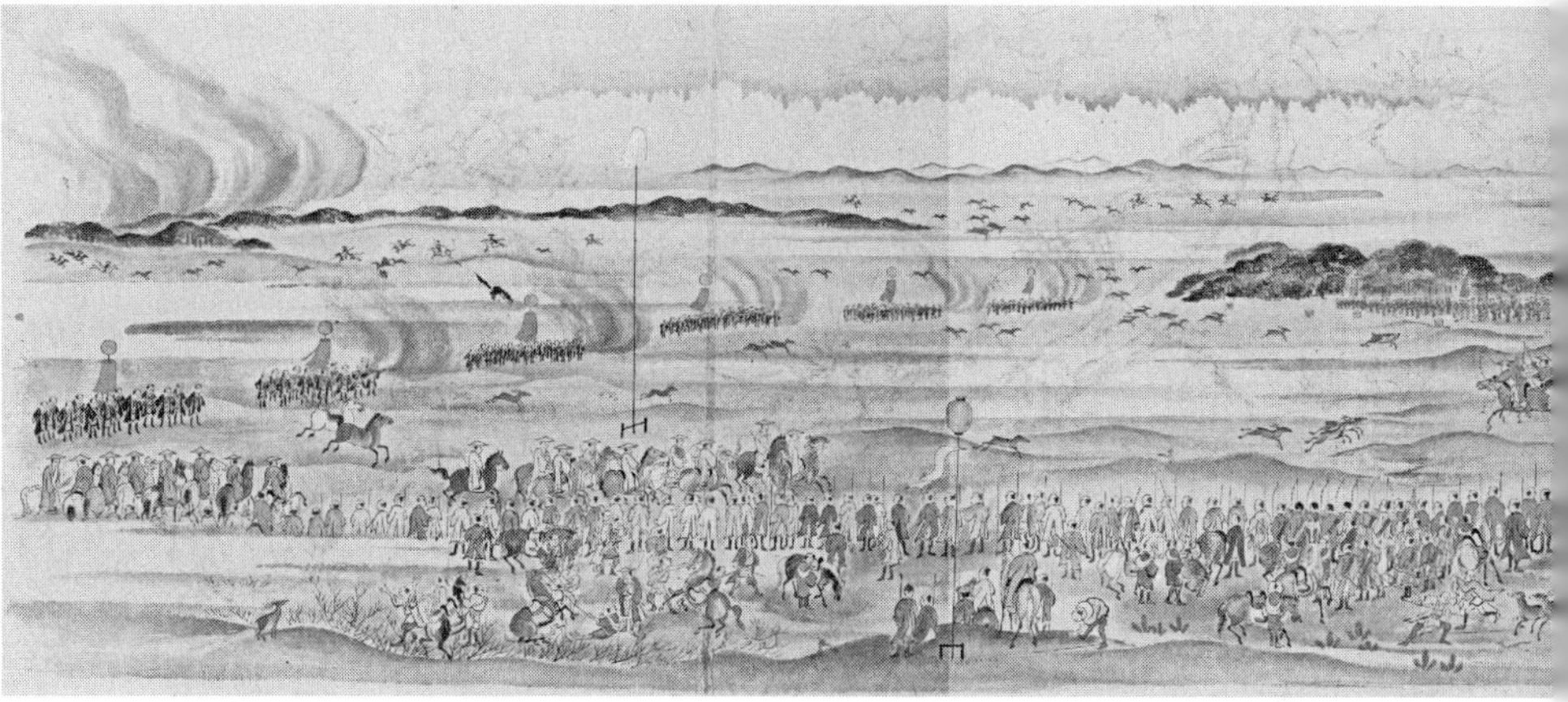

が、この年の流行り風邪にかかって休んだので「谷風」と名付けられたという。

御猪狩風　無敵の横綱谷風が感染して亡くなったのは、次の寛政七年（一七九五）三月から四月の流行り風邪である。御猪狩風《おししがりかぜ》と呼ばれた。幕府医学館医師多紀元堅《たきげんけん》（一七九五—一八五七）は著書『時還読我《じかんどくが》書《しょ》』（明治六年〈一八七三〉刊）のなかで、将軍家斉（一七七三—一八四一）の狩の四、五日後に「感冒」が流行し、患者の袂に必ず獣毛が入っていたので御猪狩風と命名されたと記す。[20]

『徳川実紀』寛政七年三月五日条に、下総にある幕府の牧場小金牧《こがねまき》にて鹿狩が行われ、将軍以下華麗な狩装束を身につけた一行が両国橋から船で出立した様子を伝える。鹿や猪から雉に至るまで合わせて一三二の獲物があり、後日若君（のちの家慶《いえよし》〈一七九三—一八五三〉）や近臣に下賜された。江戸の外で行われた狩が江戸の流行り風邪の名称になったのは、この狩が通常の狩とは異なり、江戸市中での華麗な行列から始まって、関東四ヵ国、一〇万人以上の農民を動員して行われた「御鹿狩」と呼ばれる巨大イベントだったからである（図20）。

御鹿狩については『松戸市史』と『鎌ヶ谷市史』に詳細な記述があるので、以下、両書を参考にそのあらましを確認する。[21]そもそも小金原の御鹿狩は江戸時代に四回しか行われていない。初めての御鹿狩は八代将軍吉宗（一六八四―一七五一）によって享保十年（一七二五）に行われた。小金牧周辺の農耕害獣である鹿や猪の駆除と士気高揚が目的とされる。吉宗は翌年も御鹿狩を行った。そして三回目が約八〇年ぶりの今回の御鹿狩である。この時も農耕害獣駆除と士気高揚、軍事教練が企図された。四回目は将軍家慶の時で嘉永二年（一八四九）、寛政時と同様の理由とされる。

害獣駆除が名目とされたのは、農民の負担が極めて大きいからだろう。本来馬の牧場である小金牧での狩は、事前に大量の馬を周辺に移動させておいてから、付近の野山に生息する鹿や猪を大勢の農民たちが勢子《せこ》となって牧場まで追い立て、待ち構えている武士が狩をするという形式だった。一日の狩のために付近の農民の多くが何日も動員され、相当な費用もかかったのである。

ただし、吉宗の御鹿狩と家斉・家慶のそれとはかなり様相を異にする。吉宗の時は総指揮を七〇〇石の小納戸役役人が担当したに過ぎない。二年とも下総と武蔵二ヵ国五郡の百姓一万七〇〇〇人を勢子として動員し、二回の御鹿狩で鹿計一二一八頭を捕殺した。害獣駆除の成果は明確である。さらに吉宗は網にかかって生け捕りされた鹿数百頭については、自ら網をまくり上げて逃したというくらい、小金牧周辺は多くの鹿がいた。

ところが家斉のときには関東郡代・老中・若年寄が総指揮を執り、旗本一万五〇〇〇人が参加する幕府あげての大イベントとなった。しかも吉宗の頃と異なり鹿や猪が激減していたため広範囲から獣を追い立てる必要があり、四ヵ国一五郡の百姓一〇万人以上が勢子として動員された。それでも獲物は既述のように、鹿以外の動物もあわせて一三二疋しかなかったのである。害獣駆除の名目は立たない。

ちなみに嘉永二年の家慶の御鹿狩に至っては、牧場周辺は開墾や植林による里山減少によって追い立てるべき鹿や猪はすでに存在せず、家斉の時よりもさらに多くの百姓勢子を動員した。同時に農民たちに事前に動物を生け捕りさせて買い取り、当日牧場に放つことまでした。史料によって数は多少異なるが、獲物の鹿は三〇頭に満たず、ようやく兎が一〇〇羽ほど、狸五疋である。ここに至ってほとんど戯画的な御鹿狩、実態としては兎狩であった。

さて、前掲の『時還読我書』の記載にもどると、家斉の御鹿狩の四、五日後から風邪が流行し始めたとあるからには、幕閣はじめ旗本一万五〇〇〇人が大移動して鹿狩に興じたことが、感染拡大の一因ともなったのだろう。罹患者の着物の袂には必ず獣毛が入っていたという怪しげな噂の広がりは、この行事を風邪流行と結びつける意識を示唆する。

『寛政録』によれば寛政七年三月二十八日、江戸城では流行り風邪のために長髪と供廻り減少がいつも通りに許可された。[22]

お七風　享和二年（一八〇二）の風邪は京都で一月末―三月に流行して薩摩風と呼ばれ（『続皇統年代記』）、江戸で二月から四月に流行した時にはお七風と呼ばれた。[23] それぞれの地域で異なる呼び名が付いていることがわかる。江戸のお七風の名の由来は『武江年表』によると、歌舞伎や浄瑠璃で人気の八百屋お七の話（図21）を、覗きからくりに仕立てたものが当時江戸市中でもてはやされており、その口上をまねすることが子どもたちの間で流行っていたことによる命名であった。

本草学者の佐藤中陵（一七六二―一八四八）著『中陵漫録』によると、この年の流行も風呂屋は二、三日休みとなり、髪結床に客はなく、往来する人も「甚だ少し」という状況で、街は閑散としていた。[24] 流行り風邪による不況はこの年も繰り返されたようだ。その不況のなか、饂飩だけは飛ぶように売れて「多くは求めがたし」と、思うようには入手できなかった。「医者は飛」云々の狂歌が流布したとあるが、これは先に見たように四〇年前の明和六年（一七六九）、稲葉風の時に流行った歌と同じである。

図21 歌川豊国「封文其名顕 お七」 国立劇場蔵

ネンコロ風 文化五年(一八〇八)八月、九月の風邪はネンコロ風である。『兎園小説』によると、文化四年冬から五年春夏頃まで、小唄の「ねんねんころころ節」が流行した。もとは歌舞伎狂言からきた小唄だという。

ダンホ風 文政四年(一八二一)二月中旬から三月はじめ、ダンホ風が流行る。『武江年表』『きゝのまに〳〵』『松屋筆記』『兎園小説』がそれぞれ「ダンホサン」という「今様の雛」「はやり小うた」にちなむことを記すが、これが何を意味する言葉かは同時代人にも確かなことはわからなかったようだ。(25)『松屋筆記』は「檀方様」の意味か、もしくは大田南畝の号だろうと記すが、これも根拠はなさそうである。

『時還読我書』はこの年の流行について「闔家《こうか》（家内全体の意）コト〳〵ク枕ニ就ニ至レリ」「蓋近年感冒ノ流行、病者ノ夥キ事、是歳ノ如キハ曽《かつ》テ見及サルホトノ事ナリキ」と記す。著者の多紀元堅がこの回想録を記しはじめたのは四〇代頃からであるようだが、二〇代でのダンホ風の臨床経験は中年以降に思い出しても患者数の多さで際立っていたのである。『松屋筆記』は時の老中五人の内、罹患しなかったのは阿部備中守（正精《まさきよ》）一人だけであったと記す。幕政も滞らざるを得なかったろう。

3　政道へのまなざし

津軽風　文政十年（一八二七）五月に流行った津軽風は、流行りものではなく津軽越中守信順《のぶゆき》（一八〇〇—六二）が起こした事件に由来する命名である。『甲子夜話《かっしやわ》』は「しそんずると輿にのる」、つまり今度の風邪はしくじると死んで葬式用の輿に乗る、という意味だと説明する。(26)『徳川実紀』文政十年三月十八日条によると、この日将軍徳川家斉が太政大臣に任命された大礼が江戸城で執り行われた。歴代将軍の中で太政大臣に任命されたのは家康・秀忠・家斉のみであり、この式典がいかに重要なものであったかがわかる。ところが同四月二十五日条によると、信順が大礼に許可なく貴人の乗る轅《ながえ》（輿）に乗って登城したために、幕府に逼塞を命じられる。もともと信順は金遣いの荒い享楽的な暗君として評判で、それでいて幕府の中枢部に進出したいという上昇志向、名誉欲も露骨だった。この輿も近衛家から譲り受けたものである。この一件でここぞとばかり江戸中の嘲笑の的となり、彼の失敗を揶揄しての命名である。

幕末の江戸の諸記録を集めた須藤由蔵（一七九三―?）著『藤岡屋日記』には、この事件を笑いものにする戯文の摺物の写しが数多く載る。(27) たとえば「大津軽業」（「津軽」の文字が忍ばせてある）と銘打って「馬鹿太夫」が輿に乗ってみせる見世物の引き札や、歌舞伎舞踊「外ケ浜あほふの手鏡」のうち「ばか尾さんげの段」を「馬鹿邑座《ばかむら》」にて上演する引き札。後者は中村座初演の「高尾懺悔」のパロディで、外ケ浜は津軽の地名である。

「津軽の家老」ら役人が評議してこのたびの失敗に付き「殿様」へ切腹を勧めると、殿が「せつぷく《切腹》致したならバ、亦こし《輿》（葬式用の輿をさす）ニのらずばなるまひ」と答える「流行落し噺」に至っては、名指しで大名を虚仮《こけ》にする大胆さである。信順批判と一緒に将軍家斉の奢侈ぶりを皮肉る文もある。江戸の街には『藤岡屋日記』に収集された以上に多くの摺物が流布したであろう。それらの摺物は時代のキーワードとして「津軽」をクローズアップし、信順をいたぶり尽くしながら、実はそのような自堕落な大名をはびこらせている贅沢で好色な将軍家斉と幕府政治への痛烈な皮肉も込められていた。流行り風邪の名前は単なる流行りものというだけでなく、人々の不満や批判的まなざしが込められることもあったのである。

上方の琉球風　次の天保三年（一八三二）冬から翌春にかけての流行り風邪は、『兎園小説余録』によると上方では琉球風と呼ばれた。(28) 天保三年に、琉球国王即位の際に江戸城へ派遣される謝恩使が来朝したことによる通称である。本書には、風邪は京・大坂では九月、江戸では九月下旬から十月に盛んであったとある。謝恩使一行が上方を通過したのは十月後半であるから、流行り風邪の流行のほうが一ヵ月以上早い。したがって上方における「琉球風」命名の由来は、流行り風邪を謝恩使が運んできたからではなく、謝恩使通過前からおそらくその華やかな異国風俗の行列についての話題で持ちきりであったからと考える方が自然だろう。

『兎園小説余録』によれば、江戸では「こたびの風邪には苗字を唱ることを聞かず」と、通称を付けて呼ぶことはしなかった。「この風邪にて病死せしものはなし」とあって、さほど被害が大きくなかったからだろうか。江戸の医者、木下梅庵の狂詩集『茶菓詩《ちゃかし》』(天保四年三月刊)には「琉球風」という題の狂詩が載る。(29)この流行り風邪に際して江戸で行われた幕府の御救を詠んだものであるが、「琉球風」という上方での通称が江戸の知識人の間では知られていたことがわかる。なお、『藤岡屋日記』によると謝恩使が江戸入りしたのは十一月十六日の大雪の日で、閏十一月を経て十二月九日まで二ヵ月近く江戸に滞在した。

アメリカ風　津軽風から数えると実に二七年ぶりに江戸で流行り風邪に名が付いたのが、嘉永七年(一八五四)正月から二月に流行した「アメリカ風」である。「疫邪流行年譜」には「其正月、米夷横浜沖へ至リシ節故ニ」とあり、一月十六日のペリー来航が話題になっていたことから付けられた名であることがわかる。

尾張風・世直し風　江戸時代に通称を付けられた最後が、安政四年(一八五七)正月下旬から二月にかけての流行り風邪である。これについては『藤岡屋日記』が詳細に伝えているので、以下その記述に基づいて述べる。(30)この年の流行り風邪は「尾張風」、また「世直し風」と呼ばれたという。尾張風のほうは、尾張中納言徳川慶勝《よしかつ》(一八二四—八三)が風邪を引いて江戸入りしたために付いた名とある。尾張風の「尾張」は地名ではなく、尾張殿=慶勝を指す言葉であった。

「世直し風」の名の由来については一切説明がない。だが「世直し」という言葉は、この年の流行り風邪前から江戸の人々にとってなじみがあった。安政二年の江戸大地震の際に大量出版された鯰絵《なまずえ》には、「世直し鯰」のモチーフが頻繁に登場する。鯰絵のなかの「世直し」とは、富裕層に集中していた富が施行や地震に伴う復興工事を通じて庶民に還元される「世ならし」の意であった。(31)「世直し」の語はさらに、社会的・政治的・経済的変革を求めて全国で展開した百姓の世直し一揆や都市の打ちこわしのなかでも使われた。おそらく、嘉永七年(一八五四)十一月四日の安政東海地震、安政二年（一八五五）十月二日の江戸大地震、安政三年八月二十五日の台風と三年続いた大災害で多くの死傷者と経済的被害を出したあげくの安政四年正月の流行り風邪だったため、江戸の人々の世直し願望が否応なしに強まっていて、その状況を反映した名ではなかったか。

さて、江戸に尾張風を持ち込んだと評判になったのは慶勝だけではなかった。早竹虎吉（?—一八六八）という大坂下りの足芸軽業師という噂、赤穂の塩船の乗組員という噂もあった。早竹虎吉は両国にて正月二十六日より興業したが「古今稀成大入」で、前日から「言込《いいこみ》」、すなわち予約しておかないと見られないほど人気だった。「軽業も大流行、風も大流行也」とあるが、洒落ではなく実際に多人数で密集しての見物は、連日クラスターを巻き起こしていただろう。

流行り風邪を題材とする早竹虎吉の浮世絵も板行された。風邪で不況に追い込まれた風呂屋と髪結が虎吉の軽業小屋を打ちこわしにかかり、それを医者と按摩と薬種屋が止めに入るという図だと書かれているが、残念ながらこの錦絵の実物は未確認である。安政江戸大地震の鯰絵に多用された構図、すなわち地震を起こさせた大鯰を江戸の人々が打擲《ちょうちゃく》し、医者や建設ラッシュの特需に潤う職人などがそれを制止する、という構図を転用したものだろう（図29参照）。後年の文久二年（一八六二）の麻疹絵《はしかえ》で盛んに使われた、麻疹鬼を不況業者が打擲し医者・按摩・薬種屋がかばうという構図とも重なる（図30参照）。

ちなみに三月四日、虎吉が行燈渡りの技を上演中に大風が吹いてぼんぼりが全て倒れるという事故が起きた。ところが上を渡り歩いているはずの虎吉は空中に浮いたまま。針金で天井から体を釣っていたのである（図22）。「空中にぶらさがり居、大きに間が抜候よし」と場内はすっかりしらけて、これ以後評判が悪くなった。

もう一つの原因とされた赤穂塩船については、正月はじめに浦賀へ入津した赤穂からの塩の運搬船乗組員一八人が全員風邪を引いていて、内二名が死亡、ここから風邪が流行したという噂である。流行り風邪は陸路と海路の両方から、物資や人の流れに乗って江戸へ侵入してくる。これらの噂から、そのことを江戸の街の人々がよく認識していたことがうかがえる。

風呂屋の不況についても詳細な記述がある。風呂屋はそれでなくても二月三日の大雪以降、薪が高騰していたが、

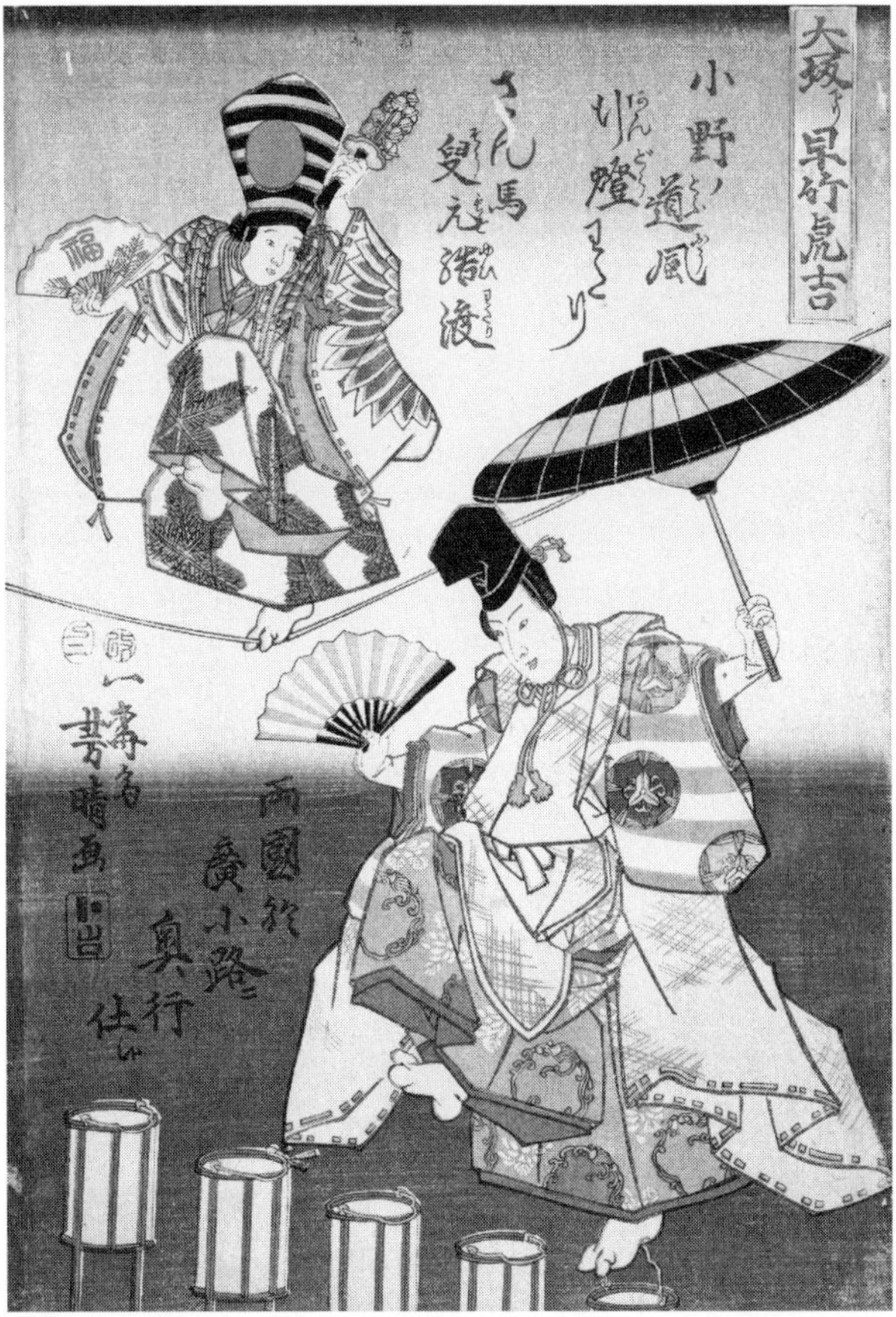

図 22　歌川芳春「大坂下り早竹虎吉」　東京都江戸東京博物館蔵，DNPartcom　早竹虎吉の足芸「小野ノ道風行燈わたり」

そこへきて風邪の流行で客は激減した。女湯だけ休業する所もあったがやはり採算は取れず、風呂屋どうし相談の上、地域単位で営業時間の短縮を協定するといった対処がなされた。

風邪の予防薬についても書かれている。勘定組頭後藤某が家来のために薬種屋に不換金正気散《ふかんきんしょうきさん》を調合させ、大釜で煎じて飲ませたという。この薬は現在も消化器症状のある感冒に使われる漢方薬である。ところが後藤の二人の中間《ちゅうげん》が、自分たちは常に酒を飲むから風邪は引かない、と服薬を拒否した。そこで後藤が、自分のような小禄の武士は家来が風邪を引いたら勤務ができなくなる、主人が遣わす薬を飲まない者は家風に背く、と叱責したところ、両人肝を潰して従った。おかげで後藤の家は誰も風邪を引かず、無事勤務をまっとうできた。後藤が中間の風邪を憂慮するのは、既述のように登城には供揃えの人数が決められているためだ。最小限の中間しか抱えることのできない小禄の武士にとって、一人でも風邪を引いたら登城できなくなる。ほぼ風邪の流行のたびに幕府が供廻りの人数規制緩和をする事情もここにある。

流行り風邪には予防薬で備える、という江戸の人々の疫病対策習慣につけ込んで、怪しげな薬を町に売りつける輩まで現れた。いくつかの町で「御公儀様御伝法　疫病除御黒薬　薬名言武散　一服四十八銅」という薬が町名主から各家主に渡された話を載せる。家主は店子から五〇文ずつ取り立てて配布した。ところがこれは疫病治療薬で硫黄が含まれており、軽症の風邪で服用すると下痢をして病を生じた。しかも火に入れると燃えて危険なため、みな廃棄されたという。

薬名「言武散」とあるが、おそらく「玄武湯《げんぶとう》」のことだろう。玄武湯は体を温める作用をもつ黒い附子《ぶし》が入った、冬期に服用されることの多い漢方薬である。玄武湯ならむしろ下痢にも効果がある薬なので、これは公儀の名を騙った明らかなまがい物である。羽織袴で供を四人も連れた侍が、家紋入りの黒塗りの箱に御守りのごとく仰々しく包んだ薬を納めて名主宅にやってきて、「買うことを強いるものではないが、公儀から薬方を伝授された「霊薬」を諸人の助けのために広めようとしている」と告げたという。幕府によって設定された名主―家主―店子という町方支配システムのもと、町の危機管理に責任を持つ名主たちの役務意識に巧妙につけ込んだ販売方法であった。

「医者ハ飛び按摩ハかける世の中に　何とて湯屋は入《いり》なかるらん」という狂歌が流行したことも記す。これは明和六年(一七六九)の稲葉風、享和二年(一八〇二)のお七風の際流行った狂歌の上の句のうち「饂飩は売れる世の中に」という部分が「按摩は」云々に代わり、あとはほぼ同じ文言である。明和六年から一〇〇年以上たってもよく似た狂歌が繰り返し登場するのは自然発生的な事態とは考えがたい。前の流行時の摺物を参考に次の流行の摺物を出す、という行為が繰り返された結果だろう。流行り風邪をめぐる江戸の風俗は、こうして出版メディアによってプロデュースされる側面が多分にあったことが想定される。

さて、これまで見てきたように、流行り風邪の通称の由来は江戸庶民の最大の娯楽である歌舞伎や相撲、江戸の町で話題になっていた事件にあり、それらには時に人々の批判的まなざしが込められることもあった。いずれにせよ通称は基本的に江戸限定で通用する〝旬な名〟であって、江戸の住人でなければその意味はもちろん、その名称がまとう洒落っ気や時代の空気感も共有できない。そもそも流行り風邪の通称の登場が一八世紀後半以降であるのは、深刻な流行り風邪に流行り物の名を冠して茶化すという行為が、江戸の町を地盤とする庶民文化の成立と展開を前提としたからだろう。

また、琉球風やアメリカ風を流行り風邪の由来となった地名と結びつけた名称と説明する先行研究もあるが、これまで見てきたように、まさにその時に話題になっている地名として採用されたのであって、これらの地域が感染源と目されてのことではない。一でも述べたように、江戸時代の人々は流行り風邪が西から東へと流行していくことは経験的に十分認識していた。したがって安政四年の早川虎吉の例に見られるように、特定の人物が流行地から風邪を伝えたとみなすことはあっても、特定の土地を風邪の発生源とすることはしない。

随筆史料は同時に、ある年は犠牲者の多さを伝え、また風呂屋や床屋の不入りのように、流行り風邪が特定の商売を圧迫したことを伝えていた。流行する際にはまっさきに庶民から感染拡大し、適切な予防薬（体調を整える薬）を十分に飲める人々とそうでない人々がいて、身分や階級による感染格差・医療格差も存在した。ことに天明の谷風と、天保の上方の呼称で言えば琉球風は、いずれも厳しい飢饉の渦中で生じている。天明期も天保期も全国で百姓一揆と打ちこわしが頻発した時期で、天明七年（一七八七）には江戸でも打ちこわしが起こった。

次に、幕府がその日暮らしの下層民に対して行った米銭給付の史料に焦点を移し、経済的側面から疫病下の暮らしを検証していくこととする。

三　疫病対策の転換

1　寛政の改革と町会所の設立

大火や種々の自然災害、疫病、飢饉などの折、幕府は状況に応じて米銭の給付や医療対策を行ってはきた。この米銭給付を財政的基盤のある安定的システムに変えたのが、松平定信による寛政の改革であった。

そもそも寛政の改革は、天明二年（一七八二）に始まった天明大飢饉を発端に全国で激しい打ちこわしが起こり、天明七年五月には将軍お膝元の江戸でも大規模な打ちこわしが起こったことを直接的引き金とする（図23）。江戸で

図 23　細谷松茂（伝）「幕末江戸市中騒動図」 東京国立博物館蔵，Image: TNM Image Archives

は五月二十日から二十四日頃まで、昼夜の別なく富商が打ちこわしにあった。竹内誠の研究によれば、打ちこわしの参加者は「五千人ほど」とも言われ、主体勢力は「裏店借の小職人や棒手振り小商人・日雇らを中核とする、都市下層貧民層」であった[32]。しかも打ちこわしの対象は彼らと同一町内か近隣の町の米屋・富商で、「江戸にそれぞれの地域内における上層町民と下層貧民層との矛盾対立が明確化した」と指摘する。

この江戸の打ちこわしの混乱を追い風に幕閣の田沼派を押さえ、騒乱直後の天明七年六月に老中首座に就いたのが、三〇歳の若き松平定信であった。彼は天明の凶作と飢饉によって拍車のかかった幕末の政治的危機を回避するため、食料備蓄に力を入れ、農村では郷蔵の設置、江戸では七分積金を原資とする町会所への米の備蓄を命じた。七分積金制度とは、幕府が町入用の節減を各町に命じ、その節減額の七割に幕府の公金一万両を加え、これを飢饉などの非常時の備蓄米購入と積金に宛てることとしたものである。定信は町会所を通じて下層民に米銭給付を実施することで、打ちこわしを未然に防ごうとした。江戸の都市史研究を行う吉田伸之は、天保期前半に江戸で打ちこわしが起きなかった最大の理由を、この救済制度に求

めている。(33)

七分積金の運用には町会所が新たに設立され、町会所運営の実質的責任者として両替商など有力商人一〇名が幕府によって選ばれ、勘定所御用達に就いた。このほかにも名主から任用された年番名主が運用に携わり、地主・家主から任用された座人とその手代が実務を担当した。幕府からは町会所掛りと称する勘定方・町方の与力同心が派遣され、町会所の運営に立ち会った。

寛政四年（一七九二）十一月には町会所一ヵ所と籾蔵二ヵ所が設置されて、町会所の活動が開始する。定信は寛政五年に失脚するが、七分積金制度の運用と町会所の活動は幕末まで継続された。

2　御救銭の支給

（1）享和二年（一八〇二）

本章冒頭でも触れたように、町会所による窮民救済には日常的な救済である「定式御救」と非常時の臨時救済とがある。そして初めての臨時救済が享和二年の流行り風邪の時であった。

享和二年の流行り風邪とはお七風をさす。お七風は既述のように江戸では二月から四月に流行した。『享和録』で江戸城内の感染症対応を確認すると、三月十六日に家斉のいる本丸と世子が住む西丸ともに明和六年（一七六九）の流行時の前例にならって、長髪・従者減少が許可され、御目見《おめみえ》以下には煎薬が下賜されている。(34)加えて三月十九日には、いつもは弁当持参で詰める者たちに食事が支給されるようになる。三月二十九日に「御煮薬被下候処、今日限」とあるので、三月末には城内の感染が落ち着いてきた様子がうかがえる。もっとも将軍家斉は『徳川実紀』四月一日条に「いさゝか御感冒」と記されていて、ずっと病人から隔離されてきたのだろうか、遅ればせの感染だった。

武家方対応が明和六年時のやりかたを踏襲したのに対し、町方は町会所を通じての初めての臨時御救に取り組むこととなる。『江戸町触集成』をみると、武家方の対応が始まったのと同時期の三月十七日から、矢継ぎ早に町会所が各町へ触を廻している。

まず三月十七日にお救いの対象となる困窮人を書き上げることが、各町名主に要請された。(35)ただし、早急に支給するためにとりあえず男何百人、女何百人というおおよその人数を二十三日までに町会所へ書き上げるよう指示している。

御救銭の受給対象者は「其日稼之者共」とされ、具体的な職業も列記される。棒手振・日雇稼ぎや諸職人手間取、道心者・修行者、零細地主・家主、出商いする者などだが、先に記した天明の打ちこわしの主体となった都市下層民と重なる。

そもそも町会所による御救の受給対象者は、町会所開設当初の寛政四年における定例御救では、基本的な年齢制限と大まかな生活水準を示すに過ぎなかった。ところが対象者の選定に不公平があると人々の間で評判となり、対象者の明確な基準、すなわち「其日稼之者共」という基準を翌寛政五年の御救の際に示したのである。そしてこの享和二年の臨時御救では、実質其日稼の生活を強いられている零細地主・家主まで含めた「其日稼之者共」の基準が確定する。

享和二年の御救支給は流行り風邪の感染性の高さを考慮して、現状で風邪病人の有無にかかわらず、「其日稼之者共」は全て救済の対象となった。金額は独身者は一人銭三〇〇文、二人暮らし以上は一人二五〇文と定められている。が、迅速に支給することを優先して、独身かどうかはとりあえず考慮せず人数のみ名主が町会所に提出すれば、その場でまとめて名主におおよその額の金銭が渡される予定であること、その後で受給人数の増減が出れば後日返却もしくは追加申請すべきこと、名主は受領後すみやかに町内で個別配布すべきことが指示された。

さらに「格別困窮の類」については別途町会所へ申し出るよう書かれているので、特に貧窮している者には追加支給もありえたようだ。また、町会所の窮民のお救いは普段も「定式御救」の申請を受け付けているが、それら定例の御救を受給している者も、今回の臨時支給の対象になること、今回受け取り後にすぐ定例の御救願いを出すことも可能、とある。

町名主による窮民調査は昼夜の別なく行い、十八日から二十二日の朝五つ時から八つ時の間に一刻も早く提出することが求められた。こうして各名主が御救い金を受領して町内の配布を終えた三月二十四日、町名主の判断で御救対象から除かれた者たちが、後から町名主へ抗議した場合の対処法を、町会所は触れている。[36]「町役人え押掛、彼是申立候は無之候得共、内ニハ不取計之由取沙汰致候もの有之候ハヽ、物静ニ其筋御聞糺被成、相違も無之候ハヽ、増御救之儀可被仰立候」と、町役人の家に押しかけておおっぴらに文句を言う者はいないだろうが、内々に言ってくる者があれば穏やかにその状況を聞きただし、間違いなければ追加でお救いを申請するように、とある。

各町の収支決算（「御救銭勘定帳」）と配布対象者別の金額の帳簿（「御救銭割渡壱人別帳」）提出を求められたのは、三月二十八日であった。[37]この年の御救は江戸全体で二八万八四四一人が対象とされた。江戸町方人口五〇万とされた時代であるから、町方の六割近い人々が、ひとたび疫病にあえば暮らしていけない下層民であったことを示している。

また、給付対象者人数提出の指示が出たのが三月十七日、提出完了が二十二日、町名主の御救金受け取りと町内各人への配布完了が三月二十四日と、その後多少の追加はあったとしても江戸中の二九万人近い人々に、わずか八日で御救金を配布し終えていることは驚くべきことである。町会所運営を担う富裕商人たちの、組織運営能力や下層民の生活の切迫を的確に把握できる状況判断能力の高さとともに、彼らの打ちこわしに対する危機感の大きさもうかがえる。

（2）文政四年（一八二一）

二回目の流行り風邪による御救は文政四年、ダンホ風の時である。詳細は『町会所一件書留』に記録されている。[38]二月末に「風邪」流行につき「其日稼之者」の御救について、町会所で評議が行われた。過去の疫病時の御救事例を調べた結果、享和二年三月のお七風と同三年麻疹流行の節に臨時御救が実施されていたため、今回は享和二年の風邪流行の節の記録を参考に実施されることとなる。

二月末現在では享和二年の流行時よりも患者は少なかったが、今後感染拡大する可能性を見越して、享和二年の記録を参考に予算が設定された。お救いの対象は「身元相応之者」を除き、棒手振・日雇稼・大工・木挽・屋根葺・左官・畳刺、その他「其日稼之者とも」とある。流行り風邪の場合は罹患を逃れる者は稀なので、今回も家族の病人の有無は問わず、各町名主の管轄ごとにおおよその人数を見計って申請すると決める。一人あたりの支給額も享和二年と同額である。

二月二十九日、右の決定事項を幕府役人の認可のもと、「申渡」として町会所から各町へ触れた。[39]その結果、二月晦日から三月四日までの申し出数は二九万七七四三人、金一万二七三七両三分、さらに追加願い分が一九一八人、金八二両であった。

今回二〇〇〇人近くが名主を通じて追加申し立てをしたことについて、町会所側は「一体時世も違ひ」「先年よりは人気《じんき》も違」い、御救をもらえないのは名主の「依怙《えこ》」と認識する人々がいるが、「勝手儘之儀申候ては下賤之者之常」であるとみなしている。つまり、一九年前の享和二年当時とは時世が異なり、人々の気風も変化していること、勝手なことを言うのは下層民の常であると考えている。最終的に享和二年のお救い人数と比較すると、今回は八五〇〇人増加した。町会所の記録は二〇年の間に人別が増加したからであると説明している。

3　御救米への変更

（1）天保三年（一八三二）

次の天保三年の流行は、上方で琉球風と呼ばれた流行り風邪である。『町会所一件書留』によると、今回のお救いは銭ではなく米で配布された。配布対象者の申請は「文政四巳年風邪流行之節御救差遣候振合を以」と、前回文政四年のやり方を踏襲し、病人の有無の調査は日数がかかり支援が「手後《おく》れ」になるので行わないこととした。米は白米の状態で男一日米五合、六〇歳以上・一五歳以下・女は同三合あてで十日分給付される。今回は文政の時と異なり、籾を購入して囲穀《かこいこく》（町会所貯蔵の籾）としてあるので、それを白米に搗いて渡すことになったと書かれている。

この御救が実施される前の文化・文政期は、飢饉もなく比較的安定した社会状況が続いたために、町会所の備蓄は充実していた。町会所は町方人口の三分の二を其日稼の者と考えて六〇日分の救済量を白米九万石と計算し、この量をめどに貯穀を行ってきた(40)。籾倉も文政中頃までに三四棟に増えたという。今回の御救が銭から全て米に変わったのは、この貯穀が放出されたのである。天保期の米価高騰のなか、銭で配布しても人々が少量の米しか買えない事態に陥ることは明らかであり、米での支給は意味のある転換であった。

十一月八日から、町会所の籾倉がある向柳原町会所・霊岸島建添地の二ヵ所で、籾を白米に搗いて一日五〇〇〇人分ほどずつ配布することが予定された。今回は銭ではなく米であるため量が多く、各町名主が代表して受け取るわけにはいかない。そこで、町名主の指揮のもと各家主が店子を引率し、町ごとに集団で受け取りに行くことになった。

図 24 「地震出火御救小屋施行名前附」部分（安政 2 年） 東京大学総合図書館蔵石本コレクション

町会所ではなく御救小屋の光景だが，施米を受けとる袋を各自持参している様子がわかる．

晴雨とも配布は行い、渡方人数は「手《て》繰《ぐり》仕追々相増候積」と、順調に進めばだんだん一日あたりの配布人数も増やせる予定だと書かれている。玄米を搗いたり一件ずつ町会所で渡すという手間がかかったために、前回の金銭配布とは格段に手間がかかった。

　最終的には十二月一日付の北町奉行宛報告書によると十二月一日同日に全て渡し終え、町数一六七五町（外《ほか》に浅草寺地中町家）、総人数三〇万六〇三八人へ白米一万一四六七石七斗二升を支給した。天保三年は閏十一月があるので、十一月八日から十二月一日まで五四日間とすると、一日五六六七人に配布したことになる。確かに一日の配布人数は当初の五〇〇〇人から順調に増加したようだ。御救対象者は前回から六〇〇〇〇人以上増加している。江戸の貧困問題は、ますます深刻化していた。

　天保年間は歴史的大飢饉に襲われたために、この天保三年の流行り風邪の御救も含めて計七回の御救が実行された。六回目の天保七年の御救では大凶作も重なって、ついに潤沢だった貯穀も不足となり、白米と銭の半々で給付が行われている。しかしながら、天保七年から八年にかけて全国で百姓一揆と都市打ちこわしが激化するなか、江戸では打ちこわしが起こらなかった。それは先の吉田伸之の指摘にあったように、町会所の御救米給付が果たした役割が大きかったのである。

（2）嘉永四年（一八五一）

次の流行り風邪の御救は、嘉永三年十二月末から翌春にかけての流行に対するものである。これが江戸時代最後の流行り風邪を理由とする御救となる。

『嘉永雑記』に載る嘉永四年正月二十五日付の、町年寄年番から名主に宛てた達書は、嘉永三年から米価高騰が続いている上に「風邪」が流行しているため御救が実施されること、二月十五日までに町会所へ御救対象者のリストを提出すべきことを触れている(41)。今回も対象者の基準は「其日稼之者」だが、生活状況を入念に調べて申請することが求められた。これまで重視されていた迅速な給付よりも、受給者の制限に意が注がれている。一人あたりの配布量は、前回天保三年と同じである。

最終的に二月十五日から五月十日までの八五日間で、総人数三八万一七四〇人へ白米一万四二一五石一斗六升を渡した。調査の厳格化が言われたにもかかわらず、約二〇年前の天保三年よりも対象者が八万人も増加していることから、江戸の貧困層が急速に膨張した様子がうかがえる。今回の受給申請の厳格化も、人数の大幅増加による貯穀放出量増大を懸念してのことだったのであろう。

だが、そもそも個人の不正受給が多少あったにしても、図24が示すように所詮自分が袋に入れて運べる量でしかなく、その総量は知れている。それよりも疫病の不況時に米を買い占め米価をつり上げる商業資本を取り締まる方が、はるかに幕府財政や庶民の生活を守るには効率的かつ有効だったはずだ。しかも、次に見るように配給時のチェックまで厳しくした結果、一日当たりの平均配布人数を計算すると四四九一人となり、天保三年時から一〇〇〇人以上減ってしまった。結果的に流行り風邪終息後まで配布が続くこととなり、物価高と流行り風邪を理由とした御救の意義の半分は無意味となった。

『江戸町触集成』に収録された南天馬町名主高野家による町政記録「公用留」に、この時の給付のありさまが記録されている。[42] 本来は家主とともに店子各戸一人ずつもらいに出るのだが、当然病気などで代表を出せない店子もいる。その場合は店子が自分で代理人を出すことになる。ところが家主が代理人の名前も確認せずに連れて行き、受け取りの際に役人の確認があっても返答できないというトラブルが起こっていた。三月一日に町会所から、受け取り当日の朝に家主は代理人の名前を確認してから出立すること、また代理人にはなるべく家族を出すよう注意がなされている。

各町名主は受取日を町会所から指定された。南天馬町は三月六日、二日後の同八日に受け取りに来るよう指示されている。受け取りには一軒ごと各自入れ物を用意させ、銘々に家主の印形を押した札を持たせて名主本人が家主・店子を引き連れて来ること、晴雨とも明六つ半時（朝六時半）参着のことを指示している。

幸い三月八日は晴天だった。名主高野新右衛門直寛《なおひろ》のもと、暁七つ時（朝三時半）に集合して町を出発、町会所に到着したのは明六つ時（五時半）である。町ごとに順番に呼ばれ、昼九つ時過（十二時過ぎ）に受け取りが終了した。現代人の感覚で考えると受け取りに行くだけでも相当体力を要するが、加えて一〇日分の白米を成人男性なら五升、女性や子どもで三升受け取るとなると、たとえば夫婦と子ども一人の三人家族なら計一斗一升もの白米を往復四時間かけて運ぶことになる。白米一升を一・五キロで計算すると一六・五キロの重さで、これに悪天候が加わればさらに厳しい運搬となったろう。しかも感染症流行下に被支給者だけでも相当な数の人々が江戸中から参集するのだから、この人混みがさらなる感染拡大を招いた可能性もある。

当時の瓦版は、このとき施与された米は六二万八五九両二分と銀四匁二分に相当すると伝える[43]。御救米の受け取りに参集した人々へは篤志家たちによる弁当の炊き出しがあり、それらの篤志家の名簿も掲載している。御救米は早朝から一日がかりの受け取りになるので、弁当が支給されるのはありがたかったろう。このあと篤志家たちは町奉行から「御誉《ほめ》御ほうび」を受けたとある。

こういった施行鑑の類の瓦版は頻繁に出版されることによって、まだ施行していない富裕な商人や地主を施行に追い込む効果もあったとされる[44]。出版メディアの情報発信力が社会的に機能した事例といえよう。また商人や地主の施行は通常彼らの居住地とその周辺を対象に、近隣住民からの打ちこわし回避を念頭に行われた。町会所による広域的な御救を、個人による局地的な施行が補完する形が取られたわけだが、このことは幕末期の江戸の町は、町会所による御救だけでは下層民の騒擾を回避しがたい状態に陥っていたことを示していた。

嘉永四年の臨時御救ののち、江戸は安政二年（一八五五）の大地震、安政五年のコレラ、文久二年（一八六二）の麻疹、さらには幕末の開港に伴う諸色高値・米価高騰による臨時御救が続く。しかし慶応二年（一八六六）には諸物価の異常騰貴で江戸でも二度の打ちこわしが起きた。幕府は御救金だけでなく、御救小屋（図24）や炊き出しも行って対応したものの、もはや将軍膝下の打ちこわしすら防ぐことはできなかったのである。

おわりに

右のように流行り風邪下の江戸庶民は、最低限の生活を維持することに汲々としていた。そのなかで、本章前半で検討した流行り風邪に名前を付けるという江戸特有の疫病文化が、一八世紀後半以降定着する。最後にそのことの意味を考えてみたい。

最も身近な疫病である流行り風邪に、その時最も話題となっているトピックにちなんだ名を冠する。命名は、他の時代、他の地域の流行り風邪から、その流行り風邪を差別化し唯一無二の存在にする。

現実には人々の流行り風邪経験には、感染格差も医療格差も歴然と存在した。が、唯一無二の存在となった流行り風邪は、あたかも同一の共通経験であるかのように認識されて、それらの格差が見えにくくなる。と同時に江戸の町には一過性の「流行り風邪共同体」とでも言うべきコミュニティが形成される。疫病の名を共有する集団は、同じ疫病禍を共に生きているという文化的・社会的連帯感を持つことが可能となるのである。この連帯感は巨大都市江戸に生きる庶民が疫病流行下で感じる孤立感、そこから生じる不安や絶望をやわらげ、その心と、心とひとつながりになった身体とを支えることに寄与する側面ももっただろう。

流行り風邪の名が史料に登場し始める一八世紀後半は、江戸固有の出版文化が興隆する時期と重なる。それはおそらく偶然ではない。江戸庶民の共通情報源として草双紙《くさぞうし》、瓦版のような簡便な摺物、浮世絵など、廉価かつアクセス容易な出版メディアが百花繚乱の様相を呈する。これらが流行り風邪を彩る様々な風聞を江戸の街のすみずみにまで拡散させて、流行り風邪の「今」を共有するひとつながりの社会に生きている感覚を盛り上げていく。

ただし、メディアが売りさばいたのは、消費される流行り風邪文化だけではなかった。「施行鑑」の頻繁な板行が富裕商人の施行を促す機能を果たしたことが、それを示唆する。そのような「施行鑑」の力は、江戸庶民による世直し実現に向けての有形無形の集団的圧力があってこそ発揮される。人々はメディア情報の一方的な享受者、受動的消費者に納まっていなかったのである。頻繁におとずれる流行り風邪と共に生きるということは、このような生活者としての主体的な営みが求められるものでもあった。

注

（1）吉田伸之『近世巨大都市の社会構造』（東京大学出版会、一九九一年）に掲載された「表4　町会所臨時救済」（一四頁）による。
（2）「風邪」『改訂新版　世界大百科事典』平凡社、二〇一四年。
（3）国立感染症研究所ホームページ（https://www.niid.go.jp/niid/ja/kansennohanashi/219-about-flu.html　二〇二一年九月三日閲覧）。
（4）河内全節「疫邪流行年譜」『中外医事新報』第四九九号—五〇四号（一九〇一年）、富士川游『日本疾病史』東洋文庫一三三（平凡社、一九六九年、原著一九一二年）。
（5）立川昭二『近世　病草紙』平凡社、一九七九年。
（6）国立感染症研究所ホームページ（https://www.niid.go.jp/niid/ja/kansennohanashi/219-about-flu.html　二〇二一年九月九日閲覧）。
（7）『享保世説』宮内庁書陵部蔵。
（8）『続談海』史籍研究会編『内閣文庫所蔵史籍叢刊四五　続談海一』汲古書院、一九八五年。
（9）伴蒿蹊『閑田次筆』『日本随筆大成』第一期一八巻、吉川弘文館、一九九四年。
（10）大田南畝『半日閑話』『日本随筆大成』第一期四巻、吉川弘文館、一九七五年。
（11）杉田玄白『後見草』『燕石十種』第二巻、中央公論社、一九七九年。
（12）江戸時代の武士の病欠状況については鈴木則子「幕末沼津藩における湯治の諸相—『水野伊織日記』の分析から—」（日本温泉文化研究会編『湯治の文化誌　論集温泉学Ⅱ』岩田書院、二〇一〇年）を参照のこと。
（13）斎藤月岑『武江年表』今井金吾校訂『定本　武江年表　中』筑摩書房、二〇〇三年。
（14）山岡元隣『増補食物和歌本草』寛文七年（一六六七）刊、京都大学附属図書館蔵谷村文庫。

(15) 滝沢馬琴編『兎園小説』『日本随筆大成』第二期一巻、吉川弘文館、一九九四年。

(16) お世話風の流行時期を河内全節論文は、片倉鶴陵著『保嬰須知』の風疹流行記事に依拠し、安永八年九月から翌春とする。が、風疹と風邪は明確に症状が異なり、風疹は三日麻疹と呼ばれていて、当時の庶民が風疹をお世話風とあだ名したとは考えがたい。お世話風については本章で紹介するように、安永九年正月以降に関連草双紙が種々刊行されているので、ここでは確実に流行していた時期を安永九年正月とした。ちなみに、随筆史料や医学書は流行り風邪の流行時期の誤記や覚え違いが諸書で散見され、利用に当たっては相当な注意が必要と思われる。

(17) 『蛛の糸巻』ではお世話風を「寛政三、四年比にや有けん」とあるが、京山の記憶違いで、安永八、九年が正しい。山東京伝のお世話風の草双紙を「幼年」の時に所持したとあるが、もし寛政三(一七九一)、四年なら京山はすでに二〇代である。山東京山『蛛の糸巻』『燕石十種』第二巻、中央公論社、一九七九年。

(18) 茶にし金魚(田螺金魚)『多荷論』(安永九年正月)、神真人『大きに御世話』(安永九年刊)、山東京伝『菓物見立御世話』(安永九年刊)が現存する。

(19) 片倉鶴陵『保嬰須知』京都大学附属図書館蔵富士川文庫。

(20) 多紀元堅『時還読我書』京都大学附属図書館蔵富士川文庫。

(21) 松戸市史編さん委員会編『松戸市史』中巻、松戸市役所、一九七八年。鎌ケ谷市教育委員会編『鎌ケ谷市史』中巻、鎌ケ谷市、一九九七年。

(22) 『寛政録』東京市史稿市街編第三一、一九一四年。

(23) 『続皇統年代記』河内全節前掲論文より引用。

(24) 佐藤中陵『中陵漫録』『日本随筆大成』第三期三巻、吉川弘文館、一九九五年。

(25) 喜多村信節『きゝのまに〳〵』『未刊随筆百種』臨川書店、一九六九年。高田与清『松屋筆記』国書刊行会、一九〇八年。

(26) 松浦静山『甲子夜話』巻九六、東洋文庫三四二、平凡社、一九七八年。

(27) 須藤由蔵『藤岡屋日記』『近世庶民生活史料』第一巻、三一書房、一九八七年。

(28) 『兎園小説余録』には文政三年(一八二〇)庚辰九月から十一月の流行り風邪の記事として記載されているが、干支や琉球国王の謝恩使派遣年から判断して天保三年の間違いと考えられる。滝沢馬琴『兎園小説余録』『新燕石十種』第六巻、中央公論社、一九八〇年。
(29) 木下梅庵『茶菓詩』国文学研究所蔵。
(30)『藤岡屋日記』『近世庶民生活史料』第七巻、三一書房、一九九〇年。
(31) 富澤達三『錦絵のちから』文生書院、二〇〇五年。
(32) 竹内誠『寛政改革の研究』吉川弘文館、二〇〇七年。
(33) 吉田伸之前掲書。
(34)『享和録』『東京市史稿』市街篇第三三、東京市役所、一九三八年。
(35)『江戸町触集成』一一〇三九。
(36)『江戸町触集成』一一〇四三。
(37)『江戸町触集成』一一〇四五。
(38)『町会所一件書留』『東京市史稿』救済篇第三、東京市役所、一九一六年。
(39)『江戸町触集成』補二三〇。
(40) 吉田伸之前掲書。
(41)『嘉永雑記』「米価高直並風邪流行ニ付御救」・「風邪流行ニ付御救米」国立公文書館蔵。
(42)『江戸町触集成』補六五四。『公用留』を編纂した南天馬町名主高野家については、片倉比佐子『大江戸八百八町と町名主』（吉川弘文館、二〇〇九年）を参照のこと。
(43)「読売」『東京市史稿』救済篇第四、東京市役所、一九二一年。
(44) 吉田伸之前掲書。

第二章　麻　疹

――情報氾濫が生む社会不安――

はじめに

「疱瘡《ほうそう》は見目定め、麻疹《はしか》は命定め」という諺がある。この諺がいつ頃成立したものかは明確ではないが、元禄期の医師、香月牛山（一六五六―一七四〇）の著書『牛山活套《ぎゅうざんかっとう》』（元禄十二年〈一六九九〉自序）にもこの諺がみえる。(1)麻疹が「命定め」、すなわち生死に関わる病であるという感覚は、現代日本人にとっては理解しがたい感がある。

しかしながら直近の二〇二〇年の世界保健機関（ＷＨＯ）と米疾病対策センター（ＣＤＣ）の発表によれば、二〇一九年だけでも世界で二〇万七五〇〇人もの人が麻疹で死亡している。(2)世界的に見れば高所得国ではほとんどの患者が二、三週間で回復するのに対し、低・中所得国では感染者の一、二割が亡くなっている。また麻疹そのもので亡くならなくても、麻疹は罹患までに経験した病原体に関する体内免疫記憶を消してしまうために、患者は治ってからも何年間かは様々な感染症の危険にさらされるという。

そもそも麻疹ウイルスは極めて強い感染力をもつ。空気感染・飛沫感染・接触感染と様々な形でうつり、空気感染するためにマスクも手洗いも感染を防いでくれない。ひとたび患者が発生すれば周囲の免疫がない者の大多数が感染するのである。発症すれば現代でも対症療法しかなく、麻疹から命を守る唯一で確実な方法はワクチンの二回接種である。

先進国であっても、ワクチン摂取率が低下すると感染者が多発する可能性がある。実際、とうに麻疹の排除に成功していたはずのアメリカで、二〇一九年から麻疹流行が続く。二〇二一年四月、ニューヨーク市は市内の麻疹感染拡大が「公衆衛生上の非常事態」であると宣言した。

いっぽう日本は、近年までは麻疹発生率の高い「麻疹後進国」であった。早くから麻疹排除に成功していた欧米諸国やオーストラリア、韓国からは「麻疹輸出国」として非難されていた。しかし二回予防接種を推進した結果、海外からの感染流入以外の患者発生がみられなくなって、二〇一五年三月、WHO西太平洋地域事務局から麻疹の排除状態にあることを認定されている。

表2　江戸時代麻疹流行年表

慶長12年（1607）
元和2年（1616）10月
慶安2年（1649）3月
寛文10年（1670）2月
元禄3年（1690）3月上旬～4年5月
宝永5年（1708）秋～6年春
享保15年（1730）9月～？
宝暦3年（1753）4月～9月
安永5年（1776）3月末～初秋
享和3年（1803）3月下旬～6月
文政6年（1823）11月～7年3月
天保7年（1836）7月
文久2年（1862）6月～閏8月

慶安2年までは富士川游『日本疾病史』（東洋文庫133，平凡社，1969年）による．それ以降は本稿で用いた諸史料に基づく，主として江戸・上方の流行期間．

いずれにせよ麻疹は、現代社会でもいまなお重大な小児疾患の一つである。ただし、現代日本の麻疹と本章で扱う江戸時代の麻疹とでは、大きく異なる点がある。その最も大きな違いは、江戸時代の麻疹は長い流行周期を持っていたという点である。江戸時代、麻疹はおおよそ十数年から二十数年の周期で流行し、そのために小児だけではなく、幼児期に流行を経験しなかった大人も大勢罹患した。これは日本が島国で、かつ海禁という形で海外との交易を制限していたことにゆえんする。江戸時代の麻疹は、前の流行から一定の年数が経過して麻疹に対する集団免疫が落ちた頃、中国や朝鮮の流行が長崎から入り込んで感染拡大が始まり、日本列島を桜前線のように北上していく、というパターンを繰り返したのである。江戸時代を通じて一四回ほど流行したことが確認できる（表2）。

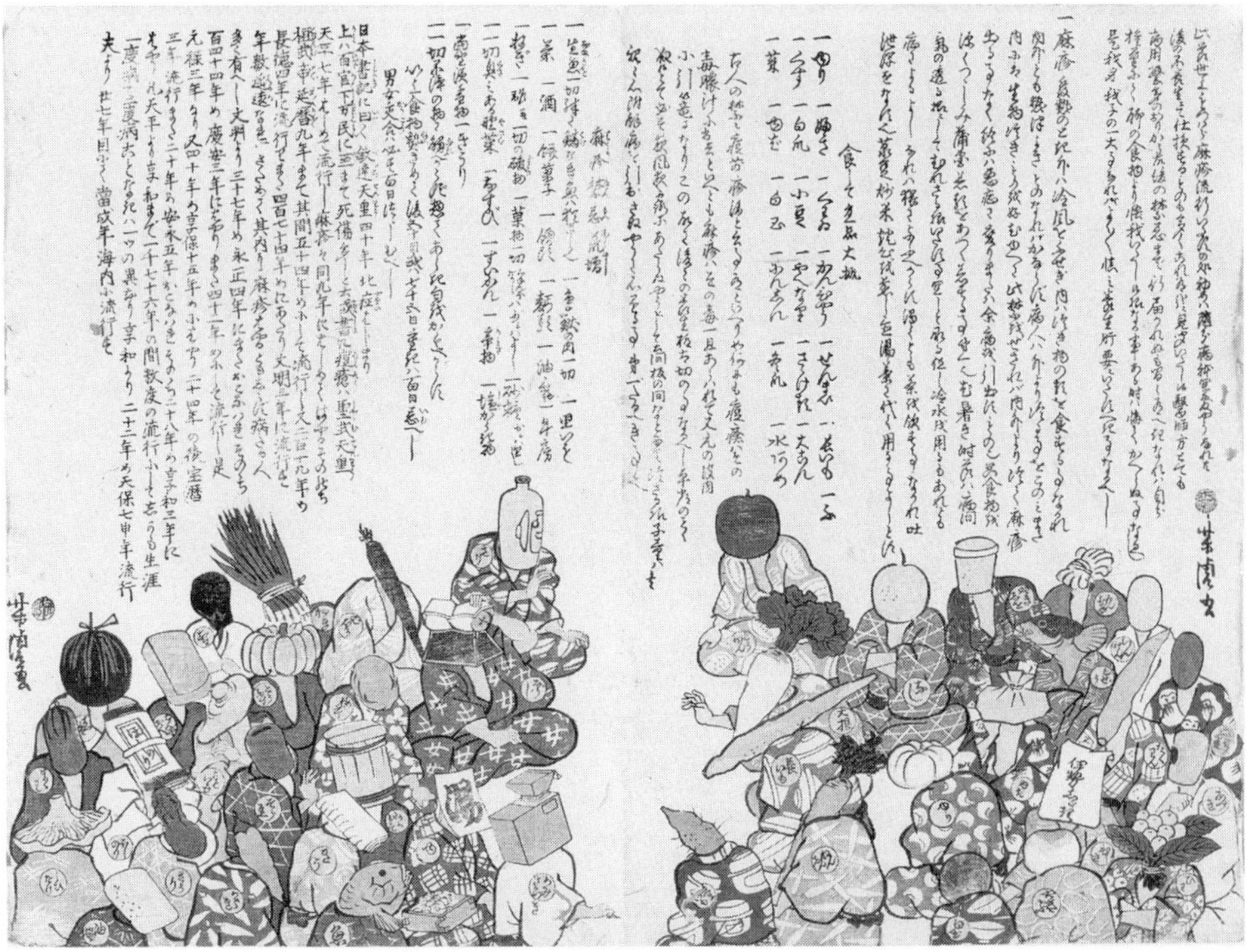

図 25　麻疹絵「麻疹禁忌荒増」内藤記念くすり博物館蔵

向かって右半分に麻疹に良い食物，左半分が麻疹に悪い食べ物や悪いことがらが擬人化されて描かれている．

現代日本の麻疹と江戸時代とでもう一つ大きく異なる点は、江戸時代後期以降、麻疹流行が大きな社会的パニックを引き起こした点である。しかもそれは巨大都市江戸で著しい現象だった。人々は麻疹の症状が治まってからも一ヵ月ほどは、「後養生」と呼ばれた保養期間が必要と考えて働くことを控えた。麻疹に効果があるとされた食べ物（たとえば小豆・たくわん・長芋・湯葉など）や薬種などを中心に諸物価が高騰し、逆に麻疹に良くないとされた食べ物（酒・魚・麺類・椎茸など）を扱う店や、禁忌に指定された銭湯・床屋・遊廓・劇場（音曲が禁忌）などは客が激減して経営不振に陥る。人々の麻疹養生の情報源となったのは、麻疹を扱った養生書や戯作、篤志家たちによる無料の印施《いんせ》、麻疹絵《はしかえ》と呼ばれる錦絵（図25）であった[3]。

本章では享和三年（一八〇三）の流行以降、とりわけ江戸で拡大した〝麻疹騒動〟が、出版業をはじめとする諸商売の展開の中で人為的に引き起こされていくありさまを医学史料、町触、文芸史料、絵画資料などに基づいてみていく。

一　麻疹養生法の広がり―享和三年（一八〇三）―

1　経済的混乱と窮民対策

享和三年の麻疹は前回の安永五年（一七七六）から二七年ぶりに、江戸・京都・大坂の三都と名古屋でほぼ同時期に流行した。江戸の様子は『武江年表』が「四月より六月に至り麻疹流行、人多く死す」と記す(4)。具体的な病死者の数を史料から把握することは困難だが、享和三年の麻疹が江戸の町を大きな経済的混乱に陥れたことは、様々な史料から確認できる。

幕府は四月段階から物価統制と貧民救済の対策を開始する。江戸町触では四月四日付で薬種値段の高騰に対し、麻疹治療に使用する薬種を不当な高値で売らないよう、薬種問屋行事と薬種屋行事を呼び出して指導した(5)。さらに同月、麻疹に良いとされた野菜や乾物類の値上げを禁じ、価格を通常に戻すように命じている(6)。

いったん麻疹にかかれば後養生の期間も含めると、長く働けなくなったために、その日稼ぎの都市零細民の生活はすぐに立ちゆかなくなった。五月に入って江戸の町会所は「御救」を実施するため、各町に「窮民」の届け出を触れる(7)。町会所とは、米価高騰による都市零細民の打ち壊しを防ぐことを目的に、寛政改革の一環として寛政二年（一七九〇）から江戸に設置された施設である。町会所は七分積金に基づいて米穀の備蓄を行い、緊急時には困窮者に対し御救として米銭を支給した。町会所と七分積金制度については本書Ⅱ第一章「流行り風邪」で述べているので、そちらを参照いただきたい。

今回は下層民のうち麻疹で働けなくなり困窮する人々に「御救米」が支給された。だが申請者が予想より多かったようで、病後二〇日ほどもたって働けるようになった者については「御救」を申し出ないよう名主らに触れている。さらに六月になると、名主が病人の家まで行って病状と暮らし向きを確認し、窮状を詳細に記して申請するよう促す。結果的には銭と白米が四万一〇二〇人の人々に支給された。(8)「窮民」に対する家持町人たちによる施行も行われ、幕府は施主を褒賞するために町からその名前を上申させている。

2　諸商売の明暗

麻疹流行の最中の五月に板行されたのが、式亭三馬（一七七六―一八二二）の戯作『麻疹戯言《ましんぎげん》』である。(9) 本書は三馬自身が麻疹にかかりながら、書肆の求めに応じて病床で執筆した。書肆・三馬ともどもの商魂のたくましさをうかがわせる。

商魂たくましいのは出版関係者だけではない。三馬は麻疹をめぐる諸商売の盛衰のありさまを、次のように伝える。取り上げられている職業に傍線を引いた。

三戯場《さんしばゐ》のやぐら幕《まく》も、発熱《ほつねつ》の汗《あせ》とともにいたづらにしぼり上《あぐ》れば、金主《きんしゆ》の頭痛《づつう》は煤鱔人《うなぎや》の炙魚的《やきて》と倶《とも》に大抹額《おおはちまき》のあハれなるさまなり。貨食者《にうりや》・麺家《そばや》も麻疹《はしか》に付経商休《つきしやうばいやすミ》の招状《はりふだ》を出《いだ》し、段疋舗《ごふくだな》にもおあい〱の声絶《こえたゆ》る中《なか》に、いかなれバ又《また》、貨郎店《こまものみせ》を出《いだ》す者《もの》の許多《おほき》ぞや。その甚《はなハだ》しき事、小戸大戸《げこぜうこ》をいハず。是《これ》をかぞへなば、まことにはく程《ほど》とこそいふべけれ。湯屋《ゆや》の管長《ばんとう》は常《つね》の居眠《ゐねふり》に増《まし》を加《くハ》へ、出入の髪頭家《かみゆい》は思ひの外に廻る事頓《すみやか》也。祈禱《きとう》の法印ハ呪術《まじない》の守護《まもり》を出《いだ》せば、五社《いなり》の廟官《かんぬし》劣《おと》らじと護符《ごふう》を施《ほどこ》す。或ハ名方《めいほう》を書て広《ひろむ》るあれバ、或は禁忌《きんもつ》を写《かき》てとらするもありて、麻疹《はしか》の猛威《いきをひ》いよ〳〵御《ご》さかんにおハします物から、傾城《けいせい》の哀《あハれ》なるや、鼻皰《はなち》の夥《おひたゝ》しきを見《み》ては貯蔵《できあひ》の起《き》請《せう》をもかゝまくおもひ、彩粉房《みじまひべや》に浮説《うハさ》はしても、嫖客《きやく》ハ噴嚏《くさめ》をするのミにて、都《すべ》て通ひ来《く》る者少《すくな》し。只麻疹訪安《たゞはしかみま》否《ひ》の駅使《ひきやく》のみ、昼夜《ちうや》をたてくだしにくだして、葭街《よしてう》の裏門魚鳥留《うらもんぎよてうとめ》の禁物《きんもつ》にさミしく、楊橋《やなぎ》橘《たちばな》坊ハ三弦《さみせん》の話《はなし》もなくて、薬研《やげん》の音《おと》のミかまびすし。薬材客《きぐすりや》の賑《にぎハ》ふのミならず、苹浮医《やぶゐ》も効《こう》を顕《あらハ》さんと麻《ま》疹精要卒然《しんせいようにわか》に闇記《そらん》じ、葛根《くハつこん》湯《たう》に休《やす》む間《ひま》なく、時《とき》を得顔《えがほ》に誇《ほこ》るといへども、ことしは勝《すぐれ》てよなミのよければ、稚《いとけなき》きものハ鈴《すゞ》付たる猴《さる》に杵《きね》めきたるものをもてあそびつ、おとなしきものも、させるくるしミもなけれバ、まめやかなる命定《いのちさだめ》ともいふなるべし。（中略）麻疹《はしか》は命定《いのちさだめ》にあらず。疱瘡命定《ほうそういのちさだめ》なるべし。夫《それ》はともあれ、此《この》ごろの人は疱瘡鬼《ほうそうがミ》の合棚《あひだな》に麻疹《はしか》の神《かミ》のあるとまで心得けん。（中略）

医人《おゐしや》の仮似《まね》する素人療治《しろうとりやうち》ハ包紙《つつミがミ》の表書《うはかき》にも煎法如常《せんじやうつねのごとし》と清朝風《せいちやうふう》で嚇詐《おとか》して、段疋舗《ごふくや》の売契歟《うりあげか》、魚市街《おだハらてう》の交盤冊《ひかへてう》歟と、よめぬやうににじくらねバ国手《ぜうず》めかぬと心得《こころえ》るが白癡謊《こけおどし》の初熱《ぞやミ》なり。さるが中にも販薬生《きぐすりや》を似《に》する売薬多《ばいやくおほ》く、横町《よこてう》のしまふたや、新道《しんみち》のあやしの出格子《でがうし》、連牆《かどなミ》に麻疹《はしか》の妙薬《めうやく》〳〵と写標的《かんばんかき》の筆意《ひつい》を露《あら》ハし、筆《ふで》ぶとに見しらせたる。松板《まついた》の間《ま》に合招牌《あひかんばん》、廾《いど》の牌《しるし》を斜《よこめ》に瞅《に》らんで路次口《ろじくち》にまでぶらさげしは、欲心表《よくしんおもて》に出透《でそろひ》なり。其効験《そのこうげん》の妙《めう》々奇《き》々、孰《いづ》れを聴《きい》ても神《しん》の如《ごと》し

打撃を受けた商売としてあがっているのは芝居小屋、鰻屋、煮売屋、蕎麦屋、呉服屋、風呂屋、髪結床、遊女、芸者（楊橋・橘坊が芸者のいた地域）である。前回の流行から二七年たっているので、芝居小屋では二七歳以下の最も人気がある世代の役者たちがほぼ全員感染により休演したはずだ。鰻屋は魚が禁忌だった上に焼き物も禁じられたので、

蒲焼きなぞ論外である。煮売屋は野菜・乾物の高騰によって食材入手が困難だったろう。呉服屋とは三井越後屋のような絹織物を扱う店を意味し、販売員は若い手代と丁稚だから、これもみな麻疹にかかって売り手がいない。江戸の高温の銭湯は江戸っ子にとって本来毎日通う場所だが、麻疹禁忌で一〇〇日ほど止められた。得意先を廻る営業形態の廻り髪結は、結髪も月代も禁忌指定だから客がなく、廻っても早々にその日の営業は終わってしまう。遊廓は二〇代以下の遊女がみな麻疹にかかって客が取れない上に、房事が麻疹禁忌の一つだったために遊客の訪れもない。音曲もまた禁忌の一つだから芸者も仕事がない。

これらの禁忌の中には中国医書の疱瘡の禁忌事項が麻疹に転用されたものもある。芝居小屋の不況と房事禁止は、中国医書『張氏医通』（張璐玉《ちょうろぎょく》著、一六九五年刊）の疱瘡禁忌「鑼鈸金器之声」「房事淫気」に根拠が求められよう。(10)髪結床については『保赤全書《ほせきぜんしょ》』（管橓《かんしゅん》編輯・龔居中《きょうきょちゅう》増補、明代）の痘瘡《とうそう》禁忌に「梳頭」があげられている。(11)結髪や月代を剃るのは気を動かす作用があるとして避けられた。

儲かった商売は生薬屋と医者である。町のあちこちで、素人が突然麻疹の薬を売り出しはじめるという現象も起きた。〝藪医者〟が『麻疹精要』をにわか勉強で読んで治療し、処方は麻疹薬の定番葛根湯の一本槍であることを揶揄している。『麻疹精要』とは前述の中国医書『張氏医通』の麻疹に関する記述からポイントを抜粋した、上月専庵《こうづきせんあん》編、享保十六年（一七三一）刊の簡便な医書である。『麻疹精要方』や『麻疹精要国字解』といった様々な類書がそののち麻疹流行のたびに刊行されて、『麻疹精要』は安直な麻疹治療書の代名詞となった。麻疹流行の間隔があまりに長いので、江戸時代の医者にとっては現役のうちに麻疹流行に遭遇するのは一度あるかないかである。藪医者でなくても麻疹治療の勉強は付け焼き刃にならざるを得なかった。

薬の販売に免許が必要なかった時代であるから、素人が突然麻疹薬を売り出すという事態も生じた。もともと江戸時代はセルフメディケーションが主流である。麻疹薬に限らず、売れ筋の薬は玉石混淆で巷にあふれていた。

「名方を書て広るあれば、或は禁忌を写《かき》てとらするもありて」とあるのは、薬方や麻疹の禁忌情報を記した、篤志家たちによる無料の「印施」を指す。この年の流行では幕府医官多紀《たき》元簡《げんかん》（一七五四—一八一〇）も、麻疹禁忌を列記した「禁忌一紙」を無料配布したことが、その子、多紀元堅《げんけん》（一七九五—一八五七）の『時《じ》還読我《かんどくが》書《しょ》』（明治六年〈一八七三〉刊）に記されている。(12)

「此ごろの人は疱瘡鬼《ほうそうがみ》の合棚に麻疹の神のあるとまで心得けん」とあるのは、疱瘡にかかったら疱瘡棚を祭る習慣が普及していたのに対し、麻疹神を祭る棚を設置する習慣はなかったからだ。三馬は麻疹神は疱瘡神の亜流と断じている。史料のうえでは、麻疹神は宝暦三年（一七五三）の流行から確認できるのだが、連年のように流行して祭られる疱瘡神と違い、麻疹神は二〇年に一度の登場で、重視されなくても致し方あるまい。

小さい子どもには、鈴を付けた括り猿や小さな杵といった麻疹を軽くするまじないのおもちゃが売られた（図26）。猿は麻疹が軽いと考えられていた。(13) 病児用のおもちゃは、疱瘡では以前からミミズクや達磨があるが、麻疹では今回の享和の流行以降の史料でしか確認できない。おそらく麻疹のおもちゃは、この年の流行に合わせておもちゃ屋がプロデュースした商品だろう。

本書II第三章「疱瘡」でも触れているように、民俗学の香川雅信の研究によると、(14) 猩々《しょうじょう》・達磨・ミミズクという定番玩具を伴う疱瘡神祭りの形式は、玩具商によって作り出された可能性がある。香川はその時期を明和・安永期（一七六四—八一）とみている。麻疹の場合は前回安永五年の流行の時には『武江年表』に「人多く死す」と記録されるほど被害があり、医者の間で治療法の議論は巻き起こったものの、禁忌が今回ほど言われることもなく、麻疹が生活スタイルに大きな影響を与えた様子がない。

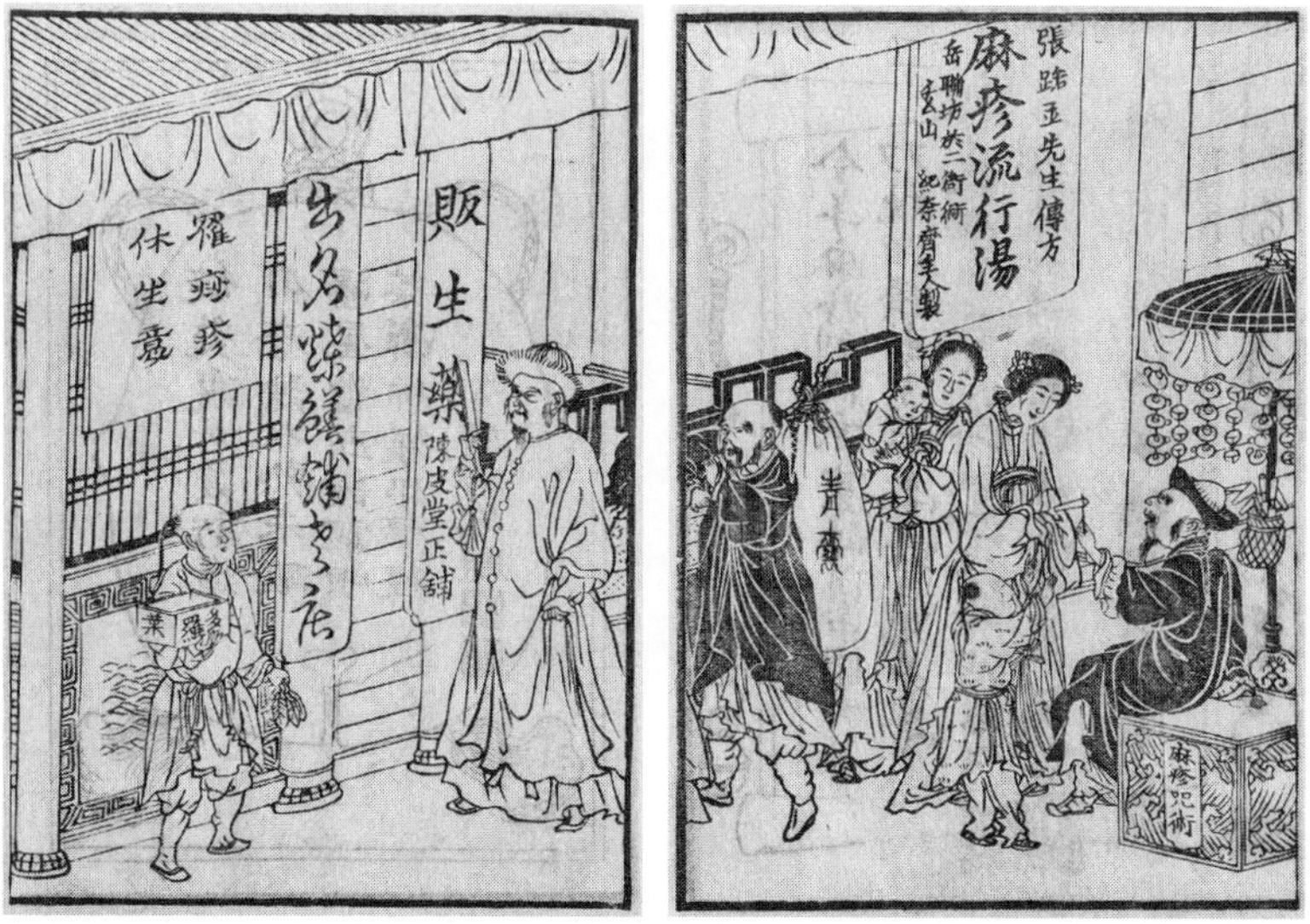

図 26　式亭三馬『麻疹戯言』　京都大学附属図書館蔵富士川文庫

麻疹流行中の薬屋の前の光景を，中国の町並みに仮託して描く．右端の「麻疹呪術」と書いた箱に座る男が手にするのが杵の形のおもちゃ，頭上に吊り下げたのが括り猿．左端の子供は呪い用のたら葉の葉を売る．

それに対して今回の享和の流行は、単に死者が多いと言うだけではなく、三馬が書き記すように禁忌の広がりによって人々の生活全般が麻疹一色に染めあげられている。おそらく玩具商は疱瘡神祭り同様の商機を、この享和三年の麻疹流行にも見いだして便乗したのだろう。

このように人々は麻疹不況に泣き寝入りするばかりではなかった。にわか作りの薬屋に縁起物のおもちゃを創作する玩具商、お札を売りさばく寺や神社のように、商魂たくましく次々に麻疹関連アイテムを生み出して販売する人々が後を絶たない。三馬の「欲心表に出透なり」との言葉は、麻疹の発疹が皮膚に出ることと（麻疹治療は発疹により麻疹の毒を体外に出し尽くすことが重要とされた）欲が表に出ることをかけた揶揄である。

3　麻疹禁忌をめぐる論争

これまでみてきたように享和三年の流行は、麻疹医書や素人向け麻疹養生書、無料の印施が刊行されることで、麻疹禁忌情報が医者と素人の両方に飛び交った。そのような状況を受けて、流行収束直後に医者の間で禁忌の是非をめぐる医学論争が展開する。一般的に禁忌否定派の医師は古方派、推進派は後世派の系統の医学に属する。

古方派の村井琴山著『麻疹略説』（享和三年七月自序）は、病はその証に従って治療すべきで、麻疹という病名に基づく治療はあり得ない、と後世派の治療を厳しく批判している(15)。村井は、禁忌とは薬と食物の「相畏相反」の原則を考慮するだけでよく、服薬後、半時過ぎれば食べ物を制限する必要はないと考えている。せいぜい泄瀉《せっしゃ》する者は「冷物・生物・水」を避け、上逆（体の気が逆流して上昇する状態）の甚だしい者は酒を避けるという程度でよく、「常食」のものは過食しなければ問題ないとする。「俗間ノ禁忌」の多くは誤りで、誰かが何かを食べて死ぬとそれが評判になるに過ぎず、力量のない医者がこれを正すことができずに同調しているのだと批判する。

医者が自信を持って治療できない背景には、麻疹の流行周期が長くて経験が積めないという事情があった。琴渓は今回の麻疹治療は五〇歳以下の医者にとっては、弟子時代の経験があるか、もしくは初めての経験であり、自身の藩内に五〇歳以上の医者は五、六人しかおらず、ほとんどの医者にとって本格的麻疹治療は初めてのことだったと指摘する。

享和三年の診療経験を書いた稲葉賛水著『麻疹顕証録』（年未詳）も、古方の立場から「麩瘡《ハシカ》ニ限ラス諸病ニ禁忌アレトモ、吾門コレヲ信用セス」と述べる(16)。彼は患者の好む物を食べさせ、好まない物を禁物としてきたが、積年一人も害は出ていないばかりか、むしろ禁物と言われている物でも好物ならば食欲が増進して気力を得、かえって治りが良くなることも多いと述べる。「粗工《ヘタイシャ》ノ輩、同ク恐ルルコト俗間ヨリモ甚シ」と、実力のない医師が素人以上に禁忌を恐れると嘆き、麻疹にかかった門下生十数名が試みに禁忌とされる食物を食べてみたが、問題なかったと記す。篤志家たちが様々な禁忌を記した印施を無料配布したために、禁忌が広がるのだと批判するが、稲葉の批判には、先に見た幕府医官多紀元簡による印施も念頭にあったかもしれない。

水戸藩医で古方派の原南陽（一七五二―一八二〇）がこの麻疹の流行中、水戸藩附家老中山信敬の諮問に答えた言葉が『叢桂亭医《そうけいていい》事小言《じしょうげん》』巻六「麻疹」に載る。(17) 南陽にとって麻疹治療は、安永五年（一七七六）の流行に次いで二度めの経験である。その経験から、麻疹は「殊ニ軽易ノ病ニテ、方書ニモ痘瘡ノ後ニ附載シテ、格別心ヤスク覚ヘ候」と述べる。禁忌の広まりについては「毒忌多ク申触スコトハ、臆セル医師ノ胸ヨリ出ル流言ナルヘシ」、「此度ハ麻疹ハ前年ヨリ毒忌ヲヲク申触スハ、先年ヨリハ医師ニ人物乏ク成タルニヤ」と、禁忌が安永五年の時よりも増えていること、それは医師の力量が足りないからだと指摘する。さらに「毒忌ハ貴地（江戸を指す、引用者注）ニテハ甚シト承ル。人ノ多カ故ニ多ロスルニヤ」という言葉から、禁忌は大都市江戸で特別さかんに言われていたことがわかる。また禁忌とされた筍・茄子・糠味噌漬・蕎麦・冷麺を自分の患者たちに食べさせても害がなかったことを記し、「江戸ニテアマリ毒忌多ト承及ヒ候ユヘ聞ヒ申候」と、江戸で毒忌情報を多く耳にしているであろう信敬に配慮している。

右のような古方派の禁忌批判に対して、禁忌擁護派の医師たちの中には解剖的知見を持ち出して反論する者もある。明石藩医赤浦（長島）養三は『麻疹薬按《ましんやくあん》』（享和三年十二月序文）の中で、古方派の医者は毒が尽きれば何を食べても良いと言うが、麻疹は殊の外「精気ヲ亡スルコト甚」しい病気なので、体が元の状態に復するのに二、三十日はかかると述べる。(18) 獄中で麻疹にかかった罪人が治癒の後処刑されたが、その死体を解剖したところ「肉中府蔵ヲ視ルニ疹毒未だ消」えない状態だったことをあげ、麻疹が治った後もしばらくは「裏毒」（体内の毒）が残っているのだと説明している。

麻疹の処刑囚の解剖については蘭方の大槻玄沢（磐水、一七五七―一八二七）も『麻疹啓迪』（享和三年七月序）の中で述べている。[19]解剖に立ち会った「百香園塾生」からの伝聞では「腹内総テ火ノ如ク壮熱」し、「心ト肺トヲ剖《わ》リ日ニ透シ見タルニ内外一面ニ紅点ヲ発シ」という状況だった。麻疹は内臓の中心の肺から紅点が発して全身に及ぶ病であり、体表の発疹が治癒しても体内はいまだ病的状態にあると解釈されている。

巷で言われる毒忌みについては、胡瓜は「生冷ノ変」、「塩梅子」は「酸収」のものであるからだろうと説明する。「生冷」も「酸収」も、中国医書『張氏医通』に書かれた禁忌である。玄沢のような蘭方医も中国医学を基礎として学んでいるため、こういった中国医学に基づく解釈がされたのだろう。

このように医書を見ていくと、麻疹禁忌は特に都市部を中心に広がったものであること、医者の間でも賛否両論あるが、禁忌を支持する医者の中にも医学的な確信のもとに禁忌を説く者から、むしろ技量に自信がないのでやみくもに禁忌流行に追従する者まで、かなり幅があった様子がうかがえる。

禁忌遵守をはじめとする後養生の重視と、その論理的根拠としての「裏毒」(「余毒」とも表現される)への恐怖心は、ことにこの享和の流行以降、都市を中心に医者・患者の両者に広がった麻疹に対する新しいスタンスであった。したがって麻疹の後養生には従来の慣習的養生法では対応しきれず、おのずから人々はメディアによる情報に頼らざるを得ない。また麻疹の長い流行周期は、そもそも各家庭での麻疹養生に関する経験を蓄積することを難しくした。故郷を離れ、単婚小家族を形成することの多い都市では、特にそれが難しい。そこで江戸では一層メディアの情報に対する依存度が高まったのである。

二　麻疹がもたらす特需―文政六年(一八二三)―

1　幕府医官の印施

前掲の多紀元堅著『時還読我書』は、文政六年の麻疹は西国で十一月から流行り始め、江戸は十二月末に始まり翌文政七年二月にピークを迎えて三月に終息したと記す。「大抵ハ軽証ニシテ薬セスシテ癒ル者、亦少ナカラス。故ニ予カ処療セシモノ三百人ニハ満ス。一人モ疑難措手ノ証ニ遇ス」と、全般に軽症だったようである。しかしそのこと と、麻疹が引き起こす生活の混乱の大きさは無関係であった。元堅はこの年、父元簡が享和時に作成した禁忌の印施に補筆して配布しているし、幕府は享和三年同様に「病人食用之青物乾物之内、百合根・長芋・干瓢・大角豆《ささげ》類」「鰹節」と薬種の値上げを禁ずる町触を出している。(20)

幕府医官による印施は、大名家の麻疹対策にも影響を与えた。平戸藩主松浦《まつうら》静山（一七六〇―一八四一）は幕府医官中川常春院（隆玄）の印施『救疹便覧』に載る予防薬の嗅薬《かぎぐすり》、稗風呂および「三豆湯」を江戸屋敷の妻や御殿女中、家臣に実行させたことを、その随筆『甲子夜話《かつしやわ》』に記す。(21) すると、皆感染こそ免れなかったが軽症で済み、麻疹薬として三、四袋蓄えておいた庭の御柳《ぎょりゅう》の葉は一袋しか必要でなかったという。『甲子夜話』に転記された『救疹便覧』をみると、これは享和時に配布された印施の数冊を常春院が折衷して一書に編纂したもので、予防薬だけではなく禁忌についても詳しく書かれている。それはやはり多紀元簡・元堅父子同様、常春院も禁忌を重視したからに他ならない。

2　麻疹養生書の普及

麻疹養生書、すなわち麻疹に特化した家庭医学書が今回は流行の最中に種々刊行された。人々が無料の印施による

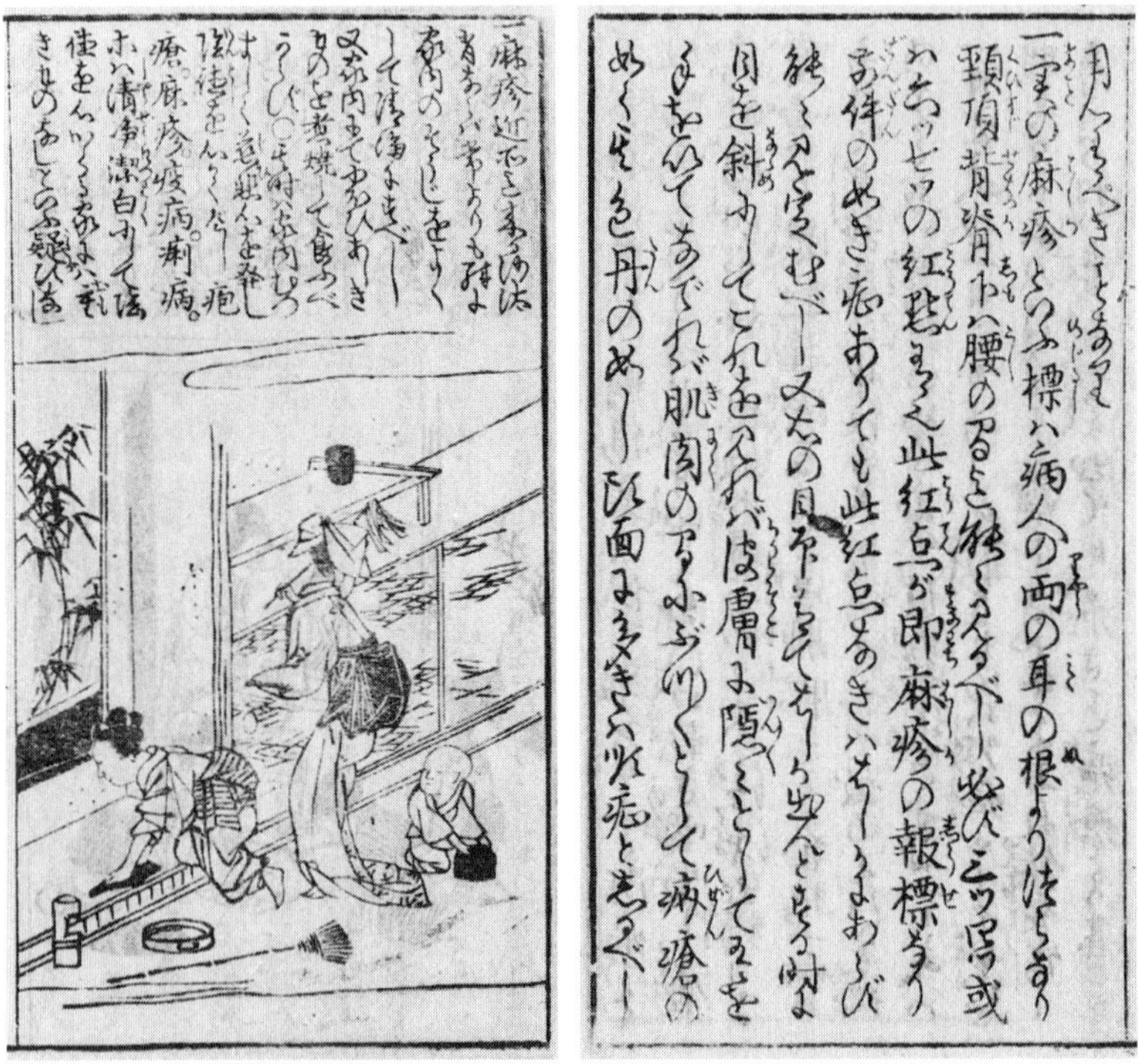

図 27　葛飾蘆菴『麻疹必要』　京都大学附属図書館蔵富士川文庫
麻疹流行が近所に迫ってきたら，家内を掃除して清浄を保つことを勧めている．

情報だけでなく、お金を出してまで麻疹の医療情報を欲するようになっていたことがうかがわれる。麻疹医療情報が市場価値を持つようになったのである。

文政七年正月に刊行された『麻疹必要』は、江戸・京・大坂の三都で同時出版された（図27）[22]。筆者葛飾《かつしか》蘆菴《ろあん》について「多年養生の書を兼而著述」してきたと紹介しており、麻疹養生書の出版が一般的な養生書出版の流れの延長線上にあったことを示す。蘆菴は本書以外にも『痘疹問答』という疱瘡と麻疹の養生書を執筆している。『麻疹必要』には麻疹年表、疹の出方による麻疹の軽重の判断法、病因論、薬の選択法、良医の選び方、禁忌といった多彩な麻疹情報が計二四丁、つまり五〇ページほどの冊子にまとめられている。

本書の医学情報の典拠の多くは、中国医書の麻疹記載にあった。本書は『医学入門』（李梴《りてん》、一五七五年）を引用して麻疹の病理を説明する。中国医書に依拠した情報であることに価値を認めるような読者層が江戸に広がっていて、彼らが詳細な麻疹情報の需要を支えていたことがうかがえる。本書は享和の流行時に、「余毒」すなわち発疹が治癒した後にもいまだ体に残っていた麻疹毒の影響で盲人が増加したと述べ、「後養生」の重要性を強調する。麻疹流行の前から服用する予防薬として紹介している緑豆・赤小豆・黒豆・甘草を加えた煎じ薬は、先に見た多紀元堅や中川常春院の印施、そして文久の麻疹絵に載る「三豆湯」と同じものである。これもその処方のオリジナルは、古くは『三因極一病証方論』《さんいんきょくいちびょうしょうほうろん》（陳言、一一七四年）をはじめ、『赤水元珠』《せきすいげんじゅ》や『証治準縄』《しょうじじゅんばく》などの中国医書に載る「三荳湯」に求めることができる。

『麻疹必要』に載る「食してよきもの」のリストの最後には、「若《も》病人強而《しいて》好む物あらバ、医師に問ふべし」とある。食物の善し悪しの最終的な判断は医者に問うように、というこのアドバイスは、医者にとっても禁忌情報が重要な意味を持った事情をうかがわせる。患者が印施や麻疹養生書を読んで詳細な禁忌情報を蓄え、その上で医者に細かい質問をぶつける。患者の質問に備えて、医者はより詳しい具体的禁忌情報を収集するという構図である。(23)

『麻疹必要』は、麻疹は流行周期が長いので老医師といえども治療経験は少なく、油断はならないと患者に自衛のための注意を促す。適切な治療を受けるためには、患者の側もそれなりの知識を持って医者にかかる必要があった。

3　「はしか銭」に群がる人々

乍昔堂花守《させきどうはなもり》によって書かれ、渓斎英泉が絵を手がけた『麻疹癚語』《ましんせんご》（文政七年〈一八二四〉春刊）は、享和三年の式亭三馬著『麻疹戯言』に倣って著したと著者自らが記す通り、麻疹景気に浮かれる世間を揶揄した戯作である。種々のまじないが金儲けの手段に過ぎないことを、「はしか銭をしてやらふと、人たらしの多羅葉に、麦どのの歌をそへて売あるく奴あれば、食物の能毒を施印にして配るもあり」と、醒めた目で描写する。「人たらしの多羅葉」とは、たら葉《よう》の木の葉に「麦殿は生まれぬ先に麻疹して　かせたるのちは我が身なりけり」という有名な麻疹まじない歌を書いたものである。本来は各家で手作りされる品だが、こんな安直な物まで出来合いが売られ、商売として成立するのが大都市の消費生活であった。

麻疹神については「近年半田稲荷の鈴振りが、疱瘡も軽い、麻疹もかるいとひと口にうたひ出して、どうやら痘神《いもがみ》の居候のやうにはきこゆれど、まだ赤の飯にもありつかづ、醴《あまざけ》もふるまハれづ、木兎《みみづく》・達磨の御伽もミえねば、さらに神とはいひがたし」とある。疱瘡神のように神棚があるわけでもない、と三馬同様に麻疹神を茶化す。「半田稲荷の鈴振り」とは序章の疱瘡の項で言及した半田稲荷の願人坊主のことである。

こういった麻疹戯作が麻疹流行の最中に迅速に刊行されていくプロセスを、『麻疹御伽双紙』（著者未詳）は前書きに記す[24]。それによると著者は、一月二十七日付の執筆依頼状を二月一日に受け取り、二月二日夜に原稿を仕上げ清書して入稿した。「いつれ発兌急ぎ候事、肝心と存候」と、迅速に出版するために、入稿原稿に添えた版元宛のこの手紙をそのまま前書きに転用するよう指示している。市場を睨みながら戯作者に原稿を発注し、即座にそれに応えて入稿する、戯作者と版元の商機を逃さぬあうんの呼吸、そしてその商魂のたくましさを面白がり、この前書きの趣向を洒落として楽しむことのできる、都会の読者たちの姿が浮かび上がる。

本書は種々の生薬が武将の姿に擬人化され、それらが麻疹鬼を成敗するという単純な筋書きの作品である。が、擬人化された生薬と麻疹鬼の挿絵は三八年後の文久二年（一八六二）流行時の麻疹絵に採用される趣向で、麻疹出版物が長い流行間隔を挟むにもかかわらず、前回流行時の出版物を模倣しながら作成されたことを示している（図28）。

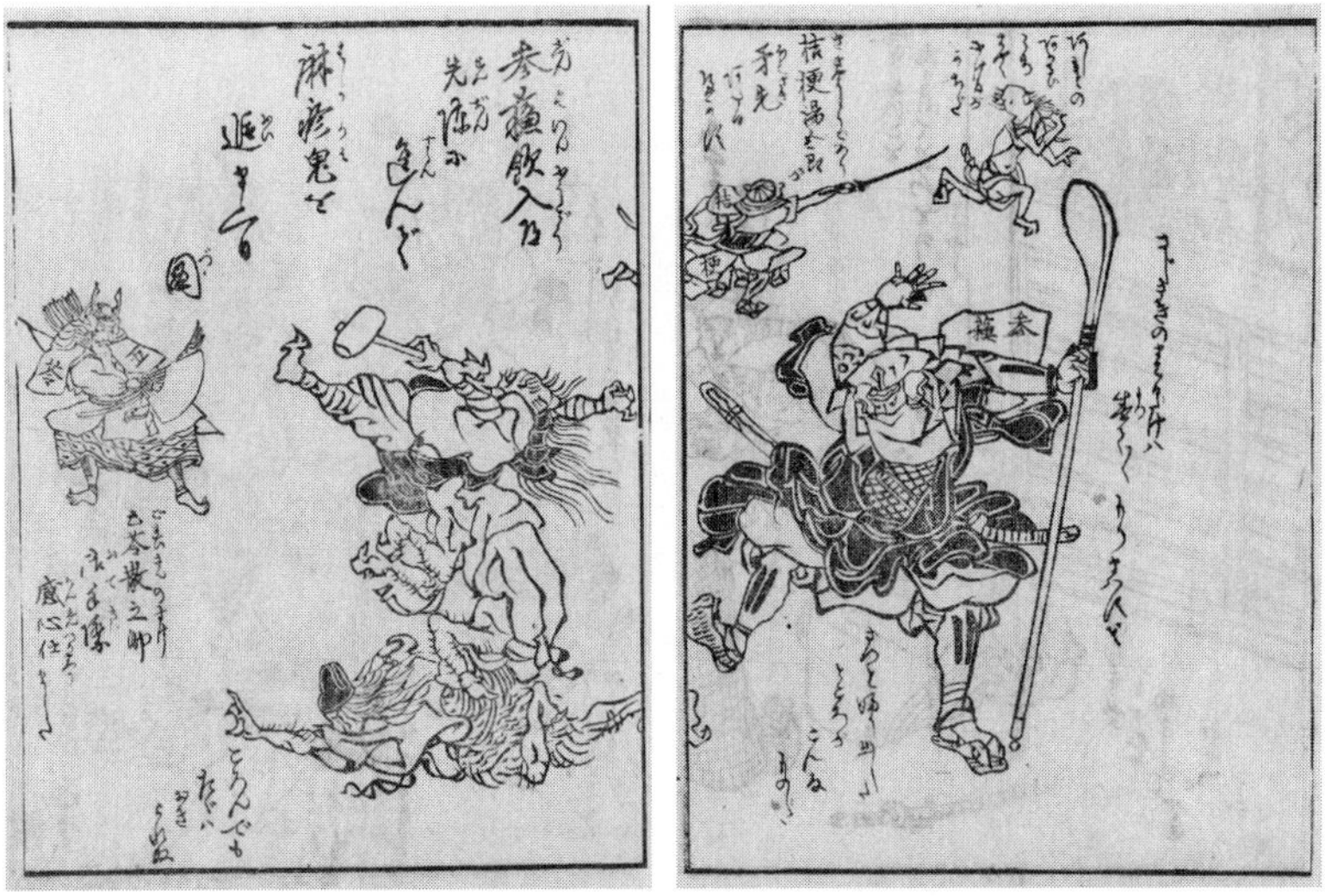

図28　『麻疹御伽双紙』　京都大学附属図書館蔵富士川文庫

麻疹戯作は大人への麻疹見舞の品としても使われた。麻疹養生書『麻疹養生伝』は十返舎一九（一七六五—一八三一）が本名の重田貞一で文政七年（一八二四）正月に板行した書だが、麻疹療養中には「肥だちかかりて腹たつこと、かなしむことすべて気をつかふことあし、只人と雑談をなし、草紙などよみて退屈せざるがよし」と、おしゃべりや麻疹書の読書で心の安寧を保ち、気を紛らわすことを勧める。本書の最終ページには十返舎一九の名で書いた『西国麻疹雑談』と『右之通麻疹に寿福請取帳』という二冊の麻疹戯作の宣伝が載る。後者の宣伝文には「はしかのことをおもしろおかしく書つづりたるなれハ、麻疹の御見舞いによき絵ざうしなり」とある。麻疹見舞いの品としても使われたという点では麻疹戯作は疱瘡絵本と同じ性格を持つ。ただし、子どもに贈られた疱瘡絵本が単なる慰めの品ではなく紅一色で刷られて呪術的性格を併せ持ったのに対して麻疹戯作は娯楽に徹している。

三　文久二年（一八六二）麻疹騒動

1　天保七年（一八三六）の小流行

文政七年（一八二四）の次の流行は通常よりやや周期が早く、一二年後の天保七年にやってきた。そのせいもあってか、この時の麻疹の広がりはさほど大きくなかったらしく、『武江年表』は「七月、麻疹流行」と記すのみである。医師である下條治徳の『麻疹流行年紀』（慶応三年〈一八六七〉）も、このときの治療経験を「小児斗《ばかり》ニテ至テ軽症」と記す(25)。

流行期間中の麻疹関係書籍出版も確認できない。麻疹による社会的混乱があった様子もなく、麻疹に関連した江戸町触も残っていない。

だが、この麻疹が人々の生活に影響を与えなかった最大の理由は、天保飢饉の渦中の流行だったからだろう。天保四年から本格的に始まった飢饉は全国に餓死や捨て子、行き倒れを発生させ、江戸の町でも米価高騰と、地方からの流入者や行き倒れが増大した。このような状況を受けて、町会所は米価高騰を理由に天保二年から八年にかけて再三の御救を実施している(26)。麻疹流行中の天保七年七月より九月の御救では、約三十五万人の下層民に米を給付し、同年十一月より翌八年四月には約四一万人に給付した。二一ヵ所もの御救小屋も設置されている。江戸町方のほとんどの家庭では、麻疹養生のために金銭を費やす余裕はなかったはずである。

ただ、天保の麻疹が通常より短い周期でやってきた小規模な流行だったことが、次の文久二年の大流行を引き起こすることになる。

2　膨大な死者数情報

文久二年の麻疹流行は、江戸では夏から始まった。天保七年の小流行をとばすと文政七年から文久二年の流行までの三八年間の空白が、文久時に多くの患者、特に症状の重い成人患者を多く生んだ。さらに八月に入るとコレラ流行がここに重なって、ますます死者は増加する。江戸で古本屋を営んでいた須藤由蔵による幕末江戸市中の諸事記録『藤岡屋日記』は、江戸町奉行支配下の市中名主が書き上げた六月から八月の死者数を、一万四二一〇人と記している。(27)

幕府編纂の史書『徳川実紀』によれば、江戸城では麻疹病人やその濃厚接触者である看病人を徹底的に将軍御座所周辺から排除したにもかかわらず、将軍家茂と御台所の和宮も罹患している。このとき和宮の治療をした幕府医官が、着任早々の緒方洪庵（一八一〇—六三）である。

『武江年表』によると、流行の始まりは長崎の出島に三月に停泊した西洋船だった。ここから麻疹は京・大坂へ伝わり、江戸へは小石川のある寺の僧が、中国地方から帰ってくるときに感染して伝えたと噂された。Ⅱ第一章「流行り風邪」でも触れたように、江戸時代の人々は感染症の多くが長崎の出島を介して外国からもたらされ、流行は街道を伝わって北上していくことを経験的に認識していた。医学書や養生書、また後述する麻疹絵にも、麻疹は欽明天皇十三年（五五二）に異国から伝来したと説明されている。医学理論上の「天行時疫」という考え方より、人を介する伝染という経験知のほうが実感されていたようだ。

『武江年表』は「文政・天保の度にかはり、こたびは殊に劇して、良医も猥《みだり》に薬餌を施す事あたはず」と、今回の麻疹の症状は過去の流行に比べて大変重く、医者が文字通りさじを投げるようなありさまであったと記す。次のように死者の多さも強調している。

七月より別けて盛にして、命を失ふ者幾千人なりや量るべからず。三昧の寺院、去る午年暴瀉病流行の時に倍して、公験《くげん》を以て日を約し、荼毘の烟とはなしぬ。故に寺院は葬式を行ふにいとまなく、日本橋上には一日棺の渡る事二百に曁《およべ》る日もありしとぞ

「去る午年暴瀉病」とは安政五年（一八五八）のコレラ流行をさすが、その時よりも死者が多かったと述べる。安政のコレラ流行時同様に、焼き場が混雑してすぐには遺体を焼いてもらえず、「公験を以て日を約し」、つまり予約票によって順番待ちをしている。

さらに、今回の流行でも「麻疹の後養生懈《おこた》りて再感せるもありしとか」と麻疹の後養生の重要性が言われたこと、不況に陥った職種も従来通りで、「銭湯、風呂屋、篦頭舗《かみゆいどこ》更に客なし。花街《いろまち》の娼妓各煩ひて来客を迎へざる家多かりし」とある。

幕府の対応は、これまでの麻疹流行時の対応を踏襲するものであった。町会所で諸物価高騰と麻疹流行を理由に七月上旬から貧民に対して御救が実施された。江戸町触では七月以降、家持町人たちによる麻疹薬・米・銭などの施行を褒める通達が重ねて出され。麻疹によいとされた食品と薬種の値段の引き下げも命じられている。[28]

『武江年表』は、江戸の各町で神を鎮めるための山車や踊り、練り物、臨時祭が盛大に行われたと記す。

八月の半ばより、町々木戸に斎竹を立て、軒に奉灯の挑灯を釣り、鎮守神輿獅子頭をわたし、神楽所をしつらへて神をいさめ、この禍を攘ふといへり。後には次第に長じて大なる車楽を曳渡し、伎踊邌物《おどりねりもの》を催して街頭をわたす。此の風俗一般になり、又諸所の神社にも臨時の祭執行せしもこれあり

江戸の町は麻疹流行によって沈むどころか、むしろその地域と規模を拡大させながら祭礼状態となっていった。

3 麻疹絵登場

麻疹情報はこの年も出版物の形で大量に流布した。麻疹養生書や麻疹戯作のような商業出版だけではなく、享和・文政時と同じく無料の印施も多く出された。印施の施主は有徳の個人に加えて、領主層や周辺村落の支配層、社倉にまで及んでいる。入手した印施を自分のお金で再刻して周囲に配布した者もいた。

先に見た享和三年（一八〇三）刊行の麻疹医書『麻疹顕証録』は、印施によって禁忌が広がることを批判していた。が、その傾向は時代が下がっても変わらない。それどころか麻疹禁忌情報は享和、文政、文久と流行を重ねる中、江戸を中心に情報量を雪だるま式に増大させながら、印施だけではなく様々な出版物によってますます広まった。大量の情報を各自で吟味するために、さらに情報への要求が高まるという循環の構図も想定される。

麻疹情報への需要の高まりに応えるかのように、文久二年（一八六二）に新たに登場した媒体が麻疹絵であった。近世史の富沢達三の研究によれば、麻疹絵の誕生には幕末の出版統制が深く関わっていた[29]。水野忠邦（一七九四―一八五一）による天保改革のもと、錦絵出版は風俗統制の一環として美人画や役者絵を禁じられたり、価格上限が設定されたりといった厳しい制限を受けた。そのなかで歌川国芳（一七九八―一八六一）が、時事的・風刺的な内容を扱って江戸庶民の人気を博し、錦絵の新たな可能性を開拓する。そして天保改革の終了後に出版規制が再びゆるむと、他の絵師や版元もこの領域に参入し、瓦版を母胎とするニュース性の強い時事錦絵の出版に結びついた。ことに嘉永以降は幕府の目を恐れて政治的な画題を避けた結果、嘉永二年（一八四九）の流行神ブームにちなんだ流行神の姿絵や、安政二年（一八五五）の大地震にちなんだ鯰絵《なまずえ》（図29）などが板行されてブームとなる。文久二年の麻疹絵板行は、こ

図29「大平の御恩沢に」（安政２年）　東京大学総合図書館蔵石本コレクション

の流れの延長線上にあったとされる。

色刷りの一枚絵である麻疹絵は、従来からある養生書や戯作よりもビジュアル的にはるかにインパクトのある情報媒体であった。時代の最新流行を常に反映する絵草紙屋店先のディスプレイのなかにあっても、真っ先に目に入る存在だったろう。麻疹絵には麻疹禁忌や薬、麻疹を軽くするまじない、麻疹年表、麻疹によって儲かった商売と損をした商売の風刺、麻疹神、麻疹の端唄など、過去の流行の中で蓄積されてきた様々な情報が細かくカットされて、色鮮やかな絵とともに盛り込まれていた。

過去に人気を博した時事錦絵の構図をそのまま借用することもした。たとえば流行神の錦絵によく見られた流行神三人による拳《けん》遊びの図を、「麻疹拳」なるものに作り替えてみたり、鯰絵で人気だった、地震で被害を受けた者たちが地震鯰を打擲する図を、麻疹で不景気になった職業の者たちが麻疹鬼を打擲する図に作り替える（図30）、といった具合である。文政七年（一八二四）刊の戯作『麻疹御伽双子』の挿絵が、ほぼそのまま文久二年四月板行の麻疹絵に彩色されて登場するという事態も見受けられる。

麻疹絵が登場する前から感染症の浮世絵としては疱瘡絵《ほうそうえ》がある。が、疱瘡は江戸時代すでに小児感染症であったため、絵柄は張り子のミミズクや起き上がりこぼしといった疱瘡玩具、素戔嗚尊《すさのおのみこと》・鍾馗《しょうき》・八幡太郎義家のような疱瘡の守護神たちの絵姿であり、病児の枕元に病気治癒の祈りを込めて貼られた。大人を対象として情報伝達や風刺・滑稽

図 30 「麻疹退治」 筆者蔵

麻疹鬼を麻疹で不景気となった芸者や床屋，落語家などが打擲し，儲かった医者・薬屋・按摩がそれを制止している．上部右半分に麻疹中に忌むべき事項と食物（「きん物」），左半分に食べて良い物（「よき物」）が列記される．

といった内容を盛り込んだ麻疹絵とは、絵柄も用途も異なる。

麻疹絵を医療情報媒体として評価すると、その画期性は医療情報を消費財として安く大量に供給した点にある。『張氏医通』のような輸入中国医学書が、『麻疹精要』に代表されるような平易な医療技術書へ書き換えられて、さらに素人向けに簡便化され無料の印施や商業出版ベースに乗った麻疹養生書となり、それらがばらばらに解体・裁断されて行き着いた先が麻疹絵だった。高度に発達した江戸の出版文化はこれらのプロセスを通じて、巨大都市江戸独自の麻疹世界を形成することに大きく寄与したのである。

麻疹絵の影響力の大きさは、その情報を享受する側のあり方にも左右された。人々が禁忌情報を懸命に集め、かつ真面目に実践した理由は、ひとつには禁忌が医学的知に裏付けられているという認識を、大なり小なりもっていたからだった。麻疹養生書に中国医書の権威を求める読者の心性については、先に述べた通りである。医療や養生の文化が日々の生活の中に浸透していたからこそ、禁忌がもたらす社会的混乱も拡大する。麻疹騒動が、医療への依存度のより高い都市部を中心に起こったゆえんである。

経済的混乱を招くほどに多くの人々が禁忌を遵守したもう一つの理由は、自分たちが日頃享受している都市型生活様式、それは勤勉を旨とする養生思想に反するような、徹底した消費型生活様式であったわけだが、それに対して漠然とした不安を抱いていたからだろう。麻疹禁忌は潜在的な〝都会人の健康不安〟を巧みに突いて、人々を禁忌遵守へと走らせたのである。麻疹禁忌が否定したのは、毎日銭湯で入浴する、髪結床で頻繁に流行の髪型を結ってもらう、遊廓で買春する、飲酒習慣をもつ、芝居小屋に通う、唄や三味線などの音曲に興じる、全国各地から集まる多様な食材を楽しむ、煮売屋の手軽なおかずやそば屋などのファストフードに頼るといった都会の生活文化であった。同じように麻疹が流行しても、地方では江戸のような激しい経済的混乱に陥らなかった事情も、この辺りにある。

おわりに

麻疹は本章冒頭でも示したように、非常に感染力が強い。江戸時代の人々にとっては感染を逃れることを考えるより、軽く済ませる手段を実行するほうが現実的である。その現実的対応のひとつが麻疹禁忌であった。麻疹絵の禁忌情報は中国医学を基礎とする麻疹病理に基づくもので、幕府医官も積極的に発信した当時の〝正しい医療情報〟であった。

実際、熱を下げたり下痢をおさえるなど不快な症状を緩和させる麻疹薬を服用するとともに、麻疹禁忌に従って脂の強い食品、刺激物、生ものやアルコール類などを避けて胃腸を保護し、定められた安静期間を守ることは、麻疹を重症化させないために一定の効果があっただろう。

そのように考えると、江戸の麻疹対策とは麻疹とうまく折り合いを付けて生き抜くためのすべ、麻疹との「共生」を志向するものといえる。だが、その「共生」のバランスを崩して麻疹パニックを引き起こさせたのが、流行病を商機とみなして「はしか銭」に群がる商業主義である。医療の広範な普及と、それに伴って高まる医療への依存を前提に、麻疹後養生薬や麻疹関連出版物、まじないの品等が次々に商品化され、人々を購入へと駆り立てていく。

こうして「はしか銭」で潤って、医学書や戯作、麻疹絵のなかで批判されたり揶揄されたりするのは、もっぱら医者や按摩といった医療従事者と薬屋、それに宗教関係者であった。だが、人々の消費行動を後押しした最大のファクターは、彼らを批判しているメディア自身であったろう。

特に本章で扱った享和の流行以降は、二〇年程度の間隔で流行することを期待して、流行前から麻疹医学書が出版され、麻疹ムードが作られた。文化・文政期に至って養生書出版ブームが起こり、都会を中心に健康情報がますます商品価値を持つ時代になると、その傾向に拍車がかかる。流行時には素人向けの麻疹養生書がこぞって麻疹流行年表を載せ、流行間隔が長いことを読者に強調してみせた。麻疹は家庭内で療養経験を蓄積することが難しいばかりか、医者も治療に不慣れであてにならないと忠告して人々を不安に陥れたのである。

しかも出版にあたっては、過去のデータにさらにその年登場した新たな禁忌やまじないが追加され、流行を重ねるたびに情報量が増大していった。こうして文久二年（一八六二）の麻疹絵の登場を待つまでもなく、享和の麻疹流行の時から、江戸は麻疹情報にあふれて半ば人為的に大きな混乱に陥るようになった。

災害時の混乱を商機とみて情報を売りさばくメディアを揶揄するのが安政二年（一八五五）、江戸大地震の際に発行された鯰絵「大平の御恩沢に」である（図29）。被災したり、地震で客の入りが悪くなった商売の人々が、地震を起こした鯰を打擲している。それを制止して鯰をかばうのは、地震による火事現場で活躍する火消し、普請ラッシュで儲かっている大工、そして地震被害情報の瓦版を日々売り歩く読売である。浮世絵の板元は自分たちを読売とは異なると認識していたからここに描いたのだろうが、出版メディアという分類で見れば同業者である。

ただし、出版メディアは幕府の取り締まりを意識しつつも、風刺をこめた諧謔も発信している。麻疹絵に描かれた、麻疹銭を儲ける医者と薬屋への揶揄、麻疹鬼（神）に対する打擲の図には、悪徳業者に対する批判だけでなく、そのような状況を容認している幕府に対する不満も込められていただろう。ひとたび流行病がはやれば一気に生活苦に陥るその日暮らしの下層民を大量に抱え込んで成り立つ巨大都市江戸。豊かな消費生活を享受しているようでいて、現実には不安定な生活を強いられた人々にとって、災害時の幕府施策のありようは文字通り生き死にに関わる問題だった。麻疹絵や鯰絵が描く、怒って拳を振り上げる民衆の姿は、都市の打ちこわしの図を連想させる（図23）。

もちろんこのような浮世絵が直接幕府政治を変えたり、人々の動きにつながるわけではないだろう。だが、幕府が浮世絵に対しても細かい出版統制をかけ、また自主規制を強いたことを考えれば、メディアが発信する小さなメッセージの集積は、時として江戸の町の人々の意識や行動に変化をもたらす可能性があった。(29) 少なくとも幕府はそのように捉えていた。

さて、江戸時代の麻疹流行は文久二年（一八六二）が最後で、次の流行は明治十八年（一八八五）であった。この年も文久二年同様に麻疹絵が出版されたものの、出版部数はさほど多くなく、現存する作品は少ない。明治の麻疹はすでに「はしか銭」をもたらすような病ではなくなったのである。

明治以降のグローバルな感染症ラッシュのなか、明治政府の衛生行政は防疫を主眼とし、特に明治前半は急性感染症対策に力が注がれた。(30) ただし、その対象に麻疹は含まれない。明治十三年、衛生行政を担う衛生局によって「伝染病予防規則」が公布されるが、対象とされた感染症はコレラ・腸チフス・赤痢・ジフテリア・発疹チフス・痘瘡であった。さらに明治三十年には、ここに猩紅熱とペストを加えた「伝染病予防法」が公布される。

麻疹はといえば、人や物の往来が盛んになるなかで特に明治三十八年以降、大都市においては疱瘡同様に二年おきくらいの間隔で流行を繰り返す小児感染症となった。それは長い流行間隔をもつ海禁日本の麻疹病理からの完全な離脱であり、とりもなおさず、本章でみてきたような江戸的麻疹世界の終焉を意味していた。

注

（1） 香月牛山『牛山活套』近世漢方医学書集成六一、名著出版、一九八一年。

（2） 麻疹患者数は麻疹ワクチンの普及で二〇一〇年から減少傾向にあったが、二〇一七年以降は接種率の低下により再び増加している。本章の現代の麻疹に関する記述は下記のホームページ情報に依拠する。「日本ユニセフ協会」https://www.unicef.or.jp/news/2020/0236.html、「国境なき医師団」https://www.msf.or.jp/news/measles.html、「国立感染症研究所」

https://www.niid.go.jp/niid/ja/diseases/ma/measles.html、「在ニューヨーク日本国総領事館」https://www.ny.us.emb-japan.go.jp/oshirase/2019-04-09.html（いずれも二〇二一年七月十一日閲覧）。

（3）江戸の麻疹とメディアとの関連についてとりあげた先行研究には南和男「文久の「はしか絵」と世相」（『日本歴史』五一二号、一九九一年一月）、加藤光男「浮世絵を読み直す―江戸っ子のマスメディア―」（『研究紀要』埼玉県立歴史資料館、二〇〇〇年）、同「文久二（一八六二）年の麻疹流行に伴う麻疹絵の出版とその位置づけ」（『文書館紀要』一五号、埼玉県立文書館、二〇〇二年）、富沢達三『錦絵のちから―幕末の時事的錦絵とかわら版―』（文生書院、二〇〇四年）などがある。

（4）斎藤月岑『武江年表』今井金吾校訂『定本　武江年表　中』筑摩書房、二〇〇三年。

（5）『江戸町触集成』一二一七六。

（6）『江戸町触集成』一二一七八。

（7）『江戸町触集成』一二一八四・一二一八六・一二一九六・一二一九三。

（8）吉田伸之『近世巨大都市の社会構造』東京大学出版会、一九九一年。

（9）式亭三馬『麻疹戯言』京都大学附属図書館蔵富士川文庫。

（10）張璐玉『精校張氏医通』自由出版社、一九七五年。

（11）管橓編輯・龔居中増補『保赤全書』京都大学附属図書館蔵富士川文庫。

（12）多紀元堅『時還読我書』京都大学附属図書館蔵富士川文庫。

（13）乍昔堂花守『麻疹癚語』京都大学附属図書館蔵富士川文庫。

（14）香川雅信「疱瘡祭りと玩具―近世都市における民間信仰の一側面―」『大阪大学日本学報』一五号、一九九六年三月。

（15）村井琴山『麻疹略説』杏雨書屋蔵。

（16）稲葉賛水『麻疹顕証録』杏雨書屋蔵。

（17）原南陽口授『叢桂亭医事小言』近世漢方医学書集成一九、名著出版、一九七九年。

（18）赤浦（長島）養三『麻疹薬按』京都大学附属図書館蔵富士川文庫。

（19）大槻玄沢『麻疹啓迪』杏雨書屋蔵。

（20）『江戸町触集成』一二二二五。

（21）松浦静山『甲子夜話』四、東洋文庫三三三、平凡社、一九七八年。
（22）葛飾蘆菴『麻疹必要』京都大学附属図書館蔵富士川文庫。
（23）加藤光男は北武蔵野の蘭方医小室家が文久二年に麻疹絵を入手した理由を、禁忌と養生方法という実用情報に関心があったからだと指摘している。加藤光男前掲論文「文久二（一六八二）年の麻疹流行に伴う麻疹絵の出版とその位置づけ」。
（24）著者未詳『麻疹御伽双紙』京都大学附属図書館蔵富士川文庫。
（25）下條治徳『麻疹流行年紀』杏雨書屋蔵。
（26）吉田伸之前掲書。
（27）須藤由蔵『藤岡屋日記』『近世庶民生活史料』第一〇巻、三一書房、一九九二年。
（28）『江戸町触集成』一六七一三・一六七一九・一六七二一・一六七二三・一六七二八・一六七三七・一六七四二、一六七一四・一六七一五。
（29）錦絵に対する出版統制については富澤達三前掲書参照。
（30）藤野豊『強制された健康—日本ファシズム下の生命と身体—』吉川弘文館、二〇〇〇年。

第三章　疱瘡（天然痘）

――共生から予防へ――

はじめに――「おやく」としての疱瘡――

江戸時代、疱瘡《ほうそう》は麻疹《はしか》・水痘《みずぼうそう》とともに、一生のうちに一度経験せざるを得ない、いわば逃れようのない病として「お役」「お厄」とも呼ばれた。疱瘡見舞に使われた紅一色刷りの病児向け絵本を疱瘡絵本と呼びならわすが（図31）、その内の一冊、『疱瘡安躰《ほうそうあんたい》さゝ湯《ゆ》の寿《ことぶき》』（江戸後期）には、「こどものおやくで、ぜひほうそうはいたすがさいはひ」とある[1]。

江戸時代の医学はこのような疱瘡の逃れようのなさを、おおむね胎毒の問題として説明してきた。母親の胎内から受け継いだ胎毒が、疫気にあった時に誘発されて外に出て来るのが疱瘡であり、胎毒が膿となって出きってしまえば治癒し、再感しないと説明されたのである。

現代医学からみた疱瘡は、天然痘ウイルスを病原体とする感染症である。感染経路は飛沫感染と接触感染の両方で、ウイルスに汚染された患者の衣類や寝具も感染源となるような、感染性の高い病気だ。一回かかれば終生免疫が得られて再感染することがない。このような高い感染性と終生免疫獲得という疱瘡の特性が、江戸時代の「おやく」「いたすがさいはひ」という、現代人からすれば〝開き直り〟にもみえる認識に結び付く。

図 31　疱瘡絵本　十返舎一九『軽口噺』（享和 3 年）　国立国会図書館蔵

その症状は、平均十二日間程度の潜伏期の後に、急な高熱と共に発病する。発病後の経過は発疹期→小疱・膿疱期→結《けっ》痂《が》期（かさぶたになる）→落痂期（かさぶたが落ちる）と、全体で二、三週間かけて規則正しく進行する。重篤な疱瘡の場合はこれらの過程で高熱が続いたり、発疹が全身に及び膿疱がなかなかかさぶたにならなかったり、かさぶたが落ちてもその痕が化膿したりといった様々な症状が出た。

水戸藩の藩医本間玄調（棗軒《そうけん》、一八〇四―七二）著『種痘活人全弁』（弘化三年〈一八四六〉刊）は種痘の有効性を説く書だが、疱瘡にかかれば一〇〇人中三〇人は死亡、三〇人は死を免れても「あばた」・「盲聾」・四肢の障害が残ると記す。[2]江戸時代、疱瘡による中途失明者が多かったことはよく知られている。

疱瘡痕が多く残ったときの不幸については、同じく種痘を広めるための書である松本元泰（一七九〇―一八八三）著『疱瘡問答　附種痘説』（嘉永三年〈一八五〇〉十一月序文）の挿絵も強調するところである。[3]親が種痘させなかったためにあばた面になった娘が怒りで鏡を庭に投げ捨てる図、まわりの子

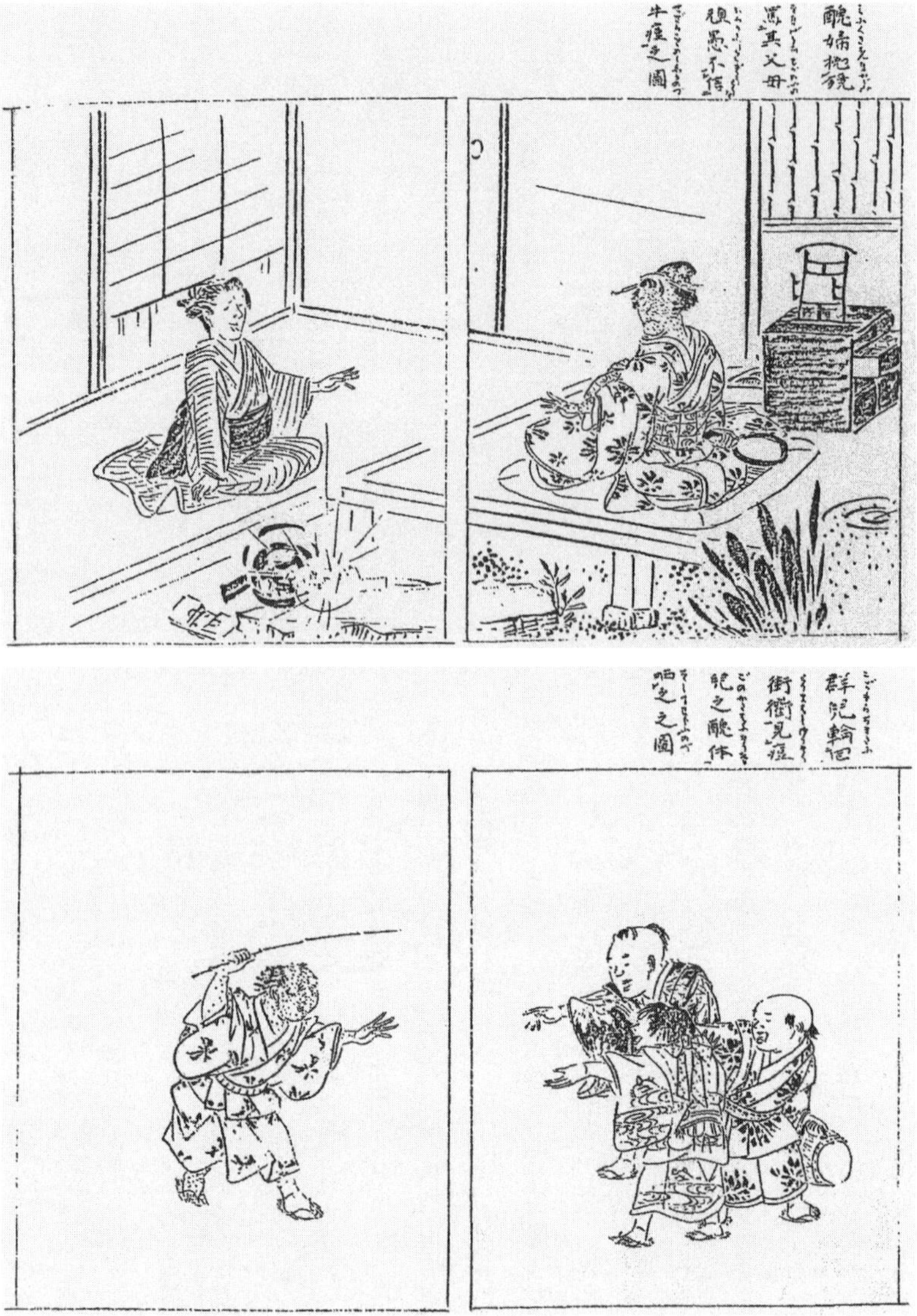

図32　松本元康『皰瘡問答　附種痘説』（嘉永3年）

どもたちに痘痕をからかわれる幼児の図が載る（図32）。種痘という新しい技術に対する親たちのためらいを払拭するのに、疱瘡痕を回避できるというメッセージが効果的とみなされていることがわかる。Ⅱ第二章「麻疹」でも紹介したように、江戸時代のことわざで「疱瘡は見目定め、麻疹は命定め」というが、まさに「疱瘡は見目定め」であった。

　深刻な被害を愛児にもたらす病であるが、江戸後期になると人や物の行き来が盛んになるにつれて、疱瘡の流行頻度は高くなった。『皰瘡問答　附種痘説』は「今は僅に三五年を隔て行れ来ることとはなりぬ。近世京阪（ママ）の如は年中疱瘡たゆることなし。因て人亦疱瘡の所以を能知り、反て大に恐るる者なし」と記す。本書が書かれた幕末期には、都会では疱瘡は年中流行し、地方であっても三年から五年おきに流行するようになっていた。人々は疱瘡を熟知していて、ひどく恐れたりはしないという。

　もちろん、疱瘡の致死率の高さや後遺症の悲惨さは続いている。が、日常生活の中に常住するようになった疱瘡は避けることができないのだから、「おやく」として受け入れ、少しでも軽症でやり過ごすことを願わざるを得ない。それは、疱瘡との「共生」と表現して良い状況である。

　疱瘡のような致死率の高い小児感染症と「共生」するとは、いったいいかなる状況だったのだろうか。避けられない疱瘡との「共生」という事態のなかを、人々はどう生き抜いたのか。また、効果や安全性に対する信頼がいまだ未確立だった種痘を、人々はどのように受け止めたのだろう。

　本章では、幕末期の日記史料をたどることによって個人的な疱瘡経験を復元し、感染症との共生の厳しい現実を確認していく。日記は二冊。いずれも種痘が積極的に推奨された、江川太郎左衛門代官所支配地の宿場町住人の手になる。一冊は『袖《そで》日記』と名付けられた駿河国富士郡大宮町の造り酒屋主人枡屋弥兵衛（一八二〇—七三）のもの、もう

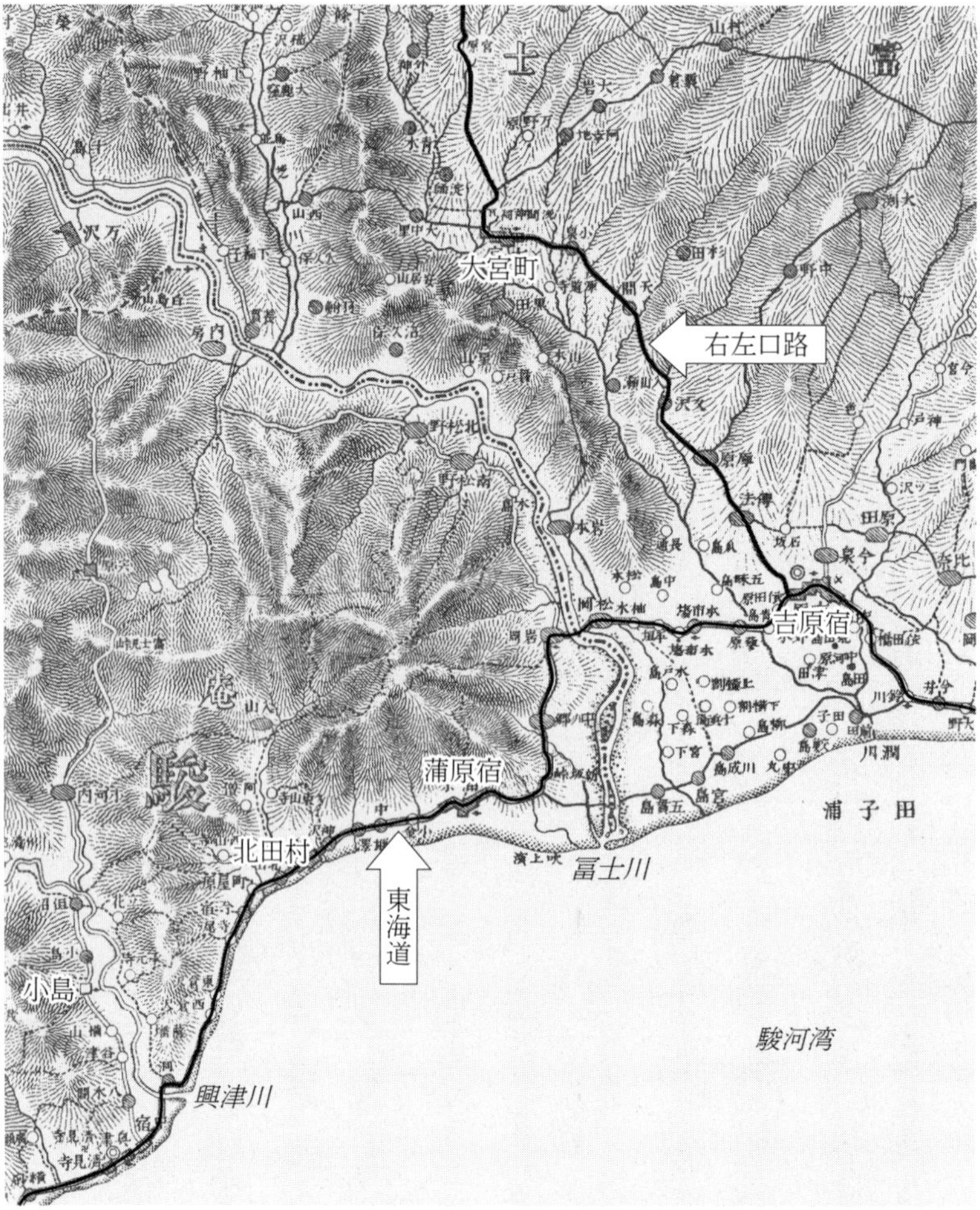

図 33　大宮町・蒲原宿周辺地図　平凡社『日本歴史地名大系』特別付録「静岡県全図」より，一部加筆

一冊は『金瓚生涯略記《かねよし》』という、駿河国庵原郡蒲原宿の材木商などを営んだ渡邊金瓚（一七八四—一八五三）によるものである。(4) 富士郡と庵原郡は富士川を挟んで接しており、大宮町と蒲原宿の疱瘡流行はこれから見ていくように連動している（図33）。したがって両方の史料をあわせみることで、同じ年の流行でも当事者である子ども、家族、共同体によって多様な疱瘡経験があったことが理解されるだろう。

一　大宮町枡屋の場合

1　長男松太郎の疱瘡

まず『袖日記』から、枡屋弥兵衛の子どもたちの疱瘡経験についてみていこう。大宮町は甲府城下と東海道吉原宿を結ぶ右左口路《うばぐちろ》（中道往還）の宿駅であった。また富士浅間神社の門前町でもあり、西日本からの富士参詣登山口にあたる。

幕末の大宮町は幕府領と富士浅間社領の相給地で、繁華な右左口路に沿って中宿《なかじゅく》・神田《かんだ》・連雀《れんじゃく》・青柳《あおやぎ》という幕府領四丁が並ぶ。枡屋はこの中の神田丁にあって、村役人を務める家である。

現存する『袖日記』は天保十四年（一八四三）から文久三年（一八六三）までの約二〇年分（一部欠損）、記録されている疱瘡の流行は嘉永元年（一八四八）冬から同二年五月、嘉永五年十二月、嘉永六年八月から嘉永七年三月、安政四年（一八五七）二月、安政六年二月、文久二年（一八六二）五月の計六回である。半年以上流行が続くときもあり、収束しても翌年また流行することも珍しくない状況であったことがわかる。日記史料であるために、記録者の関心によって記載の有無が左右され、全ての流行期間を把握することはできない。だが、人々の生活の中に疱瘡が侵入してくる頻度が、右左口路の宿場町である大宮町では頻繁であったことは確認できる。

感染前の祈願　長男の松太郎が疱瘡にかかったのは、弥兵衛が三〇歳、松太郎が三歳になる嘉永二年（一八四九）の春の事であった。駿河国富士郡周辺では、嘉永元年冬から翌嘉永二年五月まで、疱瘡が近郷を移動しながら流行した。

弥兵衛による我が子の疱瘡対策は、近郷で疱瘡が流行り始めたという情報が入ってきたことを受け、かかっても軽症で済むよう神仏へ祈願することから始まった。まずは嘉永二年正月十八日、身近な神田丁内の道祖神を祭り、「疱瘡をかるくする呪」をした。このとき近所の小供四、五人へ「振舞」をしている。疱瘡除けではなく、軽くするまじないという点が、当時の人々の疱瘡に対する覚悟や諦観を示しているだろう。

同二十一日には男四人で、疱瘡祈願で有名な曽比奈村八王子権現へ参詣した。おそらく、いずれも疱瘡にまだかかっていない小さい子どもがいる若い父親たちだろう。疱瘡の御守りとあわせて、境内にある疱瘡への効験で著名な八王子ケ池の「御水」を授与された。ここでは豆三粒を借りて疱瘡が済んだら倍返しする習慣があった。その足でさらに杉田新田の子安大菩薩などを拝んで帰路に就く。

二月十三日、ついに大宮町にも疱瘡が入ってくる。「此節近在当町疱瘡流行」「去冬より疱瘡流行、町方大方いたす。近在又多し。七年目なり」とあって、多くの子どもが罹患していった。わざわざ「七年目」と記されたのは、右左口路の宿駅であった大宮町にとって、疱瘡は先に見たように数年間隔で起きるのが当たり前になっていたからだ。七年目の流行ということは、疱瘡の感染力の高さを考慮すると七歳以下の子どものほぼ全員かかる可能性があり、病児の数は例年の流行をはるかに超えたであろう。一人息子を育てている弥兵衛が、大宮町への流行侵入前から神仏への祈願を怠らなかった心情も理解される。

三月二日に「桶伝小児、疱（瘡）にて死去」とある。近所の桶伝ではすでに二月に五歳の子どもが感染して痘が目に入り、ずっと眼病を病んでいたが、四月九日にはこの子も死去する。疱瘡は家内で一人病めば通常は未感染の子ども全員が感染するので、このように一回の流行で兄弟姉妹が同時に亡くなる悲劇も起きた。

松太郎の発症　三月十五日、ついに松太郎が疱瘡を発症する。この日、「一両日前より熱気有之ニ付」、座頭の浅尾一と医者中西隔（秀）才の診察を受けたとある。さらに夜に入ると発疹がみえて（「今夜少々疱瘡相見へ候」）、疱瘡であるという診断が確定した。中西からは、松太郎の疱瘡が重いたちのものであることを告げられる（「重きたての由申候」）。

医者の中西とともに座頭の浅尾一が呼ばれているが、他町に住む親戚の乳児金吉が四月に重症の疱瘡にかかったときも、弥兵衛の心遣いで「医師・座頭」が派遣されていることから、疱瘡には医者と座頭の両方から治療を受けるのが習慣化していることがうかがえる。

疱瘡で按摩を頼む習慣があったことは、幕府医官で痘瘡《とうそう》治療専門医の池田錦橋（一七三五―一八一六）が書いた一般向け疱瘡養生書『痘疹戒草《とうしんいましめぐさ》』（寛政五年〈一七九三〉自序、文化三年〈一八〇六〉刊）でも確認できる。[5] 本書の「痘中按摩を忌むの説」には「庸医・俗家、其故をしらで妄りに按摩する事をよしとす。向後《こののち》慎み禁すべし」とある。痘児に按摩を施すことを禁じる文言が必要なくらい、普及していたことがわかる。[6]

疱瘡神を祭る　さて、松太郎の病状は中西の見立通り重症で、十八日には全身に痘が広がった（「松太郎疱瘡出来候て五日目、顔惣身すき間なく出来候」）。このような事態を迎えて、おそらく弥兵衛から中西に、疱瘡神を祭ることの是非を質問したのだろう。十九日に「中西氏曰、疱瘡神も祭る時は必来る」「御棚は自身持の積り」とある。中西は疱瘡神を家に祭れば、必ず訪れると答え、弥兵衛は疱瘡棚を自分で設置することを決めている。このような質問をしたところから、弥兵衛の中には疱瘡神を祭ることへの疑義があって、当初は祭る気はなかったことがうかがえる。

弥兵衛同様に疱瘡神の存在に疑義を抱く人は、決して珍しくなかったようだ。前掲の『皰瘡問答　附種痘説』の著者松本元泰は大坂の医者だが、本書は疱瘡神の存在の有無に関する問答を載せているのである。ただし松本は疱瘡神は本当に存在するのか、という問いに対して「必なしとすへからす」「痘神の事、古今其説少からす」「天地の理窮りなし。いまた一偏を以て論すへからす。すなわち痘神の如きもしかり。甚奇」と答えている。牛痘接種を推進しようとする漢蘭折衷医松本でも、疱瘡神はいないとは言い切れないと考えている。

疱瘡神の存在への疑義は、疱瘡神祭りがさほど古い習慣ではなかったことも一因だろう。疱瘡除けや疱瘡治癒を道祖神や近隣の神社などに祈願することと、病室で疱瘡神という鬼神をもてなす行為は同列の旧慣ではない。医師橋本伯寿著『国字断毒論』（文化十一年〈一八一四〉刊）は、疱瘡神信仰を「近来の俗習なるべし」と、江戸後期に登場した習慣とみなしている。(7) また寛政十年（一七九八）刊の笑話『無事志有意《ぶじしゆうい》』所収「春興神遊び」に登場する疱瘡神は、全身赤づくめの半田稲荷の願人坊主のいでたちで登場し、古来からの神である恵比寿と弁天が「あれは誰だ」とささやきあう。(8) さらに疱瘡神に向かって「おてまへも近年は流行してだいぶ工面がよいげな」と声をかけており、一八世紀末の江戸で疱瘡神はまだ、近年もてはやされる新参の神であった。

疱瘡神祭りについては、民俗学の香川雅信による疱瘡神祭りと商品文化に関する指摘が注目される。(9) 香川は、近世に疱瘡の流行頻度が高くなるなかで、疱瘡を軽く済ませることを目的とする疱瘡神祭りの儀礼が生み出されたこと、都市の疱瘡神信仰の展開・普及には、一八世紀後半から史料に登場するようになる張り子や猩々《しょうじょう》人形を売る玩具商の他、疱瘡絵本を売る絵草紙屋、病児見舞い用の軽焼きなどを売る菓子屋といった業者が一定の役割を果たしたことを指摘している。そして時代が下がるにつれて農村部にも疱瘡祭り関連の商品文化が浸透していくことで、都市部と同様の疱瘡神祭りが農村部に普及したと想定している。また、香川は疱瘡神祭りに多用される赤色が、魔除けの色彩と関連することを認めつつ、「あらゆるものを赤色にするという徹底ぶりは、どうやら疱瘡神祭り特有のことのようである」と指摘する。常軌を逸する赤への執着もまた、疱瘡神祭りを子どものイベントとして盛り上げようという商業的意図を前提に考えるならば、得心がいく。麻疹神の信仰が江戸の出版物や下級宗教者によって定着していく状況は拙著『江戸の流行り病』で指摘したが、疱瘡神をめぐる信仰もまた同様の事情が存在したと考えられる。[10] 疱瘡神につきまとうこの商業主義の影が、人々に猜疑心を抱かせる一因ではなかったか。

結局、重症の松太郎のために弥兵衛は疱瘡棚を吊ることになるが、二十日、「松太郎、今日疱瘡棚つる。内にて拵る」「当町方所々にて自身に棚つり候家は無難の由」と記している。疱瘡棚を「内にて拵る」「自身に棚つり候家」とわざわざ書いているのは、本来疱瘡棚は第三者に依頼して設置するものであったことを示唆する。では大宮町では通常は誰が疱瘡棚を設置するのか。

これについては武蔵国多摩郡中藤村（現東京都武蔵村山市）の事例が参考になるだろう。中藤村では村の宮司兼陰陽師の指田摂津が疱瘡棚の設置と回復時の酒湯の儀式を執り行っている。[11] 地域の宗教者が各家庭で行う疱瘡儀礼に深く関わっていたのである。弥兵衛の住む大宮町では、疱瘡流行後に共同体全体で執り行う疱瘡神送りは、村山修験と呼ばれた富士山興法寺を拠点とする修験道の山伏が担っていたことから、本来は疱瘡棚も村山修験に依頼して吊っていた可能性がある。

さらに、再び『疱瘡問答　附種痘説』に戻れば、本書に「小人」八人が自分の生業が成り立たなくなることを憂い、集まって牛痘をそしる図が載る（「小人等厭自己之業難鬻、集会妄非牛痘之図」）。描かれるのは薬屋、僧侶、医者、紅屋、山伏、神主、疱瘡棚に祭る桟俵《さんだわら》を売る男たちである（一名の職業は未詳）。著者松本が活動した大坂でも、山伏や神主にとって疱瘡流行は祈禱や儀礼を通し特需をもたらす好機であったことがわかる。

また、次節でみる蒲原宿の渡邊家では疱瘡棚を主治医が吊っているので、大宮でも医者が患家の依頼を受けて吊っていた可能性もある。弥兵衛が疱瘡棚を吊ることについて中西に相談したのも、中西が疱瘡棚を吊れば必ず疱瘡神が訪れると説明しているのも、そのせいかもしれない。だとすると、疱瘡棚は医者の収益に結びつく。

さて、弥兵衛の家では疱瘡棚を設置すると親戚から疱瘡見舞が届き始める。『袖日記』の後年の事例から類推すると、赤手拭や菓子などが届けられただろう。大宮町の疱瘡儀礼も江戸同様に商業主義に彩られている。

湯かけ　三月二十八日、発病から一五日目のこの日に、「湯かけ」（酒湯）の儀式と祝いの赤飯配布が行われた。「湯かけ」とは米のとぎ汁に酒を入れたものなどを形式的に病児にかけたり、赤手拭に浸して患部をなでる儀式である。治癒したといっても実態は完治ではなく、重症の松太郎はいまだかさぶたで「目口ふさがり、かゆみ付候」という状態である。しかし、人生最大の難所である疱瘡のピークをとりあえず乗り越えたということで、親戚に使いを出し、また近所の人々も招いての祝宴も催した。

このところ家族は、松太郎がかさぶたをかゆがって掻きむしったりしないように連日徹夜で見張っていた。かさぶたを人為的に掻き落とすと、痕があばたとなって残るからである。ところが湯かけ翌日の二十九日の夜、松太郎はいつの間にか鼻の先のかさぶたを落としてしまっていた（「松太郎疱瘡に付此間十夜さ寝ず候得共、いつの間にか今夜鼻の先をかき、ふたを落す」）。その後あばたになったかは書かれていないが、わざわざ弥兵衛が日記に書いているのだから、親としてはよほど残念だったのだろう。

この事件の翌日、同じ神田丁内の子どもが疱瘡で亡くなって弥兵衛は葬式に参列した。今回の流行では最終的に、弥兵衛が住む神田丁内では四人の子どもが死去している。小さな神田丁の中でも疱瘡をめぐる各家庭の明暗はくっきりと分かれている。松太郎の重篤な疱瘡が治癒したことは、まさに僥倖というべきものであった。

痘後の不調　ところが、疱瘡が治ってからも松太郎の体調はなかなか回復しない。湯かけをした翌々月の閏四月七日、「松太郎痘後よわり、ふらふら煩ふ」とある。主治医の中西にかかっているが効果が見えないので服薬をやめ、近村の淀師村の清正公へ参詣して御符を授与される。すると、そのおかげで体調の回復著しく、十六日には全快する（「今日よどしの御符を頂せるより大きによろしく下しも止り候」）。松太郎の疱瘡は、このように三月半ばから閏四月半ばの痘後の養生まで含めると、二ヵ月がかりでようやく終わったのである。

江戸時代の医学では、疱瘡や麻疹は体表の症状がおさまっても体の中にいまだ「余毒」が潜んでいると考えられた。それらが完全になくなるまで、一般的に「後養生」期間を取ることが勧められた。松太郎の場合は余毒が強かったということになる。

疱瘡神送り　昨年末から続いた疱瘡の流行は、ようやく五月十日に至って弥兵衛の住む神田丁周辺では終息をみせる。だが、大宮町全体でみたときには、いまだ流行している地域もあった。

五月晦日、疱瘡流行が完全に過ぎ去ったことから、大宮町内の幕領である神田・中宿・山道の三丁が合同で「病(疱)瘡神送」を行う。具体的な内容は書かれていないが、疫病の神送りは既述のように村山法印が執り行なっており、今回も同様であった。

2　弟妹たちの「入疱瘡」

枡屋には嘉永三年（一八五〇）以降、松太郎の弟妹にあたる五人の子どもが生まれた。嘉永三年五月二十九日に長女お花、嘉永六年八月二十三日に次女お徳、安政三年（一八五六）四月九日に次男竹治郎（安政四年六月二十四日死去）、安政五年十一月七日に三男熊吉、万延二年（一八六一）六月十八日に三女およしが誕生する。松太郎の弟妹たちは夭折した竹治郎以外は四人とも牛痘接種を経験することになるのだが、彼らの種痘経験はこれから見ていくように、疱瘡神信仰がそのまま引き継がれる中でのものだった。

（1）牛痘接種の導入と代官所の種痘告諭

牛痘接種が日本で行われるようになったのは、嘉永二年七月からだ。ただし、それ以前から日本でも、少ないながら人痘接種が行われていた。実は冒頭にあげた弘化三年（一八四六）刊『種痘活人全弁』と嘉永三年刊『疱瘡問答附種痘説』は、いずれも種痘を勧める書であるが、前者は蘭法による人痘接種を、後者は牛痘接種を勧める書である。人痘接種は、疱瘡流行中に体調の良い時を選んで人為的に感染させ、軽い疱瘡を発症させて治療するという方法である。接種法は主として鼻から吹き込む「漢法」と、腕に皮下接種する「蘭法」があって、蘭法のほうが相対的に安全性が高かったとされる。それでも時には重症化したり、周囲の人に感染させる危険性があり、また結局善感せずに疱瘡が流行した時には感染・発症する事態も珍しくなかった[12]。牛痘導入前の大坂で、緒方洪庵（一八一〇—六三）が漢法の人痘接種を書籍で学んだだけで試みて、接種された子どもが重篤な天然痘にかかって死亡したというエピソードが残っている[13]。

ジェンナー（一七四九—一八二三）による牛痘発見が一七九六年、牛痘接種がヨーロッパへ普及したのは一八一六年頃とされる。中国では一八〇五年に広東のイギリス人商館医ピアーソンが初めて実施した。日本にも牛痘の評判は早くから入ってきていた。だが、痘苗の効力を保った状態での輸入が難しく、何度も輸入しては接種を試みたが成功しなかった。Ⅱ第四章「コレラ」に登場する日本に初めてコレラ情報をもたらしたオランダ商館長ブロムホフも、文政六年（一八二三）に蘭館医テューリンフに指示して牛痘接種を試みさせたが失敗している。

ようやく輸入に成功したのは嘉永二年七月のことだった。その後は漢方医、特に痘瘡治療を専門とする痘医たちの強い反発を受けながらも、蘭方医のネットワークを中心に全国に痘苗が伝播していった。(14)大坂では緒方洪庵らが嘉永二年に大坂除痘館を、江戸でも伊東玄朴（一八〇一—七一）らが安政五年（一八五八）にお玉が池種痘所を開設した。いずれものちに幕府運営となっている。

『袖日記』の牛痘接種に関する記述の初見は、嘉永三年二月二十七日のことで、韮山代官所の代官江川太郎左衛門英龍（一八〇一—五五）から支配地に向けて発せられた廻状について書かれている。

江川様より牛の疱瘡を種る事、無間違仕おふせ候由に付、志し有之者は肥田春安へ頼むべき由、廻状支配を廻る。右は韮山御屋敷にても御子どもを致させためし候之故大丈夫之書状也。殿様御袖印之廻状也

英龍が「牛の疱瘡」の接種を問題なく執り行うことができたので、希望者は江川家侍医肥田春安へ接種を依頼するようにという旨の廻状を代官所支配地へ廻したのである。英龍の子どもたちに試したところ「大丈夫」であったと書かれている。英龍の「御袖印」が押された信頼できる廻状であった。

この「廻状」とは、嘉永三年二月二十一日付で韮山代官所から出された「西洋種痘法の告諭」を指す。(15)告諭の内容は、疱瘡は罹患すれば一割の者が命を落とす病である（「平均十分一者身命ヲ過候」）、新たに導入された種痘は自分の娘と息子、さらには家臣の子どもにも試みたところ軽症で済み、その安全性を確認している（「此度自分娘倅えも種試候処、誠ニ軽痘ニ而、其外屋敷内子どもも同様ニ而聊懸念無之事」）、希望者は代官所の医者肥田春安へ申し出て種痘を受けるように、というものであった。また、種痘は善感したか否かの判定など医者の技量が重要であるが、そういう知識もな

く種痘の施術をする者もいて、「先年も右様之儀有之、人命に相拘候事に付」、不確かな種痘は受けないよう注意を促す。

英龍は嘉永三年正月に、長男英敏と長女卓子へ蘭方医伊東玄朴による種痘を受けさせている。その後さらに家臣の子どもや支配地の伊豆・武州・相州の子どもたち何人かにも接種させたのち、さらに肥田春安によって駿州・甲州に点在する支配地の子ども計一三人に接種させてから、この告諭を出した(16)。種痘効果の実例を各地の領民に示すことができたはずで、全ての支配地にもれなく種痘を広げるには、これに勝る方法はなかっただろう。また、当時牛痘接種に使う痘苗の有効性を保持するために、接種した子どもから膿を採取し、直ちに次の子どもに接種して植え継ぐという方法を取った。各地域一名の子どもに接種させたのは、その子どもたちの身体を介して種痘を広げるためであった可能性もある。弥兵衛の住む大宮町と、後で見る渡邊金瞭が住む蒲原宿からも一名の子どもたちが受けている。告諭ののち肥田が二人の助手を伴って廻村接種したと先行研究にあるが、『袖日記』『金瞭生涯略記』ともに、肥田の廻村接種に関する記事は残っていない(17)。

（2）　長女お花の種痘

韮山代官所の積極的な種痘奨励の成果か、弥兵衛の長女お花は生後八ヵ月の嘉永四年二月十九日に接種している。明治初年の大阪種痘館の「種痘後心得」では生後一〇〇日くらいまでに受けるのが良いとされているので、お花の接種はいささかも早すぎるものではない(18)。種痘医は枡屋の主治医である中西秀斎である。江川家侍医が廻村する段階から、西洋医でもない地域開業医が接種する段階へ、この頃はすでに移行していることがわかる。韮山代官所支配地における牛痘接種は告諭から一年後、一定の広がりをみせていることを確認してよいだろう。

ただし、弥兵衛の日記にはお花以前に種痘を受けた子どもの話は登場しない。松太郎の疱瘡が重症であったこと、寝ずの番をしていたにもかかわらず、かさぶたを落としてしまったこと（おそらく多少なりともあばたを残してしまったこと）が、娘への早期の種痘を弥兵衛に決断させたのかと思われる。

信頼する主治医の中西が種痘を手がけるようになったのも、弥兵衛の決断を後押ししただろう。このあと、同じ大宮町内代官所領の町医者吉田隼人も、安政二年（一八五五）に種痘を行っていることが『袖日記』から確認できる。吉田はもともと甲斐から大宮町に転入してきた医者だが、人気が出たために古参の中西に疎まれて、近隣医師の同業者団体である神農講に加入できない立場にあった。そんな吉田も種痘を行っていることから、少なくとも江川代官所支配地では、牛痘接種は蘭方医や地域の医者同業者団体のネットワークを超えて行われたことがわかる。(19)

お花は二月十九日に接種したあと、二十五日には順調に膿疱期に入った（「お花ほうそう、白うみ」）。三十日にはかさぶたを形成する（「お花種痘十二日目、かせ口に相成」）。この時「但し御棚はつらず、疱瘡いわひは不致候」とあって、弥兵衛は疱瘡棚の設置や「湯かけ」、赤飯の配布といった疱瘡儀礼を行わなかった。開明的なことで知られた江川太郎左衛門英龍ですらも、その子女の種痘が無事済んでかさぶたになった時には赤飯を配っている。弥兵衛はよくよく疱瘡神に対して懐疑的であったようだ。

この日は中西が来てお花の落ちたかさぶたを持ち帰った。他の子どもに接種するのに使うのかもしれないが、かさぶたを使用すると不善感や仮痘になることも多く、遠方での接種のように時間が経過してから接種せざるを得ない場合以外は、推奨されない方法である。ちなみにこの時期はお花の初節句と重なったが、種痘を受けたために行われなかった。

お花が種痘を受けた翌嘉永五年春には周辺地域で疱瘡の流行が見られたが、弥兵衛は大宮町への影響を記していない。家に感染する可能性のある子どもがいなかったために関心が薄かったのだと思われる。

（3）次女お徳の種痘

次女お徳が生まれた嘉永六年（一八五三）は、八月から近郷で疱瘡が流行りはじめ、十一月には大宮町内の代官所領にも波及した。この流行は翌嘉永七年まで持ち越されて、三月にようやく終息を見せる。終息後の三月二十九日、大宮町の代官所領六丁が合同で疱瘡神送りを行う。子どものいる家は赤紙の幟りを一本ずつ持参し、村山法印の祈禱代も含めて費用総額は金二両二分にのぼった。弥兵衛の家も二〇〇文を出金している。共同体行事であるから、疱瘡神信仰への個人的姿勢は関係ないのだろう。なお、疱瘡神送りは疱瘡が流行するたびに行われるのではなく、嘉永元年から同二年にかけての七年ぶりの流行、そして今回の五ヵ月にも及ぶ長期の流行のような大規模な流行の時に限って行われたようである。

安政二年（一八五五）には、既述のように吉田隼人が丁内で他家の子どもに種痘している。この家でも親が自分で疱瘡棚を設置した。弥兵衛は赤手拭を「入疱瘡見舞」として贈っている。弥兵衛はお花の時に疱瘡儀礼を一切排除したが、種痘にも疱瘡儀礼を墨守する家に対しては、弥兵衛もまた儀礼に沿った対応をしたのである。

翌安政三年、この年の正月から三月にかけて、弥兵衛娘お徳も含めて丁内の三人の子どもが種痘を受けた。弥兵衛は疱瘡棚設置の際の「見舞かし」と「湯懸見舞菓子」を他家に贈っている。

お徳の種痘は三月七日、二歳半の時に中西によって行われた。弥兵衛は今回も疱瘡棚を吊らなかった。ただし十八日に「湯かけ、赤飯近所へ配る」とあり、お花の時には省略した湯かけの儀式と祝儀配布を行った。ほぼ同時期に種痘を受けた他の二軒が湯かけ儀礼と赤飯配りをする以上、弥兵衛も同様の対応を近所に対してせざるを得なかったのだろうか。丁内ではのち安政五年に親戚と杜氏の子ども計二人が種痘を受け、弥兵衛はこの時も赤手拭や菓子を見舞いに贈った。

（4） 三男熊吉と三女およしの種痘

お徳の種痘から六年後の文久二年（一八六二）三月、弥兵衛の家では前年に生まれた三女およし九ヵ月と三男熊吉三歳四ヵ月が、中西から連続して種痘を受ける。

この年から、弥兵衛は種痘を意味する「入疱瘡」「植疱そう」に対して、感染してかかる疱瘡のことを「本疱瘡」「流行疱瘡」と記載するようになる。おそらく周囲の人々も、両者をそのように区別して呼ぶようになっていたのだろう。新しい言葉の登場と定着は、種痘に対する人々の認知度が上がっていることを示唆する。

ちなみに、疱瘡のことを現在「天然痘《てんねんとう》」と呼ぶことが多いが、これは「種痘《うえぼうそう》」に対して自然に感染した疱瘡を区別するために、明治以降、種痘普及活動の中で使われるようになった言葉である。明治五年（一八七二）発行の「医学校附属大坂種痘館引札」には「天然痘《はやりぼうそう》」とルビがふられている。(20)

まず三月十三日、およしが種痘を受ける。今回は接種から八日目にあたる二十日、弥兵衛は自分で「疱瘡神棚」を吊った。そしてこの日、中西はおよしの痘から採取した「白うみ」を、兄の熊吉の腕へ接種する（図34）。「中西周才様、痘一粒にて十ヶ所も入る」とあり、一ヵ所から採取した膿を、熊吉の腕一〇ヵ所に分散して種えた。「八日目上しゅんと申事、九日めにてはよろしからずと申候」とあって、種痘から八日目の痘の膿を接種に使うのが理想とされていたことがわかる。

二十三日には「熊吉入痘四日目、少々見へる」「およし入痘十一日目、かせ口」とあって、熊吉もおよしも順調な

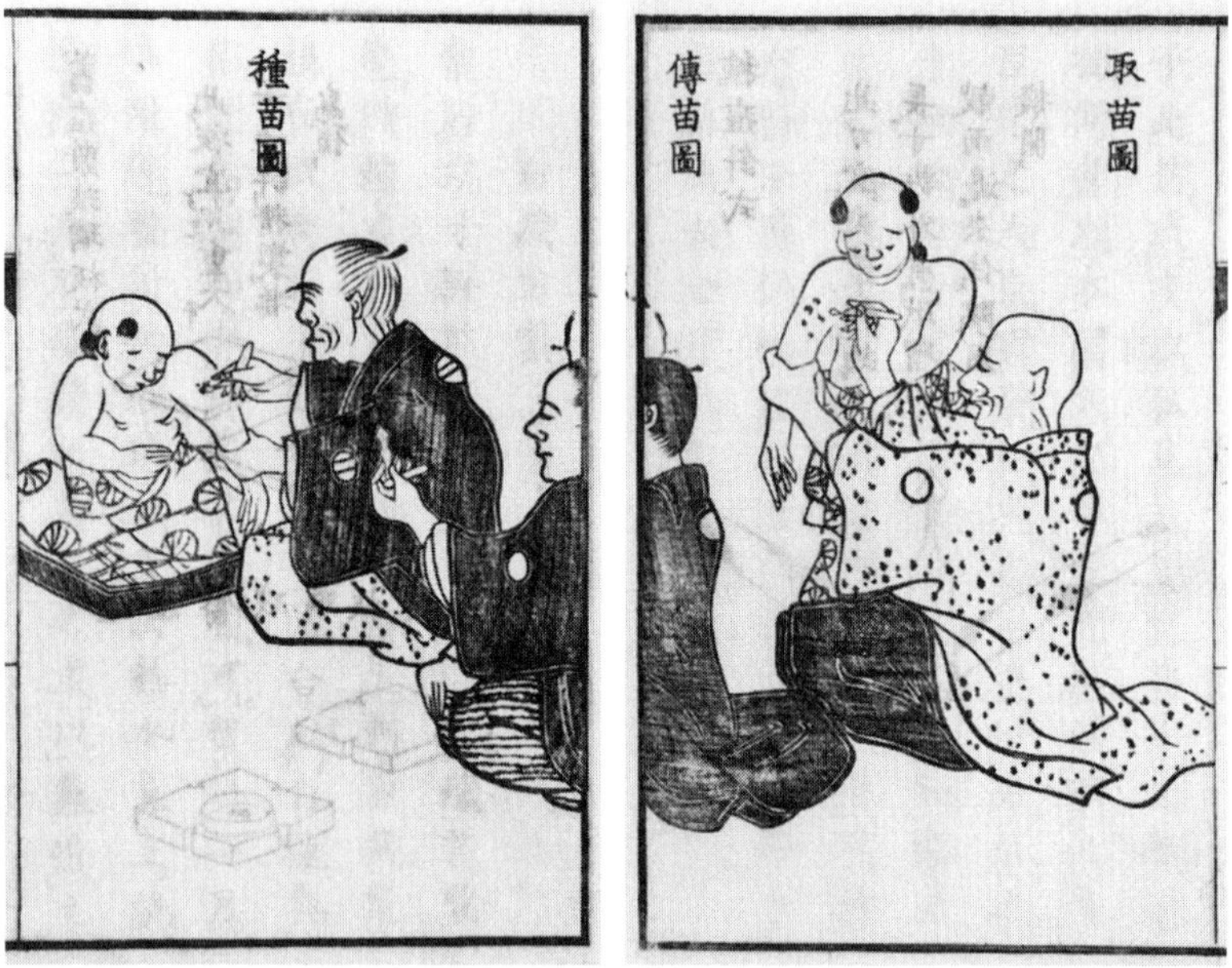

図34 広瀬元恭（藤圃）『新訂 牛痘奇法』（嘉永2年） **京都大学附属図書館蔵富士川文庫** 右ページの子供の痘疱から痘漿を採り左ページの子供に接種している.

経過をたどっている。二十四日におよしの「湯かけ」を行い、赤飯を配った。さらに「入疱瘡見舞」をもらった八軒を招いての祝宴も開く。この日、種痘医である中西に礼として金一〇〇疋を祝いの赤飯の重に沿えて贈った。四月四日には熊吉も「湯かけ」を行い、赤飯を配り、「御棚納」をし、やはり金一〇〇疋を重とともに中西氏へ贈る。

弥兵衛は今回は疱瘡棚を吊り、湯かけ、赤飯配り、祝宴、御棚納まですべての疱瘡儀礼を実行している。その理由は記されていない。だが疱瘡棚を吊った日が、丁度およしから熊吉へ痘漿を植え継いだ日だったことを考えると、無事に植え継ぎができるようにとの弥兵衛の祈り、緊張感の反映であったのだろう。この年はおよしと熊吉の他、近所の子ども二人が種痘を受けた。

この年の流行でも、弥兵衛は近所の子どもの葬式に行っている。従来は誰にとっても平等に「器量定め」であったはずの疱瘡経験は、種痘で無事にやり過ごす子どもたちと、「本疱瘡」によって高熱に苦しんだり、死亡や身体障害のリスクに高い確率でさらされる子どもたちとに二分されていく。この明暗を分ける要因の一つは、高額な種痘料にあったと医学史の川村純一は指摘する。(21) 弥兵衛は子ども一人当たり金一〇〇疋の種痘料を払っており、もしこの金額が相場だとすると、子どもの人数分支払うことができる家庭は限定される。

二 蒲原宿渡邊家の場合

もう一軒の日記史料『金璙生涯略記』に目を移そう。この日記を書いた渡邊金璙は、蒲原宿で名主兼問屋職を務め、後には郡中惣代にもなった素封家である。本章で取り上げるのは嘉永二年（一八四九）における孫二人の疱瘡経験と、嘉永五年の種痘集団接種の主催に関する記事である。

1 孫泰次郎とおいよの疱瘡

(1) 泰次郎の治療

『袖日記』で松太郎が嘉永二年三月に疱瘡を経験したことをみたが、蒲原宿でも同じ頃疱瘡が流行していた。金璙の数えで五歳の嫡孫泰次郎の疱瘡は、嘉永二年閏四月十六日に定石通り発熱から始まった。すぐに渡邊家の主治医岩淵恭平が呼ばれて治療するが、十八日に「見点」とあって、発疹が出始める。十九日には医者を三人招く。二人は「難痘」、一人は「軽痘」と見立てた。さらにもう一人医者を招くが病気を理由に不参だった。裕福な渡邊家では、一度に何人もの医者を招いて評議させたのである。結局「出斎之趣、甚難痘之模様」と、発疹の状態は金璙も認めざるを得ない難症となった。

だが、薬を処方しても泰次郎は拒否して飲もうとしない。二十二日にはテリアカ（解毒剤）・穿山甲《せんざんこう》（排膿剤）といった治痘薬を用いる。参蓍《しんしょ》・鹿茸《ろくじょう》（強壮剤）はこれ以前から飲ませていたが一向に効果が出ず、二人の医者がつきっきりで診た。ひどい膿疱からややかさぶたへとの変化を見せつつも、皮膚が破れて水銀剤を塗布する事態となる。結局二十八日、病状は改善することなく、乳も飲まなくなって「ちいやァ〳〵」と乳母の名を呼びながら死去した。金璙は「悲い哉、歎ない哉、断腸譬るに物なし」と綴る。

翌二十九日に葬儀が行われるが、「嗚呼々々哀哉、至而利発なる奇童なりしか、不幸短命なりき。平生言遺せし事忘れがたく、家族打寄悲泣する而巳や。有へきに非れは追善の法儀を営のみ」と、聡明だった泰次郎の日頃の言葉などを思い出しては、家族皆で悲嘆に暮れる様子を記す。

既述のように、統計的には疱瘡にかかれば二、三割の子どもが命を落とすことになる。東海道の宿場町として流行頻度も高い。が、個々の家族の疱瘡経験は、この時代によくあった悲劇として一括りにしてしまうには、あまりに痛々しく重い。

（2）おいよの治療

「疱瘡医師」を呼ぶ　疱瘡は感染しやすい。同居する妹おいよも、泰次郎の葬儀直後に発症した。おいよの場合は五月一日に発熱した時から、疱瘡であることが当然予測された。今回は最初から、「疱瘡医師」と呼ばれた北田村の医師内野雄淳が泊まり込みで診療することになる。

金璙によると、内野は相州の人で「西洋医」だった。「痘ニ妙術」であったため「痘瘡医者」と呼ばれている。近年東海道由比宿の西隣りの北田村へ移住してきて、同所の酒屋八郎兵衛が信頼し、村内の子どもたちに種痘をさせた。北田村は内野が来てからは、疱瘡が重症化する者がいなくなったと言う。去年から村内残らず「種痘」を受けたが、死者は二人だけだった（「酒屋八郎兵衛是ヲ信シテ専ら其術ヲ行ハシム。第一種痘を宗トシ世人ヲ医ス。北田村ハ此人来リテヨリ症ニ過チナシト云。去年已来不残種痘セシニ、只二人欠タルヨシ」）。

ただし、牛痘接種が日本で行われるようになったのは、既述のように嘉永二年七月からで、これは嘉永二年五月当時のことであるから、内野が行っていたのは人痘接種である。内野は「西洋医」であったから、接種方法は腕に植える蘭法だろう。

注目されるのは、八郎兵衛が「其術ヲ行ハシム」という記載だ。彼が内野の人痘接種を支持して村内で行わせ、村の子ども全員の接種が実現している。各家庭の経済力に関係なく全員接種できたのは、八郎兵衛が出資したからだと考えられる。このような事例は、のちの嘉永二年十月に京都の鳩居堂主人熊谷直恭《なおやす》（一七八三―一八五九）が牛痘の無料接種に経済的支援を行ったことがよく知られている。が、それ以前の人痘接種時代にも、地域農村で種痘が名望家層の支援によって行われていたのである。のちに金瓊もまた同様に蒲原宿で無料牛痘接種の施行を行うのだが、それについては後述する。

さて、実は金瓊は泰次郎が疱瘡にかかったとき、内野を呼ぶことを近くの由比宿の府中屋亭主から勧められていた。だが、内野については「種々悪説」もあり、招かなかった。ここでいう「悪説」とは、おそらく一つには人痘接種の危険性に対する悪評をいうのだろう。前掲『疱瘡問答　附種痘説』は、人々が「種《うえ》疱瘡と聞けは危み、畏るゝの心あり」と記す。

北田村の集団接種の成績が「去年已来不残種痘セシニ、只二人欠タルヨシ」とあり、接種の全体人数は不明だが、村の子ども全員に接種して二人死亡という結果が、あたかも好成績であるかのごとく記されたのも、そもそも人痘接種は本物の疱瘡よりはましだがリスクを伴うと人々に思われていたことを示唆する。

また金璙は、仮に泰次郎の時に招いていたとしても、治療法が「劇《はげ》しき」ためとても受け入れられなかったろう、とも記す。「劇し」い治療とは、これから見るように、幼子に無理やり薬を飲ませるような厳しい態度と、薬剤で瀉下させる攻撃的治療法をさす。そもそも泰次郎の時には三人の医師が動員されてはいるが、泰次郎が嫌がるままに、十分に服薬させることすらできていない。だがそうして結局泰次郎を失った今となっては、金璙の覚悟も違う。「今は一人に手を焼きし故、投出して招きたり」とあって、今回は全面的に孫の治療を任せきる覚悟で内野を招いたのである。

「疱瘡医師」の治療　内野は初診でまず「腹に凝あり」と言って、腹を揉む按腹治療を行う。翌二日には渡邊家の主治医である岩淵恭平を呼んで内野と治療法の相談をさせる。やはり新参医師一人の判断に任せるのでなく、日頃から信頼を寄せる医者によるチェックを求めたのだろう。「投出して招きたり」との覚悟も、現実には迷いがみえる。

三日になるとおいよは高熱となり、度々吐瀉もした。そして夜中に入って痘が出る。痘の状態は「緻密にして甚難痘」、すなわちびっしりと細かい痘が出て重症であるという診断だった。これに対して内野は「痘を減する薬」なるものを投薬する。泰二郎の時に失敗したので、ここは内野に一任することとした。そんな金璙の悲壮な決意を察してか、内野は自信に満ちた言葉で応じる。「種痘」で出る痘なら治療は簡単だが、「自然痘」の治療は難しい、だがこのように最初から一任してくれると最適な治療ができるので、必ずうまくいく、と請け合ってみせたのである（「種痘は至て治法易く、自然痘は治療六ケ敷けれ共、如此初発より御任有之上は心一杯の療治なる故必仕取可申」）。

彼の言葉から、疱瘡という病には人為的にかからせる「種痘」と、自然に感染する「自然痘」の二種類があるという認識がうかがえる。そして人痘接種とは現代人が想定する予防接種ではなく、「至て治法易く」という言葉が示すように、体調の良い時を選んで人為的に軽微な痘を発症させてそれを〝治療する〟方法であったことがわかる。[22]

先に金璙も内野の治療を「第一種痘を宗トシ世人ヲ医ス。北田村ハ此人来リテヨリ症ニ過チナシト云」と記していたのも、同様の認識を示す。内野は種痘を第一の選択肢として治療している（「世人ヲ医ス」）。「症ニ過チナシ」とは、人為的に軽微な症状を発症させることに失敗しない、という意味である。

内野は「痘を減する薬」を投薬したので、夜必ず一度瀉下して体表の痘が減少すると予言した。すると実際に一度下痢して痘が減少し、さらに一服呑ませると、全身くまなく拡がっていた痘が減じ「安痘」に変化した。

四日、便秘のため灌腸するとともに、滋養強壮のためにサフランを焼酎で呑ませた。おいよは即時に快くなり、乳を飲む。この日はちょうど泰次郎の初七日で、端午の節句の前夜だった。金璙はあまりの口惜しさに、日頃の日蓮宗への深い信仰も揺るぎそうな気持ちがした（「あに断腸せさらんや」「余之事《あまりのこと》に信心力も弛み得ならぬ心地せらる」）。泰次郎を内野にみせなかったのは、世間の人が内野を賤しんで「疱瘡医者」と呼び、たいしたことはないと言っていたからで、自分の一族は彼を信用しなかった（「世人内野氏を賤しみて唯疱瘡医者と呼て平の仁とす。此故に我党信せす」）。しかし、おいよの治療が効果を上げているのを見て、泰次郎を託さなかったことを、自分たちがおろかであったと激しく後悔している（「泰童へ掛けさりしを後悔す。誠に惜ひ哉。泰次郎ウラメシイ哉。我党ノ愚哀」）。金璙は一日の日記に内野が「疱瘡医師」と呼ばれていることを記したが、これが一種の蔑称でもあったことがわかる。江川英龍の「西洋種痘法の告諭」でも注意が促されたが、種痘は金もうけのために医者としての技術を持たない者までもが手を染めていた。人痘接種を看板に診療していた内野には、種痘に対する当時のうさん臭いイメージがそのまま投影されていたのである。[23]

おいよはまだ数えで二歳だが、内野の治療は甘えを許さなかった（「其の治療劇敷事大人の如く」）。嫌がって薬を飲まないのを仰向けにして、口の中に樋でつぎ込む。おいよは樋を見ると身を震わせて恐れるようになったが、内野は容赦なく手ずから十分に服薬させた。

この厳しい治療が功を奏したのか、六日にはおいよは上機嫌となり、痘は順調に水膿へ進む。金瓉は主治医玄敬に「神の棚」、つまり疱瘡神の棚を吊らせた。

この日、内野は鹿茸《ろくじょう》一味を極濃煎で服薬させた。翌日は人参、最後の仕上げにはキナキナ（キニーネ）を処方する。いずれも極めて高価な薬種である。明治期の「大阪市種痘歴史」は、疱瘡にかかると薬は高価な人参・犀角《さいかく》・熊胆《ゆうたん》・キナ塩を使うことになるので、貧者には打つ手がないと書いている。

九日、おいよは順調に回復を見せており、一日から泊りがけで詰めていた内野は、ようやくこの日帰宅する。十三日には手足にまだ少し残る痘を、内野は悉く茨で挿して膿を取り、マンテイカの油（豚脂）を塗って、キナキナの粉を付けた。十五日、ついに「湯かけ祝」をする。十八日には手足背などに残った癒えかねる痘を、内野が指揮して白水湯（白水＝米のとぎ汁）で入浴させる。これは酒湯に使うのと同じ水だが、実際に治療法にも使われたことがわかる。このあとは徐々に回復して全快に至った。

これまでみたように、死亡した泰次郎はもちろんのこと、結果的に治癒したおいよにしても、疱瘡は幼い子どもの肉体にとって相当過酷な経験である。この疱瘡経験を一変させる牛痘接種が金瓉の日記に登場するのは、嘉永四年のことであった。

2　集団接種の実行

（1）　おきみの種痘

泰次郎とおいよの疱瘡を終えた翌嘉永三年二月に、先に見たように韮山代官所はその支配地に種痘の告諭を触れた。金璙の日記に記載はないが、蒲原宿にも内野が行っていた人痘接種より安全な牛痘接種に関する廻状が廻ってきていたはずだ。

嘉永四年十一月二十八日、小島《おじま》藩藩医澤井素庵が、金璙の末の孫娘おきみへの種痘にやってくる。小島藩は庵原郡小島村（現静岡市清水区小島）に陣屋を構えた小藩である。おいよの治療で信頼した「疱瘡医者」内野に依頼しなかった理由は明確ではない。人痘接種をしていた医者は牛痘接種へ移行することも多いはずだが、内野は牛痘苗が入手しにくかったのか、もしくは金璙が代官所告諭にあった慎重な医者選びの注意を守って、信用が担保されている藩医を選んだのか、事情は不明である。

ところがこの日澤井が診察してみると、おきみは丁度「胎毒」により体調が万全でなかった。そこでこの日の種痘は見合わせ、後日あらためて植えに来ることとなった（「先生診して当今胎毒発し居る故、是へ薬を貼し、愈々《いよいよ》後植て可罷と申、見合に成」）。

接種を見合わせているうちに蒲原宿で疱瘡が流行し始める。年が明けて嘉永五年一月四日には「当宿内迄疱瘡流行」とある。六日になると蒲原宿内の流行は本格化し、「甚難痘多きよし」と評判になった。金璙は周辺の家に対して、おきみと一緒に接種させることを約束していたとみえ、この日、町の人々から種痘実施の願いが金璙に寄せられる（「人々種痘を願ふ」）。金璙はおそらく、前掲の北田村八郎兵衛が行った人痘無料接種に倣ったのだろう。同日澤井素庵に人を遣わし、八日に集団接種が実行された。きみの他一五名の子どもに接種して、澤井は夕方帰藩する。おきみの種痘後の用心に、主治医玄敬が渡邊家に詰めた。

集団接種の機会があればきみ以外に一五人もの子どもが集まるということは、経済的な問題さえ解消できれば牛痘接種を希望する親は少なくなかったことがうかがえる。一年前に江川英龍が出した種痘奨励の廻状による効果もあろう。

きみの経過は順調だった。五日後の十三日、「きみ、昨日より痘色麗敷《うるわし》く見事に成、よって玄敬老を招き神棚を釣る」とあって、おいよの時と同様に主治医玄敬が疱瘡棚を設置する。棚を吊ったこの日、見舞として二軒の家からそれぞれ大鰔《かれい》が届いた。沿岸部らしい見舞の品で、都会の疱瘡儀礼の贈答品とは異なる。

その後もおきみの種痘は順調に経過する。十五日、金璙は「きみ機嫌良し。灌膿見事なり」と記す。同日、藩医澤井の弟子が種痘の結果を確認するために来宿する。種痘人一六人中「移らさる者」四人、「自然痘」になる者二人、「但し一人も間違いなし」と金璙は記録した。すなわち一六人中、善感一〇名、不善感四名、「自然痘」つまり普通の疱瘡にかかってしまった者二名という結果である。今回は疱瘡流行中の接種だったために、免疫が形成される以前に自然痘に感染することも十分あり得た。死者は一人も出なかったことが特筆されているのは、牛痘接種で人為的に疱瘡にかからせているという彼のリスク認識の表れである。

（2）　もう一つの接種

金璙は自分が施した集団接種の記事に続けて、蒲原宿内で彼と激しく対立していた酒屋久七と牧屋久八の子どもらの種痘について言及する。金璙に言わせれば両名は彼の種痘実施に張り合って、富士郡大宮町から医師中西を招いて種痘させた。ところが久七の子は善感したが、久八の子は重症の「自然痘」となって亡くなった（「此間中、酒屋久七・牧屋久八申合、我へ張合種痘之医師中西氏を大宮町より迎へ種痘せしに、久七方は吉、牧屋久八方は自然痘出て極難痘にて終に没したり」）。「我へ張合」種痘を行った、とあるからには、久七・久八が合同出資して宿内の子どもたちに無料集団接種を実施した可能性もある。呼ばれたのは大宮町の医師中西、すなわち『袖日記』で弥兵衛の子どもたちに種痘を施したあの中西である。『袖日記』には中西の種痘で死亡したという話は出てこない。既述のように今回は疱瘡流行中の接種であったから、もともと「自然痘」に感染する可能性は高かった。

そもそも蒲原宿における澤井が施術した集団接種の成績も、施主の渡邊金瞭の満足感に反して、一六人中善感一〇人で善感率六二・五％というのはかんばしくない。二〇年後の大阪種痘館の「明治四年辛未一歳中痘瘡比較表」では、種痘総計六〇九一人中「善感」五八五三人、「不感」一〇二人、「仮発」四二人、「天然痘合併」一二人という結果で、善感率は九六％にのぼる。(24) 不善感がこれほど多いのは、現代人がイメージする疱瘡の予防接種とは相当異なる。

おわりに―種痘をめぐって―

枡屋と渡邊家の疱瘡をめぐる経験をみると、いずれも惣領息子の疱瘡で苦労して、韮山代官所の牛痘接種奨励ののち、比較的早い時期に牛痘接種をその弟妹たちに受けさせている。韮山代官所支配地では種痘代の免除や補助の史料は今のところ確認できず、通常は経済的に恵まれた人々に可能な選択肢であったと思われる。

種痘は経済的な問題さえなければ、弥兵衛や金瞭のような一定の知識水準にある人々以外からも歓迎された。それは蒲原宿の子どもたちの親が、渡邊家が行った集団接種を我が子に積極的に受けさせたことからうかがえる。疱瘡の流行頻度やうつりやすさゆえに、人々は様々な疱瘡儀礼を生み出してこの病と「共生」する努力を重ね、疱瘡儀礼は商業資本や宗教関係者にとって商機とみなされるくらい普及した。それでもなお個人の疱瘡経験は往々にして緊張や悲痛に満ちたものであり、種痘への希求は当然の流れであった。

ただし、人痘接種にしても牛痘接種にしても、予防法ではなく疱瘡の治療法の一つと位置付けられていた。すなわち、元気なときに人為的に軽い疱瘡にかからせて胎毒を出し〝治療する〟という認識である。牛痘接種普及を目的とする前掲の松本元泰著『痘瘡問答　附種痘説』も、牛痘接種を「其種痘誘因の術たるや、其内毒を動せさるにはあらず。一旦必す動しある也」と書き、種痘により胎毒が動く、つまり排出されると説明する。松本は幕末大坂の牛痘接種施設大坂除痘館を中心とする牛痘普及活動に積極的に協力した漢蘭折衷医である。そんな松本ですらも、胎毒説の範疇で牛痘接種を捉えていたことがわかる。そもそも牛痘接種施設が「大坂除痘館」と名乗っているのも、種痘が体内の痘毒＝胎毒を取り除く方法であるという旧来の疱瘡観の上に立っていることを想定させる。

こうして江戸時代の種痘は、旧来の疱瘡認識・疱瘡治療の枠組みのなかで理解されることで、人々に受け入れられていった。牛痘接種後に疱瘡神を祭ったのも、種痘によって軽症とはいえ疱瘡に罹患したのだから、疱瘡神は家を訪れる、という認識によるだろう。

名望家層が出資して集団接種を行った背景についても考えてみたい。種痘が地域の流行蔓延を防ぐために勧められるのは、明治以降である。明治六年（一八七三）五月、大阪では大阪府庁から種痘の勧めの告諭が出された。「人々互に相勧め、患を未然に防ぐ儀、一人一己の関係にあらず、世間一般の為なれば」とあって、種痘をうけることは個人の悲劇を回避するためだけではなく、他者に広げないための行為であり、公共の利益のために受けるべきことを勧められた(25)。

いっぽう蒲原宿での集団接種は、いまだ地域を移動して襲ってくる疫気と個々人の胎毒の呼応の結果として発病する、という伝統的疱瘡観のもとで、軽症で済ますことを目的に実施されている。江戸時代、疱瘡とは、疱瘡見舞から湯かけの祝宴、集落から流行が去ったときの疱瘡神送りに至るまで、様々なレベルの共同体が関与して乗り越える病となった。その意味で江戸時代の疱瘡は共同体として経験する病であり、それゆえに種痘もまた地域の名望家層による一種の施行という形になじみやすかったのではないだろうか。

種痘はこうして、幕末の病気観や習慣と融合しながら人々の生活の中に入り込んでいった。ただ人痘接種・牛痘接種のいずれも、江戸時代の種痘は技術の不確かさによって、北田村の二人の犠牲者や蒲原宿にみるような多くの不善感者をいまだ伴うものだった。

ところが日記史料から医学史料へと目を転じると、人々が経験している種痘の現実と医学史料が発信する情報との間には、ずれがある。人痘接種普及を目的に出版された『種痘活人全弁』は、人痘接種をすれば再感しないこと「百発百中」と断言し、また人痘を植えることで通常の疱瘡同様に全身に症状が出て死亡するという事態の可能性を強く否定している。

それが嘉永二年、牛痘接種が行われるようになると、牛痘接種の普及活動の中で人痘接種のリスクや不善感の多発が強調されるようになる。『疱瘡問答　附種痘説』には「蘭人我爾独私密篤《ごるとすみっと》の牛痘新書」から、天然痘・人痘接種・牛痘接種のイギリスにおける比較データが載る。それによると、人痘接種は種痘を受けた者から周囲の人に感染させたり、重症化することがあるだけでなく、種痘を受けた者三〇〇人中に一人（ロンドンでは一〇〇人に一人）の割合で死者が出た。また、死に至らずとも危険な症状を呈するのは三〇人から四〇人に一人いて、種痘後に痘が多く出て顔面にあばたを残すこともあるという。対して牛痘接種は「種るときは必す善良・安静、決して危険なく人痘を予防すること疑なし」と記す。

ところが万全のはずの牛痘接種もまた、明治初年になると一度の牛痘接種では効果が不十分であることがわかり、二回接種が奨励されるようになる。一回接種で疱瘡流行の際に罹患する患者が続出したのである。(26)

これら医学史料の記述が示すのは、種痘の医学が人々に拡散しようとした情報は変わりやすく、また種痘普及に利するために、その信ぴょう性も時に危うい面があったということである。もちろん医療の進歩にあわせ、医療情報はアップデートされていく。医療技術の進歩によって、将来的にその医学的知見が否定される可能性は十分ある。また、科学的なエビデンスを得るには一定の時間がかかるのは当然のことだ。さらに、医療には一定のリスクがついてまわることも、また避けがたい事実である。これらを一般の人々にどう説明するのか、一般の人々といかに共有するのかが、江戸時代の種痘を普及させる際には、本来重要な課題の一つであったはずである。

最終的に種痘は、善感率が高くかつ副反応の出現率を抑えたワクチンへと改良を重ねるなかで世界に普及し、一九八〇年、WHOが疱瘡の世界根絶宣言を行うに至る。疱瘡は過去人類が撲滅に成功した唯一の感染症となったわけだが、ジェンナーによる牛痘発見から撲滅まで、実に二〇〇年かかったことになる。

注

（1）『疱瘡安躰さゝ湯の寿』東京大学附属図書館蔵。

（2）本間玄調（棗軒）『種痘活人全弁』京都大学附属図書館蔵富士川文庫。また大阪種痘館の統計によれば疱瘡患者の致死率は、明治四年（一八七一）においては罹患者五九〇人のうち死者一三五人で約二三％、明治六年では罹患者一四九七人のうち死者三八六人で約二六％にのぼる（「明治四辛未一歳中痘瘡比較表」「明治六癸酉一歳中四大区痘瘡比較表」〈有坂隆道他「松本端編纂『大阪市種痘歴史』」上・下、有坂隆道・浅井允晶編『論集　日本の洋学』Ⅰ・Ⅱ、一九九三年・九四年、清文堂出版〉）。

（3）浅井允晶「松本元泰著『麭瘡問答　附種痘説』」上・中・下（有坂隆道・浅井允晶編『論集　日本の洋学』Ⅲ・Ⅳ・Ⅴ、一九九五年・一九九七年・二〇〇〇年、清文堂出版）。

（4）『袖日記』全五冊（富士宮市教育委員会編・発行、一九九六―二〇〇一年）、『金瓊生涯略記』（蒲原町編『蒲原町史』資料編三所収、一九九六年）。

（5）池田錦橋『痘疹戒草』京都大学附属図書館蔵富士川文庫。

（6）京都でも痘児への按摩が行われていた。下賀茂神社の神官の日記「田中兼頼日記」宝暦五年（一七五五）の記事では、娘が疱瘡にかかったときに医師と按摩師を交互に往診させている（稲本紀昭・佐藤文子編『下鴨社家日記Ⅱ』京都女子大学研究叢刊三五、二〇〇〇年）。

（7）橋本伯寿『国字断毒論』京都大学附属図書館蔵富士川文庫。

（8）桂屋長綱『無事志有意』日本古典文学大系一〇〇『江戸笑話集』岩波書店、一九六六年。

（9）香川雅信「疱瘡神祭りと玩具―近世都市における民間信仰の一側面―」『大阪大学日本学報』一五号、一九九六年三月。

（10）鈴木則子『江戸の流行り病』吉川弘文館、二〇一二年。

（11）武蔵村山市立歴史民俗資料館『注解指田日記』上巻・下巻、武蔵村山市教育委員会、二〇〇五年、二〇〇六年。

（12）『皰瘡問答　附種痘説』は人痘接種について、漢法よりは蘭法のほうが安全であるが、それでも「感動の甚に至ては」全身に痘が出て自然に感染するのと変わらず、その結果死亡したり、種痘したにもかかわらず再感することもあって、「十全の良法とせす」と記す。

（13）前掲有坂隆道他「松元瑞編纂『大阪市種痘歴史』」上・下。

（14）アン゠ジャネッタ『種痘伝来』廣川和花・木曾明子訳、岩波書店、二〇一三年。また、香西豊子『種痘という〈衛生〉―近世日本における予防接種の歴史―』（東京大学出版会、二〇一九年）は、種痘拡大をめぐる為政者の動きについて分析を加える。

（15）戸羽山瀚編『江川坦庵全集』上巻、江川坦庵全集刊行会、一九五四年。

（16）前掲『江川坦庵全集』上巻。

（17）仲田正之『韮山代官江川氏の研究』吉川弘文館、一九九八年。

（18）「大阪種痘館　種痘後心得書」緒方洪庵記念財団除痘館記念資料室編・発行『大坂除痘館の引札と摺りもの』二〇一八年。

（19）柳沢芙美子の福井藩除痘館の研究によれば、福井藩では除痘館の担い手として針医も含む町医師が数多く活躍している（「福井藩における藩営除痘館の開設とその運営」『福井県文書館研究紀要』一六、二〇一九年）。患者にとって身近な町医者たちが牛痘接種の普及に果たした役割は小さくなかった。

(20)「医学校附属大坂種痘館　種痘引札　明治五年」前掲『大坂除痘館の引札と摺りもの』所収。
(21) 川村純一『病いの克服—日本痘瘡史—』思文閣出版、一九九九年。
(22) 海原亮は人痘法を「疱瘡の対処療法に過ぎない」と指摘している（「日本近世における疫病流行と医療環境」『歴史学研究』二〇二〇年一二月号）。これに対して牛痘法は「疱瘡の恐怖を未然に防ぐこと」であり、「我が国の医療史上はじめて予防医学の考え方を採用し」たものと位置付けている（海原亮『江戸時代の医師修業—学問・学統・遊学—』吉川弘文館、二〇一四年）。
(23) 韮山代官所領豆州加茂郡和田村に住む医師浜野月斎は、牛痘の社会的意義に感じ入り、高齢にもかかわらず嘉永三年（一八五〇）三月に江戸に出て桑田立斎に種痘法を学んだ後、安政四年（一八五七）までの八年間に三〇〇〇人の子どもに接種した。彼は自ら誇りをもって「種痘医師」を名乗っている（「大島に牛痘接種のため渡海願書写」『静岡県史』資料編一五、近世七、静岡県、一九九一年）。本史料は月斎が韮山代官所に対して、牛痘接種のために大島への渡海許可を願い出たもので、「大島久敷自然痘渡来不致、未痘之小児数多有之」と記しており、種痘することなくこの後流行すれば、多大な被害が出ると警告している。
(24) 前掲『大阪市種痘歴史』。ただし同年再接種者のうち六％が善感しているところを見ると、この善感者にも六％程度の偽陽性が含まれていたと考えてよいだろう。
(25) 前掲『大阪市種痘歴史』。
(26) 前掲『大阪市種痘歴史』。

第四章　コレラ

――新興輸入感染症の脅威――

はじめに

本章では、私が近年出会った二点の興味深いコレラに関わる史料を紹介したい。一点は「長崎屋宴会図」という肉筆画、もう一点は、『しに行《ゆき》三日転愛哀死々《みつかころりあいあいしし》』という戯作である[1]。前者は文政五年（一八二二）、日本に初めてコレラが入ってきた年に催された仮装の宴を描く。後者の表紙絵は、白装束の振り袖姿の女性が髑髏を両手に一つずつかかげ持つ〝死の舞踏〟（図36）で、江戸に初めてコレラが入ってきた安政五年（一八五八）に出版された。この二点の史料から、新しい未知の大疫病にはからずも遭遇してしまった医学と社会、それらがいかなる対応を見せたのかを追っていく。

一　文政五年――医療情報の伝達と記録――

1　「長崎屋宴会図」

文政五年（一八二二）二月二十七日、江戸日本橋にあるオランダ商館長一行の定宿長崎屋二階で、仮装の宴が行われていた。和服で座布団に座るのは商館長コック・ブロムホフ（一七七九―一八五三）と一等書記官ファン・オーフメール・フィッセルである。彼らに対面して洋服で椅子に座るのは幕府天文台詰通詞の馬場貞由（一七八七―一八二二）、幕府奥医師桂川甫賢（一七九七―一八四四）、中津藩蘭学者神谷弘孝。三人の日本人には馬場にはアブラハム、桂川はボタニクス、神谷はファン・デル・ストルプという阿蘭陀名が添え書きされている。

本図は絵が得意な桂川甫賢が描いたもので、彼がブロムホフに贈ったのだろう、二〇一九年二月にオランダで発見されて日本に里帰りした。本図は長崎屋内部を描いた希少な絵として日蘭交流史の研究上重要なだけでなく、日本医学史においても特別な意味を持つ。というのは、ブロムホフ一行がこのとき長崎屋に滞在した折、日本に初めてコレラ流行に関する情報がもたらされたからである。

ブロムホフはこの宴とは別に、桂川甫賢、蘭学者大槻磐水（玄沢、一七五七―一八二七）、磐水の弟子である蘭方医佐々木中沢《ちゅうたく》（一七九〇―一八四六）と懇談した際、バタビア（現インドネシアの首都ジャカルタ）の「一種の流行病」について話をした。そして「一葉の印本」を読み聞かせたのである。[2] それはオランダが世界各地の植民地に向けて発行している官報で、文政四年三月に医師ボウィールがバタビアで記したコレラ治験記が載せられていた。このとき桂川は、ブロムホフの話を聞きながらメモを取る。

桂川たちとはまた別の席でブロムホフから流行病の話を聞いた蘭方医宇田川榕庵《ようあん》（一七九八―一八四六）は、ブロムホフに冊子の貸与を願う。榕庵は渋るブロムホフから一晩だけの約束で借り受けた。意味不明な語句は翌朝彼に確認・訂正し、『革列亜没爾爸斯《コレラモルプス》』と名付けた翻訳冊子を作成する。コレラの症状・病因・治療法を記した本書は出版こそされなかったが、後述するように、この夏日本に初めてコレラが流行した後、写本として蘭方医たちに回覧され、またコレラ治療書に転載されることになる。

コレラは、コレラ菌で汚染された水や食物を摂取することによって感染する急性感染症で、下痢と脱水症状を主症状とする。コレラには現在までに大別して三種類が確認されているが、江戸時代に日本に入ってきたのはアジア・コレラと呼ばれる極めて致死率の高いコレラである。本来インドの風土病であったものが、一九世紀はじめ、イギリスによる植民地化が進む中でグローバル化し、世界各地で流行をみせた。

アジア・コレラの世界的流行は、日本の江戸時代に相当する時期には計三回あった。その第一次世界流行が一八一七年から一八二六年で、アジアとアフリカで流行した。ブロムホフが話題にしたのはこの流行である。

このコレラが文政五年夏、朝鮮から対馬へ入り下関へ伝播した。八月中旬に萩に入ったあと、山陽道を介して八月下旬に大坂へ達し、九月にピークを迎えて十月下旬に終息を見せる。(3) 過去帳の研究からも、文政五年の流行は大坂でほぼ留まって、京都と京都を起点とする東海道・中山道にはほとんど被害が出なかったことが確認されている。(4) 当時京都在住の医師岩永藿斎《かくさい》之房（一八〇二―六六）も、京都では大坂ほど流行しなかったと記録している。(5)

2　蘭方医ネットワーク

結果的には江戸の街はコレラの直接的影響がなかったわけだが、西日本で流行した折に、右のブロムホフから聞いていた病気であったことに江戸の蘭方医たちは気づく。ただし、萩や大坂の流行情報が彼らに届いたのは十月に入ってからで、すでにほとんど流行は終息しようとしていた。

この間の事情は、大槻磐水が残した「文政壬午天行厲気揮霍撩乱病雑記」からうかがうことができる。(6) 本史料は文政五年（一八二二）、西日本でコレラが流行した際の江戸在住蘭方医たちの動向を詳細に記録する（図35）。

江戸で蘭学塾芝蘭堂《しらんどう》を主宰していた磐水のもとには、地方の弟子たちから情報が集まった。磐水が最初のコレラ流

図35　人物関係図

コック・ブロムホフ（長崎／1779–1853）
大槻磐水（玄沢）（江戸／1757–1827）
　弟子
　—宇田川榛斎（玄真）（江戸／1769–1834）
　　養子
　　└宇田川榕庵（江戸／1798–1846）
　—斉藤方策（大坂／1771–1849）
　—湊長安（京都／1786–1838）
　—佐々木中沢（仙台／1790–1840）
　└桂川甫賢（江戸／1797–1844）

下線を付したのはブロムホフから直接コレラの情報を聞いた人物．地名は文政5年10月時点の居住地．

行情報に接したのはすでに十月初旬のこと、萩出身の長州藩の医学生から聞いた国元の流行病の噂であった。萩では八月末から流行し、死者は三〇〇人に及ぶと聞いたが、磐水はこのときは「一種の天行厲気」、つまり時候病の一種と考えている。

大坂在住の弟子、斎藤方策（一七七一—一八四九）からは十月十九日付で、大坂から中国筋一円に流行病が広がり、死人がおびただしく、方策の隣家と向隣で四、五日の間に五、六人死亡したこと、三日でコロリと死ぬので「三日ころり」と呼んでいるが、実態は半時、すなわち一時間程度で死ぬ「半時ころり」もあると記した書簡も届く。

しかしながら、磐水がブロムホフから聞いた話とこの西日本の「三日ころり」を結びつけることができたのは、ようやく十一月になってからで、仙台藩医学校助教として仙台へ赴任した佐々木中沢の書状によってだった。

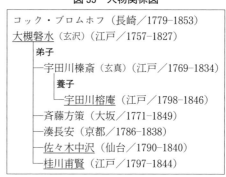

中沢は斎藤方策からの九月二十六日出、十月二十二日仙台着の書状で、大坂の惨状を知らされた。中沢宛方策の書状によると大坂は死者おびただしく、一日二、三百人の葬儀が行われている。軽症者は一〇人に一人しかおらず、服薬で救われる者もいるが、多くは死ぬ。家内で一人死ねば家族二、三人が死に、方策の西隣の家は四日で五人死亡したという。「胆魂も消へ失せ、家内顔見合せ慄《ふる》ひ居申候」「此状認《したため》候ても明日の生存無覚束《おぼつかなく》、実に石火矢《いしびや》（大砲）の先きへ立候心持に御座候」と、その症状の激しさに医者の方策ですら恐怖におののいている。

方策の書状を読んだ中沢は、春に江戸滞在中に甫賢と一緒にブロムホフから聞いた疫病の症候と今回の流行がよく似ていることに気づいた。中沢は甫賢がメモを取っていたことを憶えていて、甫賢へ治療法を問い合わせてくれるよう磐水に依頼してきたのである。

中沢の書状によって状況を理解した磐水が甫賢に連絡すると、甫賢の所にはすでに磐水の京都の門下生湊《みなと》長安《ちょうあん》（一七八六—一八三八）から書状で同様の依頼がきていて、返答済みだという。磐水は甫賢に、ブロムホフから聞いたことを急いで書き起こして人々に示すよう依頼した。磐水はコレラがもうじき江戸でも流行するに違いないと考えたのである。磐水はこの日、「扨《さ》て恐るべくも三千里外よりここに伝播し来ることよ」と雑記に記した。夢想だにしなかった疫病のグローバル化に直面し、当惑する蘭学者の心情が表現されている。

斎藤方策は十月に江戸の蘭方医で、やはり磐水の弟子である宇田川榛斎《しんさい》（玄真、一七六九—一八三四）にも、大坂の惨状と自分の治療法について書状を送っていた。方策が江戸の師匠や兄弟弟子たちに対して、懸命に治療への助言を求めていたことがわかる。ところが榛斎は方策の手紙を養子榕庵に見せたものの、十一月十一日に磐水から話を聞くまで、これが新しい疫病であることを理解していなかった。榛斎が榕庵へ磐水からの話を伝えたところ、榕庵は方策の書状を読んだときにすでに状況を察知していて、方策へ『革列亜没爾爸斯』を送付済みであると答えた。このとき榕庵から初めて『革列亜没爾爸斯』を見せられた榛斎は、早速十一月十二日、磐水のもとへ本書を届ける。

その後、大坂の方策から十一月二十五日付で榛斎のもとへ書状が来る。榕庵の翻訳書の内容と大坂での自身の治験を比較した臨床報告であった。他の医者たちが行ったコレラ死の犬や鶏の解剖結果についての所見や、自分が考案した処方も記されていた。

いっぽうコレラ治療書出版について磐水から要請を受けた桂川甫賢は、磐水と森島法蘭とともにヨーロッパのコレラ関連書籍を翻訳し、ブロムホフからの情報と併せて十一月中に『酷烈辣《これら》考』を急遽出版している。[7] また、仙台の佐々木中沢も『壬午天行病説《じんごてんこうびょうせつ》』を同じく十一月に出版する。こちらは宇田川榕庵の書の要点に斎藤方策の医案を付したものである。西日本の流行は終息していたが、いずれもこのあと江戸、仙台へ流行が伝わることを確信しての刊行だった。

蘭方医たちが学問的ネットワークを駆使して情報収集し、総力を挙げて迅速な対応を取ったのに対し、漢方医の反応はまったく鈍かった。のちに将軍家侍医となる若き日の多紀元堅《たきげんけん》（一七九五―一八五七）は、この年の「三日ころり」について、京都の医師百々漢陰《どどかんいん》（一七七四―一八三九）から書状で情報を得てはいるものの、「霍乱《かくらん》の一種にてもあるへきか」と考えていて、新しい疫病という認識はなかった。(8)霍乱とは暑気あたりを原因とする病をさす。文政五年の京都は大坂に比べればさほど大きな被害が出なかったため、そもそも漢陰の書状には大坂の斎藤方策のような切迫感はなかったのだろう。百々家は朝廷の医師を代々務める名門であり、しかも漢陰・元堅ともに名漢方医として医学史に名を残す人物である。しかしながら、彼らの情報収集力と危機意識を同世代の蘭方医たちのそれと比較した時、大きく水をあけられている感があるのは否めない。

3　江戸商人たちの反応

漢方医はもちろんのこと、磐水も十一月に入るまでは西日本の状況に無頓着であったのに対して、むしろ江戸の市井の商人たちのほうが流行情報に敏感であった。磐水は十月はじめに萩の医学生から噂を聞いたその二、三日後、上方で流行中の「三日コロリ」の予防法を記した摺物が、江戸市中に出回っているのを目にしている。内容は「キラスシル」に梅干しを入れ食べる、門柱に符札を貼る、というに過ぎなかった。雪花菜汁《きらずじる》とは、おからを入れた味噌汁のことで、胃腸が弱っているときの食べ物である。この摺物はその前から流布していたかもしれないが、おそらく磐水が気づいたのが萩の噂を耳にしてからだったのだろう。

また磐水は事態の重大さを理解してのちに江戸の商家枡屋へ、大坂店からの疫病情報を問い合わせている。枡屋によれば、大坂では薬種問屋街である道修町《どしょうまち》の薬種商たちが「虎《こ》頭殺鬼《とうさつき》雄黄円《ゆうおうえん》」という予防薬を大量に無料配布すると共に、この薬の処方と服用方法を書いた紙も施印として無料で配布したという（「道修町売薬家共申合、医家に相談、薬方組立、夥敷《おびただしく》諸所え施薬並に薬方施印に仕候」）。磐水は枡屋を介してその施印の実物「雲松庵如古先生鑑定、道修町薬種屋施薬並施印方」も入手した[9]。虎頭殺鬼雄黄円は江戸でも石町の薬屋で販売されているとのことであった。

虎頭殺鬼雄黄円とは、葛洪《かっこう》（二八三―三四三）の『肘後備急方《ちゅうごびきゅうほう》』巻二「治瘴気疫癘温毒諸方第十五」に記された「虎頭殺鬼方」のことである。使い方は肌身に付けて疫病除けとし、万一毒にあたった気がしたらただちに服用したり、屋内でいぶす。

磐水は枡屋からの情報を得てから、この売薬の引札を湯島天神前、近江屋某方でもみかけた。情報を得たことで、やはり街を歩いていて気がつくようになったようだ。ちなみに虎頭殺鬼雄黄円は、次の安政五年のコレラ流行にあたっても大坂で無償配布された。

江戸の町では文政五年のコレラは、こうして最先端の蘭方医たちと、商機に敏感な一部の出版業者や薬屋に存在を認知されたレベルで終わった。

二　安政五年――戯作のなかのコレラ経験――

1　コレラ医療の限界

次の流行が日本に入ってきたのは、一八四〇年から一八六〇年にかけての第三次世界流行の時であった（幸い第二次世界流行は日本に入ってこなかった）。

始まりは安政五年（一八五八）五月二十一日、アメリカ艦船ミシシッピ号が中国から長崎に寄港した際、乗組員の中にコレラ患者が含まれていたことであった。そこから長崎の町で流行が始まり、人口六万の長崎で一五八三人が発病、七六七人が死亡した。ポンペが日本人の弟子たちと救急医療に挺身したことはよく知られている。が、当時の西洋医学も現代医学から見れば、さほど効果はなかったはずである。空気中の「流行毒」に原因を求める病因論も、キニーネやアヘンを主剤とする治療法も正鵠を得ず、現実にはポンペが提唱した予防法や治療法は、生もの摂取の禁止以外はほとんど実効性がなかったはずである。

今回は東北地域まで流行が及んだ。興味深いことに、流行時期は江戸が七月に始まるのに対し、大坂は八月、京都は九月であった(10)。九州から陸路ではなく海路を通じて直接江戸へ入ったことがうかがえる。

すでに文政五年の流行から三六年経過し、その当時治験を残し、情報交換し、また書籍を刊行した、先に登場した蘭方医たちは安政五年には誰一人存命していない。したがって安政五年の流行では、その経験も知識も全く生かされることはなかった。また、もし資料が残されていたとしても、より新しい西洋医学の情報を競って収集して学ぶ蘭方医たちの目には、三六年前の国内の治験や知見は、ほとんど価値のないものと映ったことだろう。この年は国内でも様々なコレラ医学書が出された。ことに緒方洪庵（一八一〇―六三）著『虎狼痢治準《ころりちじゅん》』は著名ではある。が、ポンペの医学がそうであったように、いまだこの頃の医学は蘭方・漢方ともにコレラには非力であった。

2　戯作『しに行　三日轉愛哀死々』

安政五年（一八五八）の江戸のコレラ流行について、他地域と大きく異なった点がある。それは一般向けに大量のコレラ関連出版物、すなわち養生書・戯作・浮世絵・印施《いんせ》・瓦版など多種多様な出版物が発行されたことである。深刻なはずの事態を戯作などによってしゃれのめしてみせる趣向は、江戸庶民文化の得意とするところである。が、江戸市中だけで一夏に数万と言われる死者が出たコレラ流行が戯画化されていることに、多くの現代人はやはり違和感を持たざるを得ないだろう。しかも、これらの印刷物は流行中だけではなく流行直後にも出されている。戯作という本来は一過性の娯楽として消費されるはずの書物が、流行終息後も何らかの需要があったということになる。

そこで、流行終息後に出版された戯作『しに行　三日轉愛哀死々』を、江戸町触などの史料と照合しながら読み進めることで、安政五年のコレラが江戸の街の人々にどのように経験されたのかを確認するとともに、人々が流行終息後の戯作に何を求めたのかを考えてみたい。

『しに行　三日轉愛哀死々』は表紙を入れて八丁の薄い版本で、いわゆる「薄物正本」という書籍の形態をとる。薄物正本とは、新作舞踊上演の際に芝居茶屋や絵草紙屋から頒布された、役者・作者・演奏者などの上演情報と音曲の詞章を載せた小冊子のことである(11)。ただし、本書は薄物正本のパロディ本であって、実際にこのような長唄が演奏されたり舞踊が披露されたわけではない。いわば〝おどけ長唄〟とでも呼ぶべき書である。

作者は三弦の「志爾屋《しねや》徳三郎」に仮託されているが、実際の作者は不明である。板行年月の記載もない。が、末尾に掲載される江戸のコレラ死者数情報が九月十五日までの統計であること、時事的内容を扱う以上、成稿後迅速に出版されただろうことから、安政五年のコレラ流行終息直後の九月末板行と推定される。

題名『しに行　三日轉愛哀死々』の「しに行」は「道行」の洒落で、死出の旅を意味する。「三日轉愛哀死々」は当時のコレラの俗称「三日コロリ」と、人気長唄「相生獅子」のタイトルのもじりを組み合わせている。(12)長唄「相生獅子」が選ばれたのは、「獅子」と「死」の語呂合わせであるとともに、安政五年のコレラ流行時、疫病退散のために祭礼用の獅子頭をかついで各町内を渡すことが行われたので、それにちなんでのことかもしれない。

3　翻刻と考察

全冊を（1）から（9）に分割して翻刻と分析を行うこととする。本文歌詞中、部分的に省略した箇所もあるが、その場合は「前略」「中略」として示した。

（1）表紙――〝死の舞踏〟

表紙（図36）は薄物正本「相生獅子」表紙絵のパロディとなっている。まず中央に描かれた踊り手をみると、死者が着る白装束を身につけ、笠には牡丹の花の代わりに仏具の花瓶に挿した樒《しきみ》、両手には獅子頭の代わりに髑髏を持つ。その姿はヨーロッパ中世末期、ペスト流行をきっかけに生まれたとされる骸骨が踊る絵画モチーフ「死の舞踏」を想起させる。女性の周囲には通常「相生獅子」表紙絵に描かれる蝶の代わりに蓮の花弁が舞い散る。頭上の円の中は踊る役者の紋が入るはずが、ここではコレラ除けの呪いとして門戸につるすことがはやった八つ手が描かれる。

左側には題名が卒塔婆に書かれ、その下に板元情報が載る。「正進所」は精進所の意で、所在地は寺町、板元の名が「八百屋物」であるのは八百屋が精進物の野菜を扱うからである。「蔵板」は「蔵飯」と表記される。

右側上段の「鼻歌」は本来「長唄」。コレラで儲かって鼻歌まじりの商売を列記する。すなわち葬儀用の輿屋、土葬の穴掘り人夫、混雑する火葬の焼場、そして医者と寺の坊主である。中段の「三ザン」は本来は「三弦」。散々な目にあった人々で、残された妻子、折れ口（葬式の意）ご苦労、コレラで商売あがったりの肴屋と「文三《ぼくさん》」。ぼくさんはおぼくさん、御仏供様《おぶくさま》のことで仏前に供える飯である。作者に仮託された志爾屋徳三郎は長唄三味線の名跡、杵屋

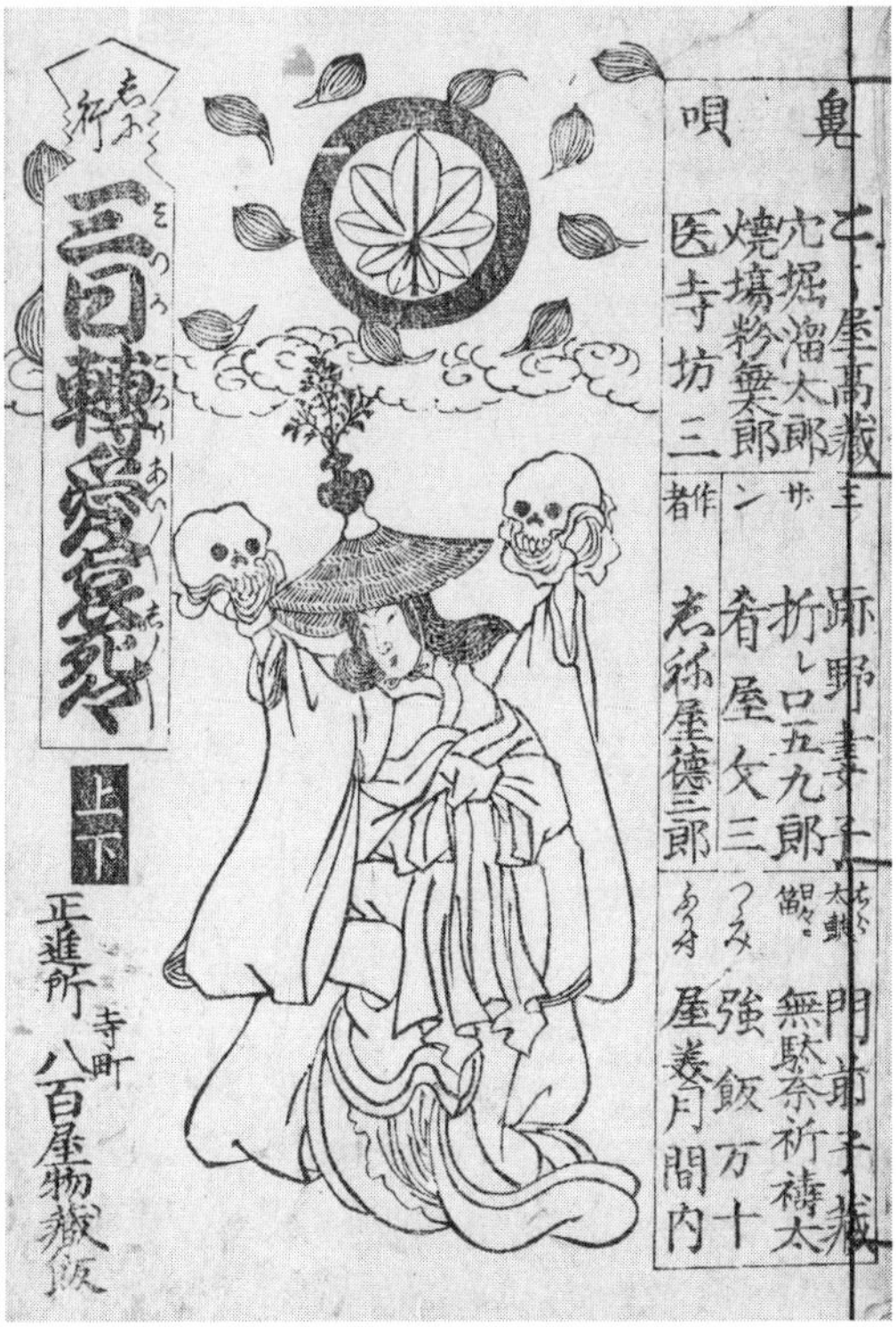

図36 『しに行　三日轉愛哀死々』表紙　立命館大学アート・リサーチセンター蔵，hayBK02-0169

六三郎のもじりか。当時は六世六三郎の時代である。下段はたらふく食べて腹太鼓を打つ門前の「子蔵」、「日々ニ笛」（増え）る無駄な祈禱、葬儀用のこわ飯と葬式饅頭の鼓（包）が続く。「ふり付」の「屋美月間内」は「病みつくまない」と読ませるのだろう。

（2）　見返し——護符の氾濫

表紙裏の見返し（図37）は、江戸の町でコレラ退散のために門口に掲げられた護符などが並べられている。詳細

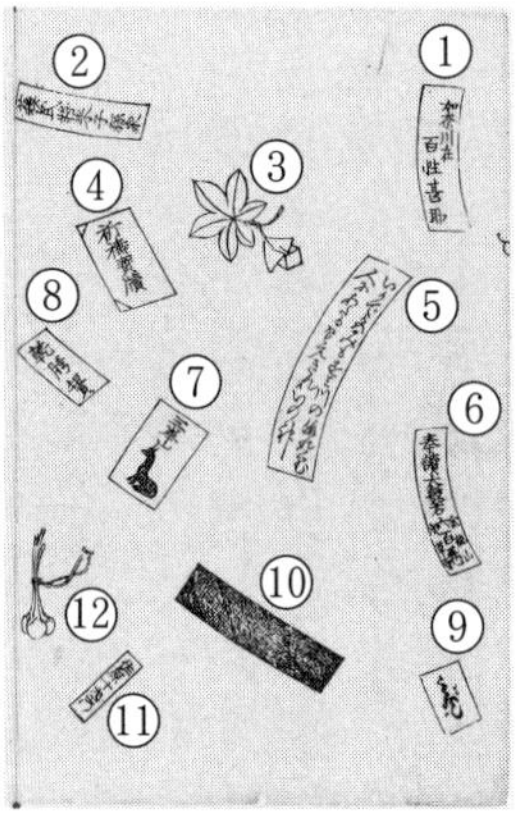

①「加奈川在百性甚助」，②「蘇民将来子孫家」，③やつでと赤紙，④「祈禱宝牘」，⑤「いかでかはみもすそ川の流れくむ人にあたるなえきれいの神」，⑥「奉読大般若六百巻金龍山浅草寺」，⑦「三峯山（狼の絵）」，⑧⑨未詳，⑩「正一位鷗稲荷大明神守護攸向柳原能勢氏」，⑪「佐原十左衛門」，⑫ニンニクの束

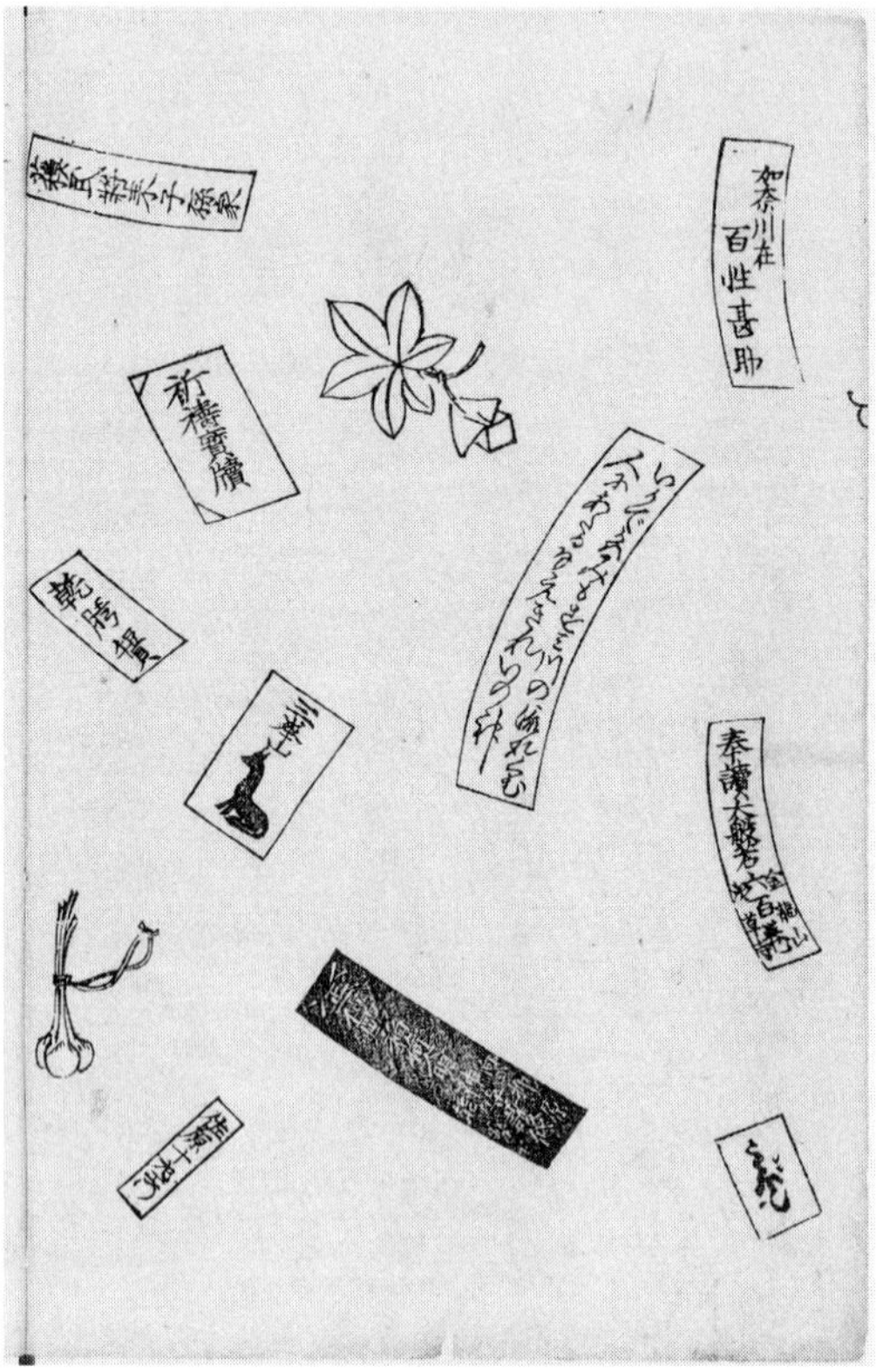

図37『しに行　三日轉愛哀死々』見返し　立命館大学アート・リサーチセンター蔵，hayBK02-0169

未詳のものもいくつかあるが、わかるものについてのみ、以下紹介する。

③「やつでと赤紙」は、八つ手と赤紙・杉の葉・唐辛子を一緒に門口に掛けることがこのときはやった。滝沢馬琴の息子の妻路《みち》が残した『滝沢路女日記』安政五年八月八日条には「門口へやつでの葉一まい、赤がミ一枚、杉の葉釣し候バ悪病のがれ候由にて、一同釣之」とある。[13] ちなみに路はこの六日後の十四日夜発病し、十七日死去する。病名は不明だが突然発病して数日で死亡したことから、流行中のコレラに罹患した可能性が高い。

⑤「いかでかはみもすそ川の流

れくむ人にあたるなえきれいの神」は疫癘除けのまじない唄。これも門口に貼る。みもすそ川（御裳濯川）とは伊勢の五十鈴《いすず》川の別名である。このまじないは文政五年（一八二二）のコレラ流行の際にも用いられている。[14]

⑥「奉読大般若六百巻金龍山浅草寺」は浅草寺で行われる大般若経六〇〇巻転読の守り札である。『浅草寺日記』の安政五年の記録によれば、「御府内一統痢疾流行」のため、「諸災消除、御領内豊饒、満山安全之御祈禱」の「臨時大般若之儀」が八月十五日に執り行われている。また八月二十三日は浅草寺領内の住民のための大般若転読も執行された。[15]

⑦「三峯山（狼の絵）」は現埼玉県秩父市の三峰山の御札。三峰山は江戸時代には聖護院派天台修験の関東総本山で、狼を眷属とした。江戸時代の三峰信仰は火防・盗賊除けなどの御利益をもって関東・甲信地方に浸透したが、特に安政のコレラ流行時には狐憑きが流行し、狼が狐の天敵であることから狐憑き退散にご利益があるとして、多くの参詣者を集めた。

⑩「正一位鷗《かもめ》稲荷大明神守護攸向柳原能勢氏」は能勢稲荷の守り札。能勢稲荷は神田佐久間町の旗本能勢熊之助屋敷内にあった。毎年初午の大祭のみ一般の参詣を許し、大祭日に「黒札」と呼ばれるこのような黒い護符を販売した。本来は火伏の神だが、狐憑きに効果があると信じられた。

⑫ニンニクの束は門口に掛けたり、門口でいぶしたりした。疫気を清める力があるとされた。

（3）　玉川上水の毒と水屋の不況（一丁表—二丁裏）

（前略）

始《はじめ》ハそれとしら布《ぬの》を、さらす武《む》さしの玉川《たまがわ》の水《みづ》に流《なか》せし毒《どく》ゆへと、一人《ひとり》が言《いへ》バいえばえにそれから夫《それ》へつたわりて、水道《すいどう》を呑《のめ》バ死《しぬ》るぞと、身振《みふる》ひなして茶《ちゃ》ものまず。

あわれや玆《こゝ》に水屋《みづや》てふ唱《とな》ふる物《もの》の今日《けふ》よりハ、何を活棄《たつき》に世渡《よわた》りの煙《けふ》り立《たて》んとつおいつ想《おも》ひ沈《しづめ》バ秋雨《あきさめ》に濡《ぬる》る袖《そで》さへ袂《たもと》さへ、泣《なき》の泪《なみだ》の玉川《たまがわ》や神田上水汲《かんだしやうすいくむ》とても、誰《たれ》か買《か》ふべき。いざやいざ同《おな》じ因《ちなみ》の水《みづ》なれバ、ちぎりも深《ふか》き掘抜《ほりぬき》の井戸に命《いのち》をつながばや。

歌詞は玉川上水毒混入の噂から始まる。「玉川の水」すなわち玉川上水に毒が混入され、上水の水を飲めば死ぬ、と風評が拡がって、人々はお茶も飲まなくなった。

江戸には玉川上水と神田上水という二大上水道があって、上水井戸により江戸市中に飲料水を供給していた。ただし江戸の上水道は断水することが多く、また地下水をくみ上げる掘抜井戸も不十分だった。そのため水屋が神田・玉川上水のはけ口から直接余剰水を運搬し、市中で販売していた。ところが毒混入の噂により水屋の水が売れなくなる。

この頃、上水の毒消しのまじないが盛んに行われたことが、他の史料から確認できる。安政五年コレラ流行時の江戸世相を伝える『虎狼利雑話《ころりざつわ》』は、甲斐国小室の妙法寺（日蓮宗）が江戸へ出開帳に来て、毒消し効果で有名な「消毒の符」を販売し、この護符に人々が殺到したと記す。[16] 安政五年七月六日の江戸町触に、七月九日から「小室消毒日蓮之像」が深川浄心寺で開帳される旨の記事が見えるので、このときに販売されたのだろう。[17]『虎狼利雑話』はこの他に、上水井戸に水天宮神符を立てる、神符を投じる、しめ縄を張るといった神頼みや、上水井戸から汲んだ水を砂漉して利用することが行われたと記す。

安政五年段階でも、西洋医学も東洋医学もコレラの原因を特定できてはいない。しかし人々は経験的に生水によって感染が拡大したことを認識していたことが、毒混入の噂を信じた背景にあったのだろう。

（4）海の毒と魚屋の不況（二丁裏―三丁表）

聞《きけ》バ魚《いを》にも毒《どく》がある。海《うみ》にも毒《どく》をいれたるや。初夜《しよや》の鐘《かね》をバつくまでハ酒《さゝ》をすごしていた物《もの》が、今朝《けさ》ハころりとねにかえる、花《はな》の姿《すがた》も散《ち》りて行《ゆく》、諸行無常《しよぎやうむじやう》の風《かぜ》まかせ。鰯《いわし》の毒《どく》と言《いゝ》つとふ。

玉川上水だけではなく、海にも毒が撒かれたという噂が流れた。初夜の鐘が鳴る頃（夜八時頃）まで酒を呑んでいたような元気な者でも、はかなくも翌朝ころりと死んでしまう。鰯の毒のせいだと評判となった。

前掲『虎狼利雑話』は、異国船が近海に停泊中、海中に毒を流したという噂を伝える。ミシシッピ号がコレラ感染の発端になったことはこの当時江戸では知られていない。だが、ちょうど安政五年六月十九日に江戸湾小柴沖のアメリカ艦上で日米修好通商条約が締結され、これを皮切りに九月はじめまでの間にオランダ、ロシア、イギリス、フランスと次々に同様の条約を結んだ時期である。この頃江戸では異国人が市中で買い物したり寺社参詣をする姿がみられるようになり、異国人への地図や古美術品他の販売制限などに関する町触が出る。(18) 異国人による海への毒投入のうわさも、コレラ流行と異国人の存在が身近になったことが重なったからだろう。

上野国七日市（現群馬県富岡市）の藩医で戯作者でもあった畑銀鶏《はたぎんけい》（一七九〇—一八七〇）は、ちょうどコレラ流行中に江戸亀戸に滞在中で、その体験と見聞をまとめた『疫癘雑話　街廼夢《ちまたのゆめ》』を流行終息直後の安政五年九月二十五日に出版した。(19) 銀鶏によれば、鰯を食べると即死するという話は八月はじめには江戸一円で評判となった。鰯売りが鰯を廃棄し、また上総から来た鰯船も積み戻ったと記録している。知識人である銀鶏は「水道へ毒を流して江戸中の人を皆殺しにする」、「アメリカが悪き狐を残しおきて人につけ、日本人を悩ませる」といった噂を「浮説」として否定している。

だが『しに行　三日轉愛哀死々』の次の歌詞にあるように、江戸の町では狐憑きがコレラと結び付けられて流行する。

（5）狐憑きの流行（三丁表―四丁表）

（中略）

かゝる折しを時得兒《ときえがほ》、すこしぽんとしたぽん助《すけ》に、お先狐《さききつね》のとりついて、口《くち》に任《まか》せた出放題《でほうだい》。これハ恠《あや》しと加《か》持祈禱《じきとう》、せめ立《たて》られて落《おち》しぞと、狐《きつね》の噂《うわさ》に驚《おどろ》きて家並毎《いえなみごと》の軒《のき》の端《は》ハ、八《や》ツ手《で》・にんにく・寄字《よせじ》の守《まも》り、みもすそ川《がわ》や黒札《くろふだ》に狐《きつね》ハ恐《おそ》れをなすとても、乗越《のりこえ》て来《く》る疫病《やくびょう》ハ、ほんに由断《ゆだん》もなら坂《さか》や。この手柏《てがしわ》の裏表《うらおもて》、返《かへ》す間《ま》もなくしするとハ、頓死《とんし》とん死じやないかいな。

日々多くの死者が出る中、「少しぽんとしたぽん助」、つまり少し間抜けな輩に「お先狐」が憑いて、様々な出まかせを言う。[20] 江戸時代、狐が憑きやすいのは「児女および男の性昏愚、気怯、狂燥」（『本朝食鑑』）の者であるという認識があった。[21] 周囲の人々はこれは狐憑きに違いないと懸命に加持祈禱を行うとともに、狐を落とそうとして病人を様々に攻め立てた。狐憑き流行の評判に驚いて、江戸の町では軒先に八つ手やにんにくをつるし、寄字の守り、みもすそ川の呪い歌、能勢稲荷の黒札を貼るが、それでも疫病は容赦なく人々を襲い、頓死する人は後を絶たない、とある。見返しに描かれた様々な護符やまじないは、狐憑き除けの効果を期待されたものが多かったことが、ここからもうかがえる。

ここに出てくる「お先狐」は、金屯道人《きんとんどうじん》（仮名垣魯文）著『安政午秋《あんせいごしゆう》　頃痢《ころり》流行記《りゅうこうき》』（図38）にもその名前が登場する。[22] それによると、八月中旬、佃島の者に狐が憑いたため近隣の者たちが修験者に依頼して祈禱させた。すると狐が抜け出して逃げ去ろうとしたので、狐を捕らえて打ち殺し、焼き捨てた辺りに祠を建て、尾崎大明神として祀ったと

図 38 『安政午秋　頃痢流行記』 京都大学附属図書館蔵富士川文庫

いう。

（6） 焼場の混雑（四丁表—五丁表）

（中略）

其仏《そのほとけ》をバ沢山《たくさん》そふに千《せん》も二千《せん》も積《つみ》あげて、早《はや》いをそいも金次第《かねしだい》。些《ちつと》も余計《よけい》に鳥辺野《とりべの》の焼場《やきば》に燃《もゆ》るほのふの煙《けふ》り。欲《よく》に眼《め》のなきおん坊《ぼう》も、臭《くさ》ひ中《なか》とて諸共《もろとも》に、ころりと死《し》すもありとかや。

焼場では、死者の棺桶がたくさん積み上げられているが、火葬を担当する下級僧侶の「おん坊」が焼く順番は、金次第である。焼場は煙に満ち、「欲に眼のなきおん坊」も、蔓延する死臭によってころりと死ぬこともあると噂された。

ここに描かれた焼場の混雑は、江戸町触「布告留」覚書でも確認される[23]。江戸にいくつかあった焼場の中でも特に小塚原の混雑が甚だしく、運び込まれた棺桶へ名前と番号を付して積み置き、一〇日・半月も待ってようやく焼くことができた。しかし夏期で暑いため死骸が腐乱して臭気が下谷・浅草・神田辺りまで押し寄せたという。

九月四日の町触では、小塚原の焼場は死体が多くて数日そのまま置かれるために臭気激しく、幕府の医道方から、臭気に触れたものが「疫腐敗熱等之病症」を発することを心配する声が上がり、仮埋めなどの処置を町に求めている。(24)死臭に触れると発病して死亡するという評判は、前掲『疫癘雑話　街廼夢』にも記録される。浅草の焼場は「薗《おん》傍《ぼう》」がおらず、いよいよ焼くのに手間取っているが、それは「日々、百二百の死人を取あつかふことなれハ其臭気鼻ニ徹して堪かたく、此悪臭をかぎこみたるゆゑ忽死に至る薗傍十三人」という事態に陥ったからだと噂された。しかも多くの「薗傍」が怖がって欠落《けつらく》し、焼場が一時無人になってしまったという。

『しに行　三日轉愛哀死々』は、「おん坊」がこんな非常時にも無慈悲に金次第で焼く順番を融通しているという認識を記すが、西木浩一の研究によれば、江戸の焼場の料金はもともと流動的なものでもあったようだ。(25)葬式を請け負う寺院に対して焼場が「引き札」を配って安価に入念に焼くことを宣伝するような、焼場どうしで値段を競う状況が指摘されている。しかも焼き方には等級があって、入り口に値段書を掲示する焼場もあったという。焼場にこのような市場原理が導入されている以上、混雑したときに謝礼次第で順番が変わると人々が考えたのは無理もないだろう。

（7）　寺の繁盛（五丁表―六丁表）

　げにやせ間《けん》で死人《しぬひと》の数《かず》も限《かぎ》りもなき程《ほど》に、死人《しびと》の山《やま》をつく鐘《かね》と、弔《とむら》ふ法《のり》の声《こへ（ママ）》はがり。ことに数珠《すせう》に聞《きこ》えしハ、有難《ありがた》らしき引導《いんどう》にも、亡者《もうじゃ》ハ浮《うか》まで和尚《おせう》がうかむ浮世《うきよ》なりけり。弔《とふら》ひの出会《であひ》がしらの行違《ゆきちが》ひ、四軒《しけん》五《ご》軒《けん》を掛持《かけもち》の迎《むか》ひ僧《そう》やら葬式《そうしき》を見送《みおく》る人《ひと》の一日に三つ四つ五つ重《かさな》りて、実《じつ》に噺《はなし》の如《ごと》くなり。

世間では死者の数限りなく、寺の鐘をつく音（「死人の山を築《つ》く」と「鐘をつく」の意を掛ける）と読経の声が響くばかりである。殊勝ごかしな引導で浮かばれるのは亡者ではなく和尚のほうとは、まことに浮世（憂き世）である。葬列が往来で行違い、出棺を迎えに行く役の迎僧は四、五軒掛け持ちで、葬礼を見送る人も一日に三軒、四軒、五軒と葬式が重なる。まるで作り話のようだ、とある。

ここではたくさんの葬式で寺が儲けていることを揶揄しているが、安政五年八月、幕府から寺院に向けた触「御府内寺院並火葬地の向きへ申渡」は、この揶揄が根拠のない話ではないことを示唆する。(26)

此節流行暴瀉病にて死亡人不少候処、過分の施物申請、院号・居士等差免、又は葬地の儀に付、地代金等為差出、其上火葬の向は込合候に任せ料物引上け、或は日間（暇）取候分は死亡人留置候内に入費相掛、施主及難儀候者有之哉に相聞（以下略、（　）内引用者注）

右の触が過分な施物の要求、高額な戒名、墓地の地代金徴収、混雑に便乗した火葬料物引き上げ、焼場で待機する遺体の留置料徴収の禁止を命じているのは、このような事態が寺社奉行の目に余ったからで、僧侶や「おん坊」に対する揶揄は人々の実感の代弁であった。

（8）　幕府の医療政策（六丁表―六丁裏）

こゝに恵《めぐみ》のとふときハ、天《てん》よりふりし芳香散《ほうかうさん》。其《その》お薬《くすり》を呑時《のむとき》ハ死《しゝ》たるものもよみがへる。君《きみ》の情《なさけ》の賜《たまもの》に目《め》出《で》度《だき》御代《みよ》とあほぎける。めでたき御代《みよ》ぞあほぎける。

安政五戊午年七月下旬より

地獄《じごく》の三丁目

さいの川原先ニ而興行

千死万死

大死叶

ここは長唄の段切りに相当する最終部分である。天から「芳香散」という特効薬が降ってきて、飲めば「死《しゝ》（獅子との掛詞）たるもの」も蘇生するありがたい薬、と礼賛している。実際に八月二十三日、町奉行所は芳香散というコレラの予防・治療薬の処方を触れた(27)。同じ触は諸国の幕府領に向けても出されている。が、江戸ではすでに七月下旬から多くの犠牲者が出始め、八月半ばをピークに九月はじめには終息の動きを見せたことから、あまりに遅い施策であった。健胃・整腸薬である芳香散のコレラへの効果のほども疑わしい。「君の情の賜に目出度御代とあほぎける」と、長唄の常套に倣って最後を寿ぎの言葉で結ぶが、御上の仁政をほめたたえる言葉を装いつつ、実際は幕府の危機管理能力の「お目出たさ」を嘲笑している。

前掲『虎狼利雑話』によると、江戸の町では芳香散の薬剤である益智《やくち》が品切れになったという。とりあえず幕府お墨付きということで芳香散の薬剤に人は群がり、また姦商の投機の対象にもなったのだろう。この頃は湿気払いに蒼《そう》朮《じゅう》をたいたり、狐除けに薫陸《くんろく》・蕃椒《ばんしょう》（唐辛子）を焚くことも盛んに行われたが、杜松子《としょうし》や蒼朮も薬店で高騰したことが記されている。

「安政五戊午年七月下旬より地獄の三丁目さいの川原先ニ而興行」という文言は、コレラが安政五年七月下旬から江戸で流行したことによる。通常は「地獄の一丁目」というところを「地獄の三丁目」とするのは、三丁目が江戸浅草猿若町三丁目にあった、歌舞伎の河原崎座の異称だったからだ。河原崎座が「賽の河原先」になっている。「千死万死大死叶」は「千秋万歳大入叶」のもじりで、歌舞伎興行などで興行成功を寿ぐ縁起言葉として使用される。

（9）死者数情報の肥大化（七丁表—七丁裏）

是迄こがれ幾度《いくたび》か焼直《やきなを》したるこの骨《こつ》を、てう度《ど》三十五日目にて拾《ひろ》ひとらるゝ悲《かな》しさハ、ほんに込《こむ》とて余《あん》りなおん坊《ぼう》さん、と歎《なげき》ける亡者《もうじや》のくりことあわれなり。

安政五戊午年七月廿八日より九月十五日迄
御府内《ふない》中流行病《りうかうびやう》ニ而死人男女とも
凡拾六万八千七百九十三人
内　諸宗寺方《しよしうてらがた》　九万五千三百五十弐人　葬《ほふむり》候よし
内　焼場《やきば》　七万三千四百四十壱人　火葬《くわそう》のよし
但　一日ニ積《つも》り　四千九百余人

ここに記された七月二十八日から九月十五日まで、約一ヵ月半の江戸（御府内中）の死者一六万八七九三人という膨大な数の典拠は不明である。続く寺方の供養人数九万五三五二人は土葬の数、焼場の七万三四四一人は火葬の数を示す。「一日ニ積《つも》り　四千九百余人」という数値で総人数を割っても約三四・五日しかならないので一ヵ月半には足らず、これも何を示す数値か不明である。

江戸町会所が取り調べた八月のコレラ犠牲者総数は一万二四九二人である(28)。ただしこれは町奉行管轄である町方の死者に限定され、なおかつ人別帳に記載された町人のみである。江戸全体の居住者は、これ以外に武家人口、寺社奉行管轄の僧侶や神主、町方でも人別帳に記載されない多数の下層民が存在する。

『安政午秋　頃痢流行記』は町奉行発表の町方死者数一万二四九二人に加えて、人別なしの死者数を一万八七三七人と記す。ただしこの数値の根拠も不明である。近い数値を掲載している史料としては、医師浅田宗伯（一八一四―九四）が栗園陳人の名で書いた『橘黄年譜《きつこうねんぷ》』（年未詳）が武家二万二五五四人・町家一万八六八〇人、吉野真保編『嘉永明治年間録』（明治二年〈一八六九〉自序）が武家・寺院・町方・人別に漏れた者あわせて「凡三万人程」、幕府洋書調所による『疫毒予防説』（文久二年〈一八六二〉刊）が二万八四二一人とする。[29]

『しに行　三日轉愛哀死々』の数値をはるかに超える情報もある。『諸宗寺院死人書上写』という、表紙を入れてった四丁の細長い摺物は、七月二十七日から九月二十三日まで五五日間の死者数について、江戸の各寺院が葬った死者総数二六万八〇五七人、さらにここに無人別者として回向院七五〇〇人・西念寺四一二五人、各焼場で扱った死者総計一六万一一九人を追記する。[30]しかも、葬礼を一〇人以下しか扱っていない数多の寺院を除外しているとある。さすがにこれは非現実的な死者数に見える。小鹿島果編『日本災異志』（一八九四年）も本書があげる寺院ごとの死者数の小計および総計を再計算して、いずれも計算が不正確であることを指摘する。[31]が、そもそも『諸宗寺院死人書上写』は表紙に「売買不禁」という戯言が書かれているところから、真面目な統計資料とみなすべきではないのだろう。当時の読者もこの摺物を正確な数値を求めて購入したとは思われない。また、正確な全死者数を把握するシステムがなかったことは、人々もわかっていただろう。戯作の死者数はいわばコレラに対する人々の恐怖心や衝撃度が数値化されたものであって、読者はこの突飛もない数値を自分たちのコレラに対する実感に見合う数として、共感するところがあったのではなかろうか。近世史研究者の高橋敏は、わざわざ町奉行所から死者数に関する触が出たのは、町で大仰な死者数がまことしやかに流れ、人々の不安を煽ったからだろうと指摘している。[32]

いずれにしても『しに行　三日轉愛哀死々』に掲載された死者数は、当時巷で流布した摺物や、人々の噂の中で取りざたされた数値の一つとしては突出したものではない。

4　疫病をふりかえる人々

これまでみてきたように、『しに行　三日轉愛哀死々』が描く状況は、一見誇張された創作世界にも見えるが、いずれも一次史料を含めた他の史料でも確認できる、江戸の人々にとっての安政五年「三日コロリ」の共通経験であった。玉川上水や海への毒投入、鰯の毒、病人にとりつく狐の跋扈、夥しい数の頓死、多種多様なまじないアイテム、コレラ禍で生活苦に陥る人々と儲かる人々、そして無策な為政者。江戸の町の住民にとってはみな既知のことがらであった。

ただし、これらの病の経験は現実と共同幻想の境界があいまいである。一六〇年後の現代人から見れば明らかにフェイクニュースに見えることがらも、当時の人々にとっては病の経験の一部となっている。コレラ流行下では、実際に自分が経験していることに加え、巨大都市江戸の情報ネットワークの中でもたらされる噂やメディア情報も、共有されて「経験」となっていく。

本章「3　翻刻と考察」部分の（3）では、玉川上水への毒混入情報は「一人が言バいえばえに、それから夫へつたわりて」とあり、口づてで広がっていくとされる。（4）の海への毒投入も「聞バ魚にも」云々と、伝聞情報である。鰯の毒も「言つとふ（伝う）」と同様である。（5）狐憑きも「狐の噂に驚きて」云々と噂が飛び交っている。そして、毒混入の噂が広がれば一斉に上水道の水の利用を控え、自分の知人が魚毒にあたったわけでなくても魚を買わなくなり、狐憑きの噂が伝われば実際に狐憑きが増えだすといった具合である。さらに、このような情報とそれによって生じた事態は、口づてだけでなく、簡便な有料・無料の摺物によっても拡散された。

ここで、二〇二〇年早春以降のコロナ禍の状況について思いをめぐらしてみる。自分が経験しているコロナという新しい疫病流行下の生活〝実態〟を客観的に把握することは、現代社会においても極めて困難である。私のコロナ禍の認識と〝経験〟は、自身の経験に基づいて形成されているというより、自分が所属する様々なレベルのネットワークとメディアがもたらす情報で形成されているというのが実感である。そのように考えると、口づてや刷物がもたらすコレラ情報が、後世の私たちからは荒唐無稽な流言飛語に見えるにしても、当時の人々のコレラ〝経験〟の一部、もしくは小さくない部分を形成していた状況が腑に落ちる。

既述のように安政五年九月のコレラ終息後に江戸で出版されたコレラ関連出版物は、『しに行　三日轉愛哀死々』だけではない。たとえば本章であげたコレラ禍の見聞を集めた『安政午秋　頃痢流行記』は九月、著者の経験を綴った『疫癘雑話　街廼夢』は安政五年九月二十五日、その他に流行中に出た刷物を集めた『末代噺語　掃寄草紙《はきよせそうし》』が十月の板行である。(33)人々はコレラ流行終息後も、流行下の生活の諸相を記録した出版物を買い求めたことになる。噂やメディア情報によって実際の経験をはるかに超えて多彩になったコレラ〝経験〟の全体像は、もはや個人のレベルで総括するのは難しい。これらの出版物は一見単なる娯楽作品に見えるが、江戸の庶民にとっては、この過酷な疫病経験が何であったのかを自分たちなりに確認する営みを促す役割も果たしたのではないだろうか。

おわりに

文政五年（一八二二）、江戸在住蘭方医たちのコレラ経験は、ブロムホフが江戸に携えた小冊子の情報から始まった。「長崎屋宴会図」に描かれた華やかな春宵の宴が、きたるべき疫病のグローバル化の波の前触れであったとは、誰にも想像できなかった。江戸の蘭方医たちは西日本の流行情報が入ってくる中で、東西の蘭方医ネットワークを通じて医療情報を収集・交換し、予測した流行に備えて迅速に治療書出版にまでこぎ着けている。しかしながら治療書はあくまで医者を対象とした情報発信であり、蘭方医たちが一般の人々に注意を呼びかけることはなかった。結果的には西日本のコレラは東へ拡大しなかったため、流行地の被害の大きさにもかかわらず、ほとんど江戸市民に意識されることもなく終わる。市中で売られた予防薬がさほど話題になった形跡もない。

したがって三六年後の安政五年（一八五八）、コレラが江戸を直撃した時には、完璧な世代交代も重なって、医者も含めてほとんどの江戸市民にとって初めて聞く疫病だったわけである。全く未知の疫病を迎えて江戸市中は多くの犠牲者を出すとともに、コレラ情報の洪水となったことはこれまで述べたとおりである。

江戸は翌安政六年も、京・大坂ほどの被害はなかったものの、コレラが再燃する。だが『武江年表』安政六年のコレラ記事は、七月下旬から九月にかけて流行して「男女死亡多し」とあるだけで素っ気ない[34]。それよりもこの年の『武江年表』は、度重なる大火事や次々に訪れる列強の外国船、自然災害の記事が目をひく。江戸でコレラ関連戯作が出版された形跡もない。いまだ病因も治療法も定まらない致死病でありながら、そして安政五年に対応に成功したわけでないにもかかわらず、安政六年のコレラは前年より流行規模を相対的に縮小することによって、幕末期江戸の喧噪の中に溶け込んでしまったのである。

コレラのような大きな疫病であっても、終息してしまえばその惨禍の記憶は人々から遠のく。本書「はしがき」で紹介した駿河国富士郡大宮町の『袖日記』の記録もまた、同様の傾向を示す[35]。既述のように筆者弥兵衛は、安政五年のコレラ終息直後に芝居や相撲興行が村々で行われるなか、「死に残りし喜び」を感じた。しかし、その喜びに浸るのはほんのつかの間であった。すぐに次の感染症が襲ってくるというだけでなく、疫病後は生活再建が急務だからだ。弥兵衛は使用人たちとともに、疫病流行中に滞りがちだった農作業を進めている。家業の酒造業の工程も遅れは許されない。

感染症終息後の社会は、打撃を受けた暮らしを流行前の状態に戻すことに意識が集中し、一旦さらけ出されたはずの社会的矛盾も含めて、感染症の経験を忘れがちとなるのである。幕府や藩の為政者、商業資本からしてみれば、そのように感染症をなかったことにしてしまうほうが都合がよいという側面もある。

だが、たとえばII第一章「流行り風邪」でも見たように、急性感染症流行下で生活が立ちゆかなくなるのは、感染症に対して有効な対処法がないというだけではなく、もともと潜在していた社会的矛盾が、感染症の蔓延によって顕在化するからである。治療法があれば、もしくは感染症が終息すれば、それらの矛盾が解決するわけではない。問題を放置すれば、次々に襲ってくる感染症を前に、また同じ状況が繰り返されることになる。

慢性感染症についても同様に、病が引き起こす差別や生活上の困難は、医学の発展によってのみで克服できる性質のものではなかった。むしろ医学が病因究明を進める過程で、病を患者の人格や生活習慣、職業、「家」といった個人的属性と結びつけ、患者像を一つの枠にはめ込んでいったことが、差別を生み出す一因ともなった。

序章で紹介した「須佐之男命厄神退治之図」は、須佐之男命というヒーローの力によって疫鬼たちを降伏させることで、様々な慢性・急性の感染症との共生を実現する希望が描かれていた。しかしながら感染症の生活史から見えてくるのは、疫鬼を服従させるだけでは感染症との共生社会＝感染症が存在しても持続可能な社会を実現することは難しいという事実である。北斎が絵馬を制作した当時から一八〇年、安政のコレラ禍からでも一六五年たった現在でも、感染症流行下では医学の進歩がもたらす変化に過大な期待が寄せられがちである。だが、それだけでは永遠に感染症との共生は実現しないであろうことを、改めて強調しておきたい。

注

（1）「長崎屋宴会図」の白黒画像および本図来歴などの概要については松田清「掛川甫賢筆長崎屋宴会図について」（『神田外語大学日本研究所紀要』一二号、二〇二〇年）参照。『しに行　三日轉愛哀死々』立命館大学アート・リサーチセンター蔵。

（2）佐々木中沢『壬午天行病説』京都大学附属図書館蔵富士川文庫。
（3）富士川游『日本疾病史』（東洋文庫一三三、平凡社、一九六九年、原著一九一二年）、田中助一『防長医学史』上巻・下巻（防長医学史刊行後援会、一九五一年）、三木栄『朝鮮疾病史』（思文閣出版、一九九一年、初版一九六三年）。
（4）野村裕江「江戸時代後期における京・江戸間のコレラ病の伝播」『地理学報告』（愛知教育大学地理学）第七九号、一九九四年。
（5）岩永藿斎之房『医事雑話』慶応義塾大学信濃町メディアセンター蔵富士川文庫。
（6）大槻磐水「文政壬午天行厲気揮霍撩乱病雑記」『中外医事新報』一一三一号—一一三四号、一九二八年。
（7）桂川甫賢『酷烈棘考』京都大学附属図書館蔵富士川文庫。
（8）多紀元堅『時還読我書』明治六年（一八七三）刊、京都大学附属図書館蔵富士川文庫。
（9）雲松庵如古先生という人物については未詳。幕末大坂の医師名鑑である『今世浪華医家名鑑』（弘化二年〈一八四五〉刊）、寛政から明治の医師番付を集めた『大坂医師番付集成』（思文閣出版、一九八五年）にも名前が見られない。
（10）大坂の流行時期は緒方洪庵『虎狼痢治準』の記載、京都は京都の町触（『京都町触集成　第十一巻』京都町触研究会編、岩波書店、一九八七年）による。
（11）漆崎まり「江戸版長唄正本における株板化の動き—中村座を事例として—」『日本研究』四八巻、二〇一三年。
（12）長唄「相生獅子」は、享保十九年（一七三四）に江戸中村座において初演された、現存する石橋物《しゃっきょうもの》のうち最古の曲である（「風流相生獅子　解題」『日本名著全集』第一期・江戸文芸之部第二八巻『歌謡音曲集』日本名著全集刊行会、一九二九年）。七世杵屋喜三郎作曲、作詞者不明、本名題は「風流相生獅子」である。初演時の役者は歴史的名女形の瀬川菊之丞、長唄は吉住小三郎、三弦は七代目杵屋喜三郎であった。
（13）柴田光彦・大久保恵子編『瀧澤路女日記』下巻、中央公論社、二〇一三年。
（14）前掲岩永藿斎之房『医事雑話』。
（15）『浅草寺日記』第二七巻、吉川弘文館、二〇〇七年。
（16）『虎狼利雑話』『東京市史稿』変災篇第三、東京市役所、一九一六年。
（17）『江戸町触集成』一六一〇三「布告留」。

(18)　たとえば安政五年七月七日「差上申御請書之事」は英吉利人に対して刀剣類・地図類などの販売を禁止し（『江戸町触集成』一六一〇九）、同七月八日には桟敷を設けたり高いところに上って英吉利人の参府を見物することを禁じている（『江戸町触集成』一六一一一）。
(19)　畑銀鶏『疫癘雑話　街廼夢』京都大学附属図書館蔵富士川文庫。
(20)　「ぽんと」は、「ぼんやりとしているさま」を表わす語で、「ぽん助」は「あほう。ばか」の意（小学館『日本国語大辞典』）。
(21)　人身必大『本朝食鑑』（元禄五年〈一六九二〉成稿、同十年刊）に「大抵狐の妖惑する所の者、児女および男の性昏愚、気怯、狂燥の人也」とある。
(22)　金屯道人『安政午秋　頃痢流行記』京都大学附属図書館蔵富士川文庫。
(23)　『江戸町触集成』一六一六〇「布告留」。
(24)　『江戸町触集成』一六一五三。
(25)　西木浩一「江戸の社会と「葬」をめぐる意識―墓制・盆儀礼・「おんぼう」―」『関東近世史研究』六〇号、二〇〇六年。
(26)　富士川子長（游）「安政五年虎列剌大流行の事に関する書類」（『中外医事新報』三一二号・三一三号、一八九三年）掲載の塙忠宝《ただとみ》（一八〇七―六二、幕府和学講談所御用掛）の日記抄出より引用。現在の所蔵先は不明。
(27)　『江戸町触集成』一六一四〇。
(28)　『江戸町触集成』一六一六〇「布告留」。
(29)　『橘黄年譜』国立国会図書館蔵、『嘉永明治年間録』出版人甫喜山景雄（一八八三年刊）、『疫毒予防説』東京大学附属図書館蔵。
(30)　著者未詳『諸宗寺院死人書上写』都立中央図書館蔵。
(31)　小鹿島果編『日本災異志』日本鉱業会、一八九四年。
(32)　高橋敏『幕末狂乱―コレラがやって来た！―』朝日選書、二〇〇五年。
(33)　道随編『末代噺語　掃寄草紙』京都大学附属図書館蔵富士川文庫。
(34)　斎藤月岑『武江年表』今井金吾校訂『定本　武江年表　下』筑摩書房、二〇〇四年。
(35)　「はしがき」注(6)参照。

初出一覧

序章　「須佐之男命厄神退治之図」（葛飾北斎）の世界
「「須佐之男命《すさのおのみこと》厄神退治之図」（葛飾北斎画）に描かれた病」（『浮世絵芸術』一七五、二〇一八年）を改稿

Ⅰ　慢性感染症

第一章　黴毒（梅毒）
「江戸時代の医学書に見る梅毒観について」（福田眞人・鈴木則子編『日本梅毒史の研究―医療・社会・国家―』思文閣出版、二〇〇五年）を改稿

第二章　労瘵（結核）
「江戸時代の結核―「恋の病」考―」（鈴木則子編『歴史における周縁と共生―女性・穢れ・衛生―』思文閣出版、二〇一四年）を改稿

第三章　「癩」
「近世癩病観の形成と展開」（藤野豊編『歴史のなかの「癩者」』ゆみる出版、一九九六年）を改稿

Ⅱ　急性感染症

第一章　流行り風邪（インフルエンザ）　書き下ろし

第二章　麻疹
『江戸の流行り病―麻疹騒動はなぜ起こったのか―』（吉川弘文館、二〇一二年）の一部を改稿

第三章　疱瘡（天然痘）　書き下ろし

第四章　コレラ

「安政五年コレラ流行とおどけ長唄―『しに行《ゆき》 三日《みっか》 轉《ころり》 愛哀《あいあい》死々《しし》』―」(『人間文化総合科学研究科年報』三六、二〇二一年)を加筆・改稿

あとがき

この「あとがき」を書いている二〇二二年一月現在、新型コロナウイルス感染症の流行は第六波のさなかである。思えば二〇二〇年春以来、この新しい疫病は私の日常生活にも様々な変化をもたらした。

まず最初に直面したのは、二〇二〇年四月から予定していた米国での在外研修（サバティカル）の中止だった。その後、私の家から京都御所と鴨川を挟んで東に位置する徒歩二〇分の京都大学で、秋から内地研修を受け入れていただけることになった。

京大の図書館書庫で過ごす時間は、私の想像を遙かに超えた豊かな経験であった。世の中にはかくも膨大な史料と文献を所蔵している場所があって、それらは手を伸ばせば簡単に見ることができる。そこはまさに汗牛充棟といった光景であった。貴重な研修機会を与えてくださった京都大学国史研究室の先生方には、心から御礼申し上げる次第である。本書は京大図書館での時間がなければ、まとめ上げることはできなかった。

本書は初出一覧にあるように、「I　慢性感染症は」二〇一四年までに執筆した論文をもとにしており、最も古い「近世「癩」病観の形成と展開」は、博士後期課程在学中に発表したものである。対して「II　急性感染症」の各章は、麻疹以外はすべてコロナ禍の中で書き上げた。

コロナを経験するまで私のライフワークは、江戸時代の慢性感染症をめぐる差別や排除の問題を考える医療社会史研究と、ジェンダーの視点からの女性身体史研究だった。しかしながら、コロナ流行の中で患者や医療従事者に対する差別をはじめとして、様々な社会矛盾が噴出してくる状況をまのあたりにし、急性感染症の流行が社会に与える影響についても歴史的考察を行う必要を強く感じた。

また、現代社会への鋭敏な問題意識を持つメディアの方々との出会いも、私の急性感染症研究を後押ししてくれた。彼らの質問は江戸時代の感染症医学や感染症観よりも、むしろ患者の具体的な生活のありように集中した。しかもマスとしての「患者」や「庶民」ではなく、個人が疫病下でどのように生きたのか、という点を具体的に知りたがった。私はすぐに答えることができなかった。医者の視点から書かれた医学史料、都会の文化人が活写する都市の疫病風景、幕府や藩の法令から一般論として説明することはできても、個人の疫病経験のありようを、史料を読みながら意識したことはほとんどなかったように思う。むしろそれまでは、いかに集団としての体験を紡ぎ出すかに腐心してきた。

しかしながら、人はみな自分の名前を持っていて、現実には「無名の市民」など存在しないように、疫病下では誰もがそれぞれの生活環境に基底された唯一無二の経験をしている。そのことをコロナ禍の中で実感できるようにもなった自分がいた。そこでいくつかの日記史料の分析に取り組み始めたのだが、残念ながら本書ではその成果を疱瘡の章でしか入れられなかった。今後さらに日記史料の収集と分析を進め、感染症だけでなく日常生活の中で遭遇する様々な病の経験の歴史も明らかにしていきたい。

疫病下、オンラインによる感染症関連の催しにも色々と招いていただいた。パソコン画面上でしかお目にかかったことのない企画者と対談者に多くの刺激をいただいたことも、本書各章の改稿や執筆を進めるにあたり、力となった。彼らはみな三十代の若者で、その社会認識の鋭さ、発想の柔軟さ、情報収集と発信能力の高さには目を見張らされた。実際にお目にかかってお話ししてみたいと何度思ったかしれないが、オンラインだからこそ実現したイベントも多く、このような出会い方はコロナ終息後も定着していくのだろう。むしろオンラインの導入によって、たくさんの新しい出会いがかなった側面を喜ぶべきだとも思っている。

コレラの章で取り上げた、長唄の形式を持つ戯作『しに行《いき》三日《みっか》轉《ころり》愛《あい》哀《あい》死《し》々《し》』は、BS1スペシャル「江戸の知恵に学べ―コロナ時代を生きる術《すべ》―」という番組の中でも紹介した。その番組で私の三味線の恩師であり、長唄三味線人間国宝で作曲家としても著名な今藤政太郎師に、この戯作に曲を付けていただけたことは、誠にありがたく嬉しいできごとだった。演奏を聴いたとき、戯作に命が吹き込まれてムービーのように江戸時代の人々の姿、街の光景が浮かんでくる不思議な感覚に襲われた。先生に心からお礼を申し上げる。書籍ではこの軽妙で洒落た曲をご紹介できないのが誠に残念であるが、ぜひNHKオンデマンド配信で聴いていただけたらと思う。

本書の刊行に当たっては、前著『江戸の流行り病―麻疹騒動はなぜ起こったのか―』に引き続き吉川弘文館の永田伸氏のお世話になるとともに、新たに岡庭由佳氏のお手をたいそう煩わせた。本書の企画は二〇一二年にはすでに上がっていたように思う。私がなかなか筆が進まなかったために、それから一〇年目の今年、ようやく出版にこぎ着けた。お二人に心からお詫びと御礼を申し上げる次第である。

最後に誠に個人的なことで恐縮ではあるが、父鈴木金作と母鈴木とよへの謝辞を記すことをお許しいただきたい。私は現静岡県島田市の山あいにある田舎町で、小さな診療所を開いている両親の三女として生まれた。私が歴史を好きになったのは、おそらく歴史書を愛読する父の影響である。その父は九六歳だが、この一月七日の診療を最後に、内科医としての白衣を脱いだところである。一〇二歳の母は従軍看護婦を経て戦後日赤の看護師となり、結婚後も自宅診療所で長く働き続けた。小さな家のドア一枚隔てた向こうの地域医療現場は、私にとって生まれ落ちたときから日常生活の延長線上にあった。両親は戦争経験を経たことで、女性の高等教育と就業による経済的自立の重要性を痛感し、そのことを娘三人に向かって幼い頃から説き続けた。私は両親の意に反して文系に進学したが、学問を続けることはずっと応援してくれてきた。子育てをしながら三五歳で博士後期課程に進学した頃の論文を含む本書は、両親の援助なしにはできなかった。二人に心からの感謝を捧げたい。

二〇二一年　睦月　粉雪舞う京都にて

鈴　木　則　子

索　　引

あ　行

か　行

さ　行

た　行

な　行

や・ら・わ行

著者略歴
一九五九年、静岡県に生まれる
一九九七年、総合研究大学院大学文化科学研究科国際日本研究専攻博士後期課程学位取得修了
現在、奈良女子大学生活環境学部生活文化学科教授

〔主要編著書〕
『日本梅毒史の研究―医療・社会・国家―』（共編著、思文閣出版、二〇〇五年）
『江戸の流行り病―麻疹騒動はなぜ起こったのか―』（吉川弘文館、二〇一二年）
『歴史における周縁と共生―女性・穢れ・衛生―』（編著、思文閣出版、二〇一四年）

近世感染症の生活史
医療・情報・ジェンダー

二〇二二年（令和四）四月十日　第一刷発行

著　者　鈴《すず》木《き》則《のり》子《こ》
発行者　吉川道郎
発行所　株式会社　吉川弘文館
郵便番号一一三―〇〇三三
東京都文京区本郷七丁目二番八号
電話〇三―三八一三―九一五一〈代〉
振替口座〇〇一〇〇―五―二四四番
http://www.yoshikawa-k.co.jp/

印刷＝株式会社 理想社
製本＝誠製本株式会社
装幀＝右澤康之

ISBN978-4-642-04347-2